U0452984

"中南大学2019年文科一流学科创新能力提升计划"专项经费资助

湖南省自然科学基金（2017JJ2322）、湖南省社会科学成果评审委员会课题（XSP17YBZZ141）项目资助

中南大学哲学社会科学学术成果文库

企业自主技术创新与扩散研究

杨国忠 著

中国社会科学出版社

图书在版编目（CIP）数据

企业自主技术创新与扩散研究/杨国忠著．—北京：中国社会科学出版社，2020.5
（中南大学哲学社会科学学术成果文库）
ISBN 978-7-5203-6310-5

Ⅰ.①企…　Ⅱ.①杨…　Ⅲ.①企业管理—技术革新—研究—中国　Ⅳ.①F279.23

中国版本图书馆CIP数据核字（2020）第064675号

出 版 人	赵剑英
责任编辑	刘晓红
责任校对	周晓东
责任印制	戴　宽
出　　版	中国社会科学出版社
社　　址	北京鼓楼西大街甲158号
邮　　编	100720
网　　址	http://www.csspw.cn
发 行 部	010-84083685
门 市 部	010-84029450
经　　销	新华书店及其他书店
印刷装订	北京君升印刷有限公司
版　　次	2020年5月第1版
印　　次	2020年5月第1次印刷
开　　本	710×1000　1/16
印　　张	17
插　　页	2
字　　数	205千字
定　　价	96.00元

凡购买中国社会科学出版社图书，如有质量问题请与本社营销中心联系调换
电话：010-84083683
版权所有　侵权必究

《中南大学哲学社会科学学术成果文库》和《中南大学哲学社会科学博士论文精品丛书》出版说明

在新世纪，中南大学哲学社会科学坚持"基础为本，应用为先，重视交叉，突出特色"的精优发展理念，涌现了一批又一批优秀学术成果和优秀人才。为进一步促进学校哲学社会科学一流学科的建设，充分发挥哲学社会科学优秀学术成果和优秀人才的示范带动作用，校哲学社会科学繁荣发展领导小组决定自2017年开始，设立《中南大学哲学社会科学学术成果文库》和《中南大学哲学社会科学博士论文精品丛书》，每年评审一次。入选成果经个人申报、二级学院推荐、校学术委员会同行专家严格评审，一定程度上体现了当前学校哲学社会科学学者的学术能力和学术水平。"散是满天星，聚是一团火"，统一组织出版的目的在于进一步提升中南大学哲学社会科学的学术影响及学术声誉。

中南大学科学研究部
2017年9月

摘 要

本书以企业为研究对象，研究其自主技术创新与扩散问题。

在技术创新理论的基础上，将自主创新理论与高标准定位理论相结合，探讨企业自主技术创新战略的定位与创新模式的选择。运用现代投资理论，研究企业如何为自主技术创新进行科学投资决策。在论述自主创新战略的内涵及基本特性、利弊以及实施条件的基础上，提出企业自主技术创新实施良性高标准定位的观点，并进一步论述了企业运用良性高标准定位理论实施自主技术创新战略的必要性和可行性、实施过程以及实施策略。系统分析了企业自主技术创新的原始创新、集成创新与引进创新三种典型的创新模式。基于各种创新模式利弊、企业创新能力强弱和创新项目难易程度的差异，提出了企业选择创新模式时需遵循的基本原则，对企业如何正确地选择适合自己的自主技术创新模式进行了详细的论述，并探讨了企业选择集成创新模式后如何正确选择集成创新主体。运用实物期权理论与方法，构建了相应的投资决策数学模型，着重分析了企业单一创新项目情况下，在原始创新、引进创新和集成创新三种创新模式中如何正确选择最佳投资时机。由于企业资源的限制以及创新项目的多样性，对于企业多项目自主技术创新的情形也进行了必要的定量分析。根据本书提出的实证研究对象选择准则，选择了中国工程机械产业为研究对象，对其概况、存在的问题和自主技术创新情况等进行了分析。选择中国工程机械产业中国营企业代表——徐工集团和民营企业的代表——三一重工以及中小企业的代表——鞍山海虹为对象，对三者的自主技术创新模式和创新成果等内容进行详细论述。将前文构建的投资决策模型进行应用研究。

  技术扩散是技术创新的后续阶段。因此，在自主技术创新研究基础上，对企业技术创新扩散进行研究。第一，针对初级技术创新扩散，运用重复博弈方法对完全理性的行为主体和运用演化博弈方法对有限理性行为主体的行为进行了分析，通过引入声誉和信任约束因子 δ 破解行为主体在技术创新扩散过程中产生的困境，为技术创新扩散输出与采纳双方的合作提供理论依据与实践参考。第二，从放宽 Bass 模型的创新扩散独立性假设条件入手，在原有的创新需求、模仿需求基础上，引入渗透需求，构建次级阶段一元与多元技术创新扩散模型并用相关软件进行模拟仿真。第三，考虑到数学表达式的复杂性以及缺乏合适的分析工具，分别运用 Markov、实物期权、BP 网络和系统动力学等理论与方法构建技术创新扩散模型，并利用相关软件进行模拟仿真研究。第四，以长沙高新区为例，基于技术流向的视角，探讨高新区高新技术企业多元技术创新扩散的路径。

目 录

第一章 绪论 …………………………………………………… 1

    第一节 问题的提出 ………………………………………… 1

    第二节 有关概念的界定 …………………………………… 11

    第三节 研究思路与方法 …………………………………… 13

第二章 企业自主技术创新战略定位研究 …………………… 16

    第一节 企业自主技术创新战略 …………………………… 16

    第二节 良性高标准定位的概念 …………………………… 26

    第三节 企业自主技术创新良性高标准定位的必要性 …… 27

    第四节 企业自主技术创新良性高标准定位的可行性 …… 32

    第五节 企业自主技术创新良性高标准定位实施过程 …… 34

    第六节 企业实施自主技术创新良性高标准定位的策略 … 38

第三章 企业自主技术创新模式选择研究 …………………… 40

    第一节 企业自主技术创新模式的类型 …………………… 40

第二节　企业自主技术创新模式的选择原则 …………… 54

第三节　基于SWOT分析方法企业自主技术

创新模式的选择 …………………………… 56

第四节　基于技术寿命周期企业自主技术创新

模式的选择 ………………………………… 61

第五节　集成创新主体选择 …………………………… 65

第四章　企业自主技术创新投资决策模型研究 …………… 71

第一节　基于单一项目自主技术创新模式的

投资决策模型研究 ………………………… 71

第二节　企业多项目自主技术创新最优投资

组合决策模型研究 ………………………… 89

第五章　企业自主技术创新模式与投资决策实证研究 ……… 94

第一节　实证研究对象的选择 ………………………… 94

第二节　我国工程机械产业发展现状 ………………… 97

第三节　国内工程机械企业典型案例分析 …………… 103

第四节　自主技术创新投资决策模型应用研究 ……… 123

第六章　完全理性条件下企业技术创新扩散博弈分析 ……… 138

第一节　创新源与扩散源企业间的合作困境及破解 … 138

第二节　完全理性下逆向选择时的囚徒困境 ………… 141

第三节　完全理性下基于重复博弈分析的困境破解 … 143

目 录

第七章 有限理性条件下企业技术创新扩散的演化博弈分析 …… 149

第一节 引言 …………………………………………………… 149
第二节 有限理性下逆向选择的困境 ………………………… 150
第三节 有限理性下逆向选择困境的化解 …………………… 156
第四节 结论与启示 …………………………………………… 160

第八章 次级阶段一元技术创新扩散模型及仿真 ……………… 162

第一节 经典技术创新扩散模型的局限性 …………………… 163
第二节 模型的构建 …………………………………………… 165
第三节 模型仿真及分析 ……………………………………… 169

第九章 次级阶段多元技术创新扩散模型研究 ………………… 176

第一节 引言 …………………………………………………… 176
第二节 MTID 模型 …………………………………………… 177
第三节 MTID 模型的参数估计 ……………………………… 183
第四节 结语 …………………………………………………… 184

第十章 基于 Markov 过程的技术创新扩散模型 ……………… 186

第一节 引言 …………………………………………………… 186
第二节 技术创新扩散的不确定性来源 ……………………… 187
第三节 创新技术的随机扩散模型 …………………………… 189
第四节 随机扩散模型与传统 Bass 模型的比较 …………… 191
第五节 结论与展望 …………………………………………… 193

第十一章　基于BP神经网络的技术创新扩散模型研究 ………… 195

第一节　引言 ……………………………………………………… 195
第二节　Bass扩散模型及参数估计设计 ……………………… 197
第三节　BP神经网络方法与设计 ……………………………… 199
第四节　估计结果与分析 ……………………………………… 202
第五节　结语 …………………………………………………… 203

第十二章　基于实物期权的技术创新扩散中
　　　　　　企业采纳决策分析 ……………………………… 205

第一节　引言 …………………………………………………… 205
第二节　创新技术采纳决策模型 ……………………………… 207
第三节　模型分析 ……………………………………………… 210
第四节　结论 …………………………………………………… 215

第十三章　多元技术创新扩散的系统动力学模型及仿真 …… 217

第一节　引言 …………………………………………………… 217
第二节　Bass模型及其在技术创新扩散中的局限性 ……… 219
第三节　多元技术创新扩散的系统动力学模型 ……………… 220
第四节　仿真结果分析 ………………………………………… 226
第五节　结语 …………………………………………………… 233

第十四章　高新技术企业多元技术创新扩散路径 …………… 234

第一节　引言 …………………………………………………… 234
第二节　国内外研究现状 ……………………………………… 235

第三节　长沙高新区多元技术创新扩散现状 …………………… 237

第四节　长沙高新区多元技术创新扩散主要路径 ……………… 238

第五节　长沙高新区多元技术创新扩散新路径 ………………… 241

第六节　结语 ……………………………………………………… 247

参考文献 ……………………………………………………………… 249

第一章 绪论

第一节 问题的提出

一 研究背景

自 1911 年美籍奥地利经济学家熊彼特（J. A. Schumpeter）注意到创新在经济发展中的作用并首次提出创新的概念以来，创新的理论研究与实际应用一直是热点话题。创新的理论研究与实际应用的结果表明，创新不仅能够带动经济增长，而且能够促进企业、地区以及整个国家的进步与发展。许多国家于是制定了创新的相关政策，建立起国家创新体系，创造了包括风险投资机制在内的良好的创新环境，并取得了显著的成绩。如日本就是建立国家创新体系并取得成功的典范。20 世纪 80 年代以来，日本政府采取了一系列的体制改革措施，明确了科技发展的大方向，制定了不同阶段的自主创新发展战略，使日本的研发能力和技术创新活动一直保持着十分活跃的态势，完成了由第二次世界大战后初期的以技术吸收、模仿为主，过渡到自主创新追赶型模式,最终达到领先创新模式成功转型的目的①。

从国外技术创新理论研究成果看,学者们研究的出发点主要是基于整体经济增长。早在1957年,索洛(R. Solow)提出一个国家或地区保持经济增长的最终驱动力是技术进步,并建立了第一个新古典主义经济增长模型。1962年阿罗(K. Arrow)提出"干中学"模型,并发表了一篇被称为技术内生化经济理论先导的论文——《从干中学的经济涵义》。1990年,美国经济学家罗默(P. Romer)认为,经济增长的关键在于创新,并建立了一个内生增长模型②。国外的学者在研究技术创新时,一方面承认技术创新过程中企业的主体与主导作用;另一方面认为企业自主技术创新的开展存在一个既定的前提条件并加以模式化,对企业自主创新研究甚少。但是,越来越多的国家和组织意识到技术创新的重要性。1986年联合国科技促进发展中心组织了"发展中国家技术创新过程研究",目的在于揭示技术创新的规律,为促进发展中国家技术创新提供政策性建议。在学术界,A. H. Rubenstein 和 A. Segal 等是致力于发展中国家技术创新问题研究的代表③④。西方学者普遍认为发展中国家技术能力薄弱以及缺乏优秀的企业家⑤,从而导致在技术创新方面发达国家以研究为主而发展中国家以应用为主。J. Lee 等提出发展中国家技术创新有其不同于发达国家的规律,

---

① 王承云、杜德斌:《日本的科技自主创新模式及其经验》,《科技导报》2006年第4期。

② P. Romer, "Increasing Return and Long Run Growth", *Journal of Political Economy*, No. 5, 1986.

③ A. H. Rubenstein, "Research and Development Issues in Developing Countries", *Management and Innovation*, North - Holland Publishing Co., 1980, pp. 55 - 59.

④ A. Segal et al (eds), *Learning by Doing: Science and Technology in the Developing World*, Colorado: Westview Press, 1986, pp. 121 - 135.

⑤ W. E. Nafziger, *Economics of Developing Countries* (The 3rd Edition), Englewood: Prentice Hall Press, 1996, p. 229.

第一章 绪论

需要一种新的理论来揭示这种规律，而这种理论应基于发展中国家视角与立场[1]。国内研究技术创新的学者对技术创新的研究起步比较晚，通过几十年的研究与积累逐渐形成两个截然不同的分支[2]：一个是基于宏观的视角，研究技术创新对国民经济增长和国家或地区产业结构调整的影响，主张政府应该规范和引导技术创新。另一个是从微观的角度探讨企业技术创新，强调企业是创新的主体。企业自主创新是企业微观经济活动，同时也是宏观经济体系效率提高的重要保证。因此，研究企业自主创新具有十分重要的理论意义。

改革开放40多年，我国的经济取得了长足的发展。然而，经济的进一步发展面临严重的挑战。发达国家对我国政府与企业的技术封锁和知识产权纠纷的困扰就是突出的表现。从航天航空创新的成功与汽车行业"技术换市场"的失败的对比以及对"落后—引进—再落后—再引进"的恶性循环的重演的反思，从美国禁售中兴芯片引起国人的痛心与无奈……这一切让国人终于明白一个简单的道理：必须依靠自己的力量创新，必须拥有自己的知识产权。这就是走自主创新的道路。

关于自主创新，党和国家领导人都高度重视。以毛泽东为核心的党的第一代领导集体强调自力更生、艰苦奋斗，系统阐述自力更生理论。以邓小平为核心的第二代领导集体实行改革开放的同时坚持自力更生，进一步完善自力更生理论。两代领导集体自力更生的核心在于依靠自己把事情办好，而不是依赖外力。以江泽民为核心的党的第三

---

[1] J. Lee et al., "Technology Development Process: A Model for Developing Country with a Global", *R&D Management*, 1988, No. 3.

[2] 周圣强：《企业创新策略选择自主研发和技术引进》，《技术经济与管理研究》2017年第3期。

代领导集体，进一步丰富和发展了第一代、第二代领导集体关于自力更生的理论思想，提出自主创新，把科技自主创新排在重要位置。江泽民指出："创新是一个民族进步的灵魂，是国家兴旺发达的不竭动力。一个没有创新能力的民族难以屹立于世界先进民族之林。"1992年，中国科学院联合原国家教委、原国家经贸委组织实施"产学研联合开发工程"，探索产业、高校与研究所之间的合作机制与合作模式等问题。为了提高我国企业技术创新能力，加快建立与健全技术创新体系，原国家经贸委于1996年开始组织实施"技术创新工程"。中共中央和国务院于1999年正式出台了一项《关于加强技术创新，发展高科技，实现产业化的决定》。

实践证明，创新是企业永恒的动力；科学技术创新是国民经济和社会发展的动力源泉。在全面建成小康社会与实现中华民族伟大复兴的征程中，解放与发展生产力是我国政府与人民需要解决的首要核心任务。为了完成这个任务，我们应该继续发扬自力更生、艰苦奋斗的精神，大力发展科技并促进生产力的大力发展。尤其是某些具有重要战略意义的科技项目，一方面无法从国外引进相关技术，另一方面为了国家安全必须获得完全自主知识产权。因此，必须克服困难，努力提高我国企业自主创新能力，实现技术进步。在发展高技术上，江泽民认为要始终突出自主创新。"尖端技术不可能从国外直接拿来，即使有的一时可以从国外引进，但如果我们不能进行有效的学习、消化和新的创造，最终还是会受制于人。唯有自己掌握核心技术，拥有自主知识产权，才能将祖国的发展与安全的命运牢牢掌握在我们手中。"①

---

① 江泽民：《论科学技术》，中央文献出版社2001年版，第164—165页。

以胡锦涛为核心的中央领导集体，非常重视科技创新，提出了科学发展观，把自主创新作为落实科学发展观的重要手段。国家安全保障、国家核心竞争力提高离不开科技创新能力和国家科技事业的发展，而自主创新是实现国家科技发展和提高国家实力、国民经济、产业竞争力的关键。因此，自主创新成为国家科技发展的一个非常重要的指导方向。2003年胡锦涛在中国科学院与中国工程院等两院院士大会上指出，"我国要在激烈的国际科技竞争中赢得主动，就必须把促进科技进步和创新作为推动整个科技事业发展的关键环节，通过重点领域的突破，带动国家整个科技竞争力的显著跃升"。"要坚持把推动自主创新摆在全部科技工作的突出位置，大力增强科技创新能力，大力增强核心竞争力，在实践中走出一条具有中国特色的科技创新的路子。"

企业呼唤自主创新。2004年，以北大方正为代表的数十家大型企业联合发布自主创新宣言，倡导中国企业走自主创新之路。受此影响，随后又有数百家中国企业联合发布中国企业自主品牌宣言，进一步倡导我国企业创立自主品牌。

2004年，中央召开的经济工作会议提出"自主创新是推进经济结构调整的中心环节"。胡锦涛在视察中国科学院时强调，"要把提高科技自主创新能力作为推动经济结构和提高国家竞争力的中心环节"。2005年，温家宝在"两会"政府工作报告中指出："一个国家能否在国际竞争中长久保持优势，取决于科技进步速度和自主创新能力。"2005年7月，中共中央政治局会议强调把自主创新作为"十一五"规划的着力点。中央在2005年党的十六届五中全会上，制定建设创新型国家的重大战略，该战略立足于科学发展与自主创新，把自主创新作为"十一五"规划的着力点，把提高企业自主创新能力作为国家和地区转变经济增长方式、调整产业结构的中心环节，为形成自主创新体制框架，建立以市场为导向、企业为主体、产学研结合的技术创新体系。

面对激烈的国际竞争环境，我国政府于 2005 年正式提出实施自主创新战略。国家自主创新战略实际上是在两个层面上展开：围绕基础研究、应用基础研究层次展开的科学创新；围绕产业展开的技术创新。其中，围绕高技术产业化为核心展开的技术创新又是国家自主创新战略中最关键的部分。对于中国而言，技术创新尤其是以企业为主体的国家技术创新模式还是一个处于探索中和发展中的东西。

2013 年，习近平在参加全国政协十二届一次会议科协、科技界委员联组讨论时的讲话，提出坚定不移走中国特色自主创新道路，要结合社会主义市场经济新条件，发挥好我们的优势，加强统筹协调，促进协同创新，优化创新环境，形成推进创新的强大合力。国务院 2013 年印发《"十二五"国家自主创新能力建设规划》，对"十二五"时期我国自主创新能力建设进行总体部署。

党的十八大报告提出："实施创新驱动发展战略，要坚持走中国特色自主创新道路，以全球视野谋划和推动创新"。党的十九大报告提出："树立科技是核心战斗力的思想，推进重大技术创新、自主创新。"

理论与实践证明，企业是创新的主体。在国家提出实施自主创新战略后，我国企业肩负自主创新的历史重任。由于不同企业自身状况不同，每一个企业究竟怎样选择适合于自身实际的自主创新战略是一个不容回避的问题。这其中包括战略的定位、创新模式的选择、投资决策等一系列问题。

因技术创新投资决策的正确性受投资成本的不可逆性、不确定性和竞争性等因素的影响①，诸如基于 John Hick 和 Irving Fisher 创立的现金流贴现（DCF）思想的净现值法（NPV）、内部收益率法（IRR）等传统投资决策方法没有系统地将项目投资的不可逆性、不确定性和由于竞争性而导致的战略性互动纳入同一个决策框架内讨论。DCF 法的基本思想是当项目的期望现金流的现值超过投资成本的现值时则投资，否则不投资。事实上，投资可以等待最有利的时期，而不是要么立即投资、要么永远不投资。因此，大多数情况下传统的投资决策方法不太适合于企业技术创新投资项目的评价与投资决策。

Black 和 Scholes（1973）在无套利与风险中性假定下解决了金融期权的定价问题，为期权理论的进一步发展奠定了基础。Stewart Myers（1977）首先提出金融期权的理论与方法可以运用于项目的投资评价与决策，并称为实物期权（Real Options）。此后，Dixit（1979，1980，1989，1994）、Pindyck（1980，1988，1993）、Trigeorgis（1988，1990，1993）、Smit（1993）以及 Lambrecht（1994，1996）等在期权博弈理论及其应用方面做了大量研究工作且效果显著。因此，应用实物期权理论来研究企业自主创新投资决策是必要的而且是可行的。

二　研究意义

世界发达国家成功经验表明，一个国家发展到一定程度必须实现从技术对外依赖向自主创新进行战略转变。世界企业 500 强的兴衰，验证了同样的道理：企业发展到一定程度必须走自主创新的道路。

在新中国成立之初，中国人口约 5 亿，地大物博，人均资源也许

---

① 唐振鹏：《基于期权博弈理论的企业技术创新投资研究》，博士学位论文，武汉理工大学，2003 年。

还不算少。然而，如今超过 14 亿人口，即使某项资源总量排世界第一，但人均下来或许是倒数第几了。过去我们的企业大多数是资源依附型，随着资源的枯竭，企业面临倒闭。有的企业虽然不是资源依附型的，却是依附国外技术型的。事实证明，先进的技术是花钱买不回来的，完全依附于他人的企业是不可能超过他人的。因此，企业必须走自主创新的道路。本书研究意义在于：

（一）有利于我国企业经营者意识到自主创新的必要性和可行性并选择合适的自主技术创新模式

自主创新对企业是非常重要的。如果不进行自主创新，企业不但不可能超越同行而成为本行业的佼佼者，而且在激烈的竞争中很可能被淘汰。自主创新的难度是相当大的。究竟什么企业可以实施自主创新呢？笔者认为，任何企业都可以进行自主创新，而且都能够自主创新。因为创新项目有大有小、创新程度有难有易、创新的投入有多有少，企业可以根据自己的科研实力与财务状况等实际情况进行自主创新。问题是：如何选择适合本企业自身发展状况的创新模式。无论企业选择哪种自主创新模式，为了达到预期效果，企业首先必须进行正确的自主创新战略定位，而且有必要适当高标准定位。不然，经过创新成功的成果仍然处于相对落后的状态，企业的竞争必然处于劣势。本书在对自主技术创新的各种模式进行比较分析的基础上，论述了企业选择模式的原则。从定性与定量的角度论述了企业选择模式的方法，为我国企业选择适合自身实际情况的自主技术创新模式提供了参考。

（二）有利于企业充分利用创新资源并进行科学的自主技术创新投资决策

进行创新，必须投资。何时进行创新投资关系到创新的成败。在确定创新模式之后，如何选择最佳投资时期，以达到最优决策的目的，这是投资者首先关心的问题。过去传统决策方法认为要么立即投资要么永远放弃投资。其实，还有第三种情形——等待有利时期再投资。我们利用实物期权等方法，可以通过选择投资时期以达到决策最优化的目的。也就是说，企业面临一项自主创新项目投资决策时，可以根据实际情况选择投资时期，而不是简单地选择投资或放弃投资。对于同一时期面临多个创新项目投资决策时，可以通过优化组合达到充分利用资源并最终实现自主技术创新的目的。这有利于企业进行科学的自主技术创新投资决策。

（三）有利于提高我国企业创新能力与竞争实力从而提高整个国家的综合竞争能力

在经历一段时间的技术引进之后，国人意识到很多先进技术是花钱买不到的。引进的技术往往是对方相对落后的技术或我国即将开发成功的技术。引进这样的技术当然具有一定的后发优势，但很难超越对方。只有发扬艰苦奋斗的精神，走自主创新的道路，提高我国企业自主创新的能力，才能真正提高我国企业的竞争实力。企业自主创新能力的提高，才能确保国家安全和国家的综合竞争能力的提高。自主创新具有战略意义，这一点是毋庸置疑的。我国自主创新的能力不强，可以从自主创新成果得知。根据1995—2006年全国科技成果统计年度报告，12年间我国登记创新成果总数为368521项（年均30710项），其中应用技术创新成果共计321602项（年均26800项）。应用技术创新成果中国际领先水平者仅14080项，占4.38%，国际先进水平者67626项，占21.03%。从2013—2017年应用技术成果的技术标准构成来看，以国家标准体现的科技成果比例在20%左右，2017年为20.59%；以行业标准体现的科技成果比例基本在30%左右，2017

年为27.70%；以地方标准体现的科技成果比例呈逐年上升趋势，四年间上升了18.29个百分点（见表1-1）。近几年我国应用技术成果水平主要还是国内领先水平，国际领先成果相对较少（如图1-1所示）。

表1-1　　　2013—2017年应用技术成果技术标准构成　　　单位:%

技术标准\年份	2013	2014	2015	2016	2017
国际标准	9.91	4.17	4.65	6.32	3.70
国家标准	21.04	19.73	16.26	23.95	20.59
行业标准	28.78	31.87	31.90	31.95	27.70
地方标准	12.28	19.49	20.60	23.88	30.57
企业标准	27.99	24.74	26.59	13.90	17.44
合计	100	100	100	100	100

注：由于四舍五入的原因，合计有可能不等于100%，下同。
资料来源：国家科技成果网。

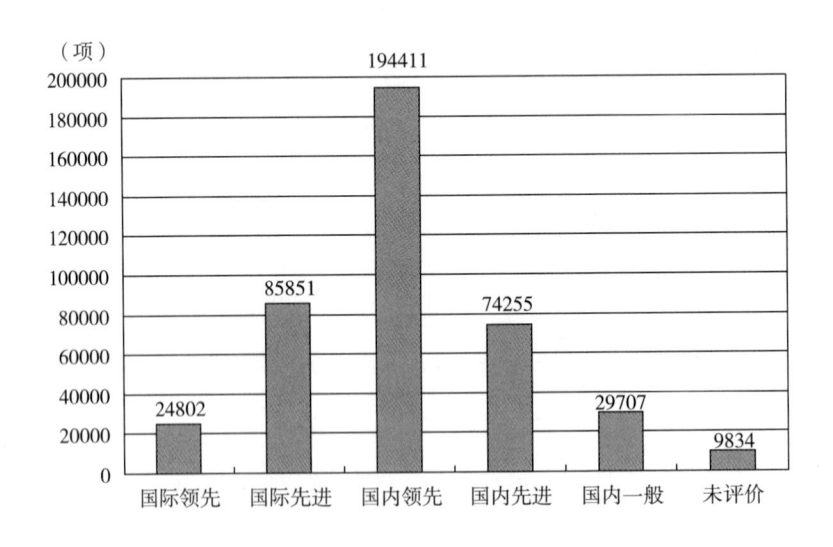

图1-1　应用技术成果水平分布

资料来源：国家科技成果网。

促进企业进行自主创新,提高我国企业的综合竞争能力,在目前激烈竞争情况下,其必要性越来越明显。

第二节 有关概念的界定

一 自主创新

自主创新是众多创新模式中的一种。关于自主创新的概念,不同学者有不同的定义。在理解"自主"的基础上,笔者认为,自主创新是指创新主体,依靠自己的资源,通过自身努力,攻克技术难关,获得自主知识产权并将科技成果商业化以达到预期目标的创造性过程。自主创新的实质是"依靠自己创新"。显然,自主创新包括技术创新、产品创新以及管理创新等多方面内容,但更主要是技术上的创新,故本书所讨论的自主创新是技术自主创新。关于创新战略的分类,传统分为:自主创新战略、模仿创新战略和合作创新战略等。本书探讨的是企业自主创新战略。

二 自主创新模式

模式是解决某一类问题的方法论。如果把解决某类问题的方法提升到理论高度,那就是模式。在不同的领域有不同的模式。在创新中,创新模式主要是指创新过程中有关技术的选择、开发组织、应用与扩散方式等的总和。因为创新过程中涉及诸多资源要素的整合方式,这些因素在组合、配置方式及其结构上的差异,就构成了不同的创新模式。关于自主创新模式的界定,笔者认为只要创新主体通过自己的创新活动获得某一具有自主知识产权的核心技术而且成功实现了商业化并具有进一步开展自主创新的能力,就可以称为一种自主创新模式。

王立军（2006）在研究浙江民营企业自主创新时提出几大模式：基于块状经济的集群创新、基于资源配置全球化的跨界创新、依托高校、科研院所的产学研联合创新[①]。王淼、胡本强、蒋宗峰（2005）认为，企业自主创新并非全部独立自主创新，并不排斥外部技术。因此，可以充分利用外部各种可以利用的技术资源，采取灵活多样的方式，实现企业自主技术创新。通过成熟技术的自主集成获得创新，是自主创新；在已有技术的基础上进行改进获得的创新，也是自主创新。只要创新主体通过自己的创新活动获得某一具有自主知识产权的核心技术而且成功实现了商业化并具有进一步开展自主创新的能力，便可以称为一种自主创新模式。企业自主创新有以下四种模式：①改进产品的生产技术与加工工艺的创新模式；②围绕生产要素来源的创新模式；③围绕产品市场的创新模式；④围绕高新技术、发明的创新模式[②]。李刚、陈昌柏（2006）将企业自主创新模式分为基本发明创新、核心技术创新、改进技术创新、产品设计创新和传统文化创新[③]。"十一五"规划中提出要大力提高原始创新能力、集成创新能力和引进创新能力，这三种能力对应三种创新模式。

本书依据技术的来源，将企业自主技术创新模式分为原始创新模式、引进创新模式和集成创新模式。

三 高标准

根据李国炎等编著的《新编汉语词典》，标准有两个含义：

①衡量事物的准则：如实践是检验真理的唯一标准。②合于准

[①] 王立军：《浙江民营企业自主创新的模式与特点》，《政策瞭望》2006年第8期。
[②] 王淼、胡本强、蒋宗峰：《我国新型工业化进程中企业自主创新模式与策略》，《经济纵横》2005年第10期。
[③] 李刚、陈昌柏：《企业自主创新模式选择》，《科技与经济》2006年第1期。

则，可供同类事物比较核对的，如标准音、标准件等。本书讨论的标准是指第二个含义。

产品或技术新颖程度通常包括国际新颖、国内新颖、行业新颖和企业新颖四个级别。其中企业新颖级别最低，国际新颖级别最高。技术创新高标准定位中的高标准，是指企业在技术创新过程中，根据自身实际情况和战略目标制定的目标技术创新的高级别新颖程度。企业制定的高标准，其实现必然存在一定的困难。一旦得以实现，可以奠定创新企业在目标技术领域的地位。

第三节 研究思路与方法

一 研究思路

从文献查询与阅读得知，学者们研究技术创新的成果颇多。对于企业自主创新的研究，也许是我国在特定的历史背景下提出的一个概念并且自提出至今时间不长的缘故，研究者虽然较多，但系统而深入的研究成果较少。本书在众多文献综述的基础上，借鉴创新理论、战略管理理论以及投资理论等理论，主要从自主创新方向确定、自主创新模式选择、自主创新投资决策以及技术创新扩散四个方面展开研究、寻找创新点。根据企业自主创新决策过程，本书研究思路如图1-2所示。

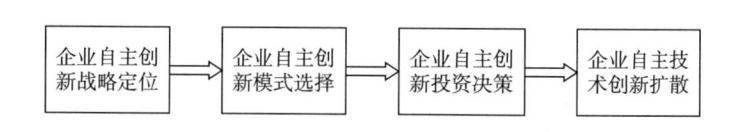

企业自主创新战略定位 → 企业自主创新模式选择 → 企业自主创新投资决策 → 企业自主技术创新扩散

图1-2 本书研究思路

通过运用高标准定位理论论述企业自主技术创新战略定位，为企业自主创新确定明确的创新方向，从而为企业在创新的成功奠定基础。在战略定位后，接下来是选择创新模式。通过比较分析自主创新的各种模式，重点探讨企业如何根据实际情况选择自主技术创新模式。自主创新需要投入相当数量的资金。资金投入的时机非常重要。本书运用实物期权理论与方法，定量分析各种模式各个阶段投资时点，将理论应用于实际。

因此，本书的研究基于以下几个观点。

（一）战略定位是自主创新的基石

自主创新是一项复杂的工作。其成功与否势必对企业产生重大影响。为了创新的成功，企业必须进行正确的自主创新战略定位。在战略定位的基础上选择创新项目与创新模式以及投资决策。

（二）企业都能够自主创新而且将进行自主创新

企业的类型多种多样，但创新是企业寻求发展的永恒动力。创新的类型多种多样，但企业在成长与发展过程中必然经历自主创新这个阶段。只不过这个阶段对不同企业而言，是来早与来迟的问题。

（三）实物期权理论与方法可以帮助企业自主创新投资进行科学决策

自主创新需要投入大量的资金，何时进行投资无疑至关重要。理论与实践证明，实物期权理论与方法克服传统投资决策理论与方法，可以更科学地进行投资决策。

（四）技术扩散是技术创新的后续阶段，是创新主体的必然选择

评价技术创新成功与否的一个标志是创新技术商业化是否取得成功。因此，企业自主创新后，将技术扩散是创新的延续。一方面，创新主体要获得回报以弥补技术创新所投入的成本；另一方面，市场对

创新技术的需求，潜在的采用者希望获得相关技术。

二 研究方法

在研究方法方面，本书坚持理论与实践相结合的原则，主要采用以下几种研究方法。

（一）规范研究方法

通过对现有自主创新理论和投资决策理论的梳理，探寻企业自主技术创新的一般规律，重点研究创新模式与投资决策问题，提炼理论观点。

（二）比较研究方法

通过比较国内外企业自主创新状况，揭示我国企业自主创新存在的问题。通过比较分析各种自主技术创新模式，论述企业必须根据自身实际情况选择相应的创新模式。

（三）定性与定量分析相结合的研究方法

在本书的整个研究与撰写过程中，始终注重定性与定量分析相结合。通过统计资料和适当的数学模型分析，支撑所阐述的理论原理；通过对统计数据的分析与相关数学模型的建立，进一步展开研究。而且，观点的论证与模型的推导，突出论证的逻辑性与系统性。

（四）案例分析与实证分析相结合的研究方法

在对企业自主技术创新模式与投资决策一般理论研究的基础上，通过对国内企业典型个案的具体分析，进一步佐证和支持本书的主题思想和理论观点。

第二章　企业自主技术创新战略定位研究

1972年艾尔·里斯和杰克·特劳特在美国《广告时代》上联合发表的文章"定位时代",首次提出定位的概念,而且是市场营销学中的一个概念。此后,产品定位、市场定位与品牌定位等相继成为企业经营的热点问题。从战略角度研究定位问题的代表人物是美国哈佛商学院的迈克·波特(Michael E. Porter)。20世纪80年代,波特在理论界和企业界的研究与实践基础上,提出分析产业结构和竞争对手的理论与方法,形成了著名的定位学派。波特认为,战略定位(Strategic Positioning)是企业竞争战略的核心内容。企业自主创新是企业经营活动的一个重要方面。因此,企业自主创新战略是企业竞争战略的关键,其定位正确与否关系企业生死存亡。

第一节　企业自主技术创新战略

一　自主技术创新战略的内涵

自主技术创新战略是建立在自主创新的基础上并以自主创新为基

本奋斗目标的技术创新战略。也就是指创新主体依靠自己的资源，通过自身努力，攻克技术难关，并将科技成果商业化以达到预期目标的创造性过程，最终达到创新目的的一种创新战略。自主创新战略并列于模仿创新战略以及合作创新战略，构成企业创新战略的三种基本类型。

二 自主技术创新战略的基本特性

自主技术创新具有以下几个基本特点[①]。

（一）技术突破的内生性

自主创新的核心技术源来自企业内部，是企业依靠自己资源，通过自己的研究与开发而获得，这是自主创新的本质特点，也是区别于其他创新战略的根本性标志。值得注意的是，企业完成某项创新，需要多项技术。自主创新并非要求企业对所有的技术进行独立研究与开发，只是研究与开发其中的核心技术，打通创新中最困难的技术环节，独自掌握核心技术原理即可。那些辅助性的技术，如觉得有必要自己研发就自己干，否则可以通过虚拟经营的方式委托给别的企业进行或从别处购买。

（二）知识与能力支持的内生性

知识与能力支持是创新的基础，也是创新能否成功的必要条件。从项目的研发到最后的商业化过程中的每个环节都离不开知识与能力的支持。根据自主创新的定义就知道，在整个自主创新过程中，除那些辅助性的技术，可以通过虚拟经营的方式委托给别的企业进行或从别处购买外，主要依靠自身的知识与能力进行创新。因此，企业选择自主创新战略，决定了知识与能力支持的内生性。

---

① 傅家骥：《技术创新学》，清华大学出版社1998年版。

（三）技术与市场的率先性

自主创新的成果具有独占性。这种独占性是受到法律保护的，不过有一个前提条件——注册。根据国家相关法律先申请并注册者为产权拥有者。自主创新追求成果的独占性的同时，自然追求技术与市场的率先性。事实上，企业自主创新的成功意味着率先获得技术与市场。技术的率先获得是显然的。当技术研究与发展获得成功后，必然投入市场以进行商业化。正因为技术的率先性导致市场率先占领。这正是创新主体所追求的目标。

三 自主技术创新战略的利弊分析

（一）自主创新战略的优点

自主创新的基本特性决定该战略具有其他创新战略所不具备的优势。主要包括技术垄断优势和市场竞争优势。

1. 技术垄断优势

通过自主创新获得的技术具有率先性。因其他企业尚没有该技术，该技术产品进入市场后，可能领导整个行业，形成行业的技术标准与技术规范，自然形成比较强的技术壁垒。新技术一旦出现，部分同行企业可能采取模仿战略，但一时难以解密，有的甚至根本不可能破解其核心技术。如可口可乐公司的配方、微软的操作系统和英特尔的处理器就是典型例子，这些公司因技术的垄断而获得相当丰厚的垄断利润。

2. 市场竞争优势

市场的率先性使企业在激烈的竞争中处于优势地位。一方面，由于技术的率先性，率先企业生产的产品具有竞争优势。这种优势表现在产品的质量和成本控制两个方面。由于采用新技术，产品质量相对好些；由于掌握核心技术及其整个产品原理，在成本控制方面更有效些。另一方面，率先进入市场者，形成有利于自己的技术标准，凭借技术垄断优势，左右整个行业的发展，甚至产生新的产业。如美国杜邦公司，通过对塑料、化纤和橡胶合成材料的自主创新，在一定程度上控制了世界化工原料市场。推出诸如尼龙、乙烯、合成橡胶等新产品，引起汽车、服装等行业的变化。此外，率先进入者的产品率先占领消费者市场，形成竞争优势。如汉字"五笔"输入法，率先推出被人们所接受。尽管随后又有诸如"郑码""微软拼音"等各种快速输入法，但消费者习惯"五笔"输入法，不愿花时间熟悉其他方法，因此"五笔"输入法一直占主导地位。

（二）自主创新战略的弊端

事物总存在利与弊两个方面。自主创新战略同样具有弊端，其中最大的弊端在于高投入与高风险。

1. 高投入

自主创新是三种创新战略中最难的一种，需要投入比其他创新战略更多的人力、物力与财力。国家统计局公布的大中型工业企业自主创新统计资料显示，2017年我国大中型工业企业R&D研究人员193.1419万人、研究经费8976.1874亿元；开展R&D研究项目215506项，平均每个项目投资约417万元。

2. 高风险

然而，高的投入并不能保证最后创新的成功。面临技术与市场双重风险。据统计，在美国，基础性研究成功率为5%，技术开发的成功率约50%。即使研究与开发成功，市场的商业化也不一定成功。根据曼斯菲尔德对美国三家大公司自主创新项目调查，发现60%的创新项目研发成功，30%的项目商业化成功，12%的项目给企业带来经济效益。

四　自主技术创新战略的实施动因

自主创新是所有创新中难度最大的一种。根据有关机构的不完全统计，我国自主创新的成功率不到30%。如此低的成功率，为何"沉舟侧畔千帆过"？究其原因，企业实施自主创新的动因主要包括以下几个方面。

（一）技术衰减

技术衰减是指技术随着时间的推移，其价值逐渐降低。因为技术衰减，导致包含该技术的产品失去竞争力，促使企业寻求新的技术。在难以获得先进技术的情况下，企业只有选择自主创新才能克服技术衰减。换言之，技术衰减要求技术的更新换代，技术更新换代期待创新，自主创新导致技术更新换代，因此技术衰减促使企业自主创新。

（二）企业生存的需要

当某技术衰减达到一定程度时，以该技术生产的产品技术寿命很快结束，企业不得不采取措施以延长技术寿命。当企业无法从外界获得更新的技术时，迫于生存的需要，企业只有选择自主创新。

（三）高回报率的诱惑

作为高风险的回报，自主创新的成功能够为创新主体带来丰厚的利润。微软和英特尔就是最好的例子。因为一旦创新成功，企业在该技术领域是领先者，在一定程度上可以垄断市场或者至少可以制定技术标准从而左右整个行业，最终获得高额利润。

（四）国家安全的需要

有国才有家，保卫国家的安全是每个公民义不容辞的责任。企业是自主创新的主体，通过自主创新为国家提供具有完全自主知识产权的先进技术，从而可以摆脱对外国政府与技术输出企业的依赖，从技术的角度保证国家机密不外泄，让国家安全得到保障。北斗卫星导航系统的研发就是一个典型例子。

五 自主技术创新战略的实施条件

企业自主创新战略的实施是一项十分艰巨的任务。显然，并非所有的企业都能独自进行自主创新。原因是企业实施自主创新必须具备必要的条件。

（一）创新能力

自主创新需要很强的创新能力，这些能力有一部分完全来自企业内部，靠企业积累逐渐得到加强。创新能力取决于创新人才，高素质的创新人才是企业自主创新成功的关键。人才来源于企业的培养和引进。还有一部分来自企业外部，通过合作等途径为我所用而获得。对于创新人才，"不求其所有，但求其所用"是多数企业的一贯做法。对中小企业而言，"借鸡下蛋"是实施自主创新人才战略的一个重要方面。

（二）创新机制

创新是一项难度很大的工作，需要具备创新能力的人去进行。但是，缺乏创新意识与创新氛围的企业是难以进行自主创新的。为此，必须建立健全创新机制，激励企业内部所有员工积极参与自主创新活动。对为创新作出贡献者，依据其贡献大小，给予物质奖励与精神激励。同时，通过激励机制，吸引企业外部优秀人才，加强本企业创新能力。

（三）资金实力

创新需要投入大量的资金，自主创新更是如此。既然企业选择自主创新战略，必须具有较为雄厚的资金实力。虽然创新资金并不要求完全为企业自有资金，但总的资金投入是必须达到的。因此，企业还必须具备比较强的融资能力，以弥补企业自有资金的不足。

（四）营销能力

自主创新是一个自项目选择、研究与开发到商业化的过程。技术研发成功只是创新成功的关键性的一步，要取得完全成功还需商业化成功。商业化成功取决于企业的营销能力。这包括市场预测分析能力、市场开拓能力以及新产品的推广与销售能力。

（五）风险防范能力

自主创新项目成功率比较低，投入的成本比较大。如果所选择的项目创新不成功，轻则影响企业的正常发展，重则导致企业破产。美国铱星公司破产就是典型例子。基于此，企业选择自主创新战略必须具有较强的抵抗风险和防范风险的能力。

以上是从微观的角度分析。事实上，企业自主创新的实施还必须拥有一个良好的创新环境。良好的环境依靠国家与各级政府的创建，主要包括培养创新型人才、加强基础研究与创新以及建立健全知识产权保护制度等。

六 企业实施自主技术创新战略的措施

我国企业大多在经历一段时间的技术"拿来主义"后，最终走自主创新的道路，这是普遍规律。自主创新的三种模式各有利弊。我国企业实施自主创新，究竟采取哪种创新模式，不能一概而论，而应根据企业自身实际情况决定。如果选择不当，可能导致非常严重的后果。企业实施自主创新战略应采取有效措施[①]。

（一）更新原有观念，树立创新意识

资本的本性是追求利润。企业的经营利润可以是短期的或长期

---

① 杨国忠、游达明：《论促进企业自主创新的有效措施》，《技术经济》2006年第11期。

的。现实中，无论是为了追求产品利润还是规避技术风险，企业通常首先考虑选择现有的、成熟的技术，很少有企业基于战略角度考虑通过自主创新。于是，很多企业追求的是眼前的利润——通过引进别人的技术或者模仿别人的产品。以中国 VCD 与 DVD 产品生产企业为例，因为没有自主知识产权，我国这些生产企业获得的是"蝇头小利"。为此，我们企业的所有者、经营者乃至全体员工必须转变观念，不能单纯从"成本/收益"角度去考虑企业发展战略，不能仅从眼前利益出发进行投资决策。技术引进与自主创新的关系是层级递进的关系，企业应该处理好两者的关系，通过自主创新获得核心技术是目的，而引进技术是实现这一目的的手段[①]。为此，我们应该树立创新意识。

（二）企业自主创新战略定位准确

正如企业经营与发展一样，企业自主创新也应制定相应的战略。事实上，我国大部分企业在自主创新方面是盲目的，别人怎么干自己怎么干；别人何时干自己也开始干。这种没有明确的战略方向，完全"随波逐流"式的自主创新是难以制胜的。综观世界著名企业，它们的创新特别是自主创新战略思路是相当清晰的、战略方向是相当明确的。如微软公司，致力于计算机操作系统的自主创新。在 DOS 操作系统获得成功之后，继续创新，终于使操作更为简单方便的 Windows 操作系统问世。然后以产品为平台，开发适合于不同语言的版本，从而几乎垄断整个市场。我国企业在自主创新定位时，应该采取高定位标准。因为技术进步速度太快，产品技术寿命周期在不断缩短。如果创新成果已属于或即将属于淘汰产品，岂不白忙了。因此，企业在开展

[①] 王淼、胡本强、蒋宗峰：《我国新型工业化进程中企业自主创新的模式与策略》，《经济纵横》2005 年第 10 期。

技术创新前必须完成两项工作。第一，进行技术创新定位。通过市场调查，了解技术发展前景与行业情况并结合企业自身实际进行正确的创新定位。第二，选择自主创新模式。自主创新模式有三种，企业可以通过诸如 SWOT 分析方法分析本企业自主创新的优势、劣势、机会与风险，选择适合本企业的自主创新模式。一旦确定自主创新模式，应研究技术发展方向、市场发展趋势，正确确定创新项目，尽可能快速取得研发成功并商业化，以达到最终自主创新的成功。

（三）组织制订企业自主创新计划

战略是一个方向问题，它决定企业将最终实现多大程度上的自主创新。计划是管理的首要职能。为了保证自主创新工作沿着既定方向进行，协调与控制自主创新过程，在企业正确自主创新战略定位后，必须制订工作计划。周密的创新计划在一定程度上可以确保自主创新战略的实施以及创新项目的创新成功。企业可能在不同时期有不同项目亟待创新，可能在同一时期面临多个项目的选择与实施。企业不但制订整个自主创新计划，而且在对每个项目进行可行性研究之后，制订详细的切实可行的自主创新计划方案。

（四）培养企业自主创新能力

企业的创新能力是影响企业自主创新最为关键的因素。该能力主要包括创新资本投入能力、项目研究开发能力、科技成果转化能力等几个方面。创新资本投入能力，首先取决于企业自有资本，但由于创新项目风险比较大，企业可以引入风险投资资本。创新投入是所有创新工作的源泉与重要保障。企业只有不断增加创新投入，才能开展持续的创新活动，最终实现创新目标（见图 2-1）。

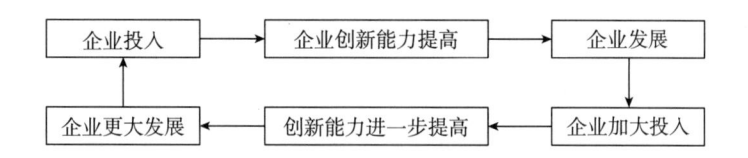

图 2-1　企业创新投入与企业发展促进关系

为提高项目研究开发能力，企业应建立自己的项目研发机构，同时充分利用诸如高等院校、科研所以及其他企业的资源，走合作创新的道路。科技成果转化能力是项目研发成功后决定创新成败的关键因素。企业在创新前应研究市场需求状况（尤其是发展趋势），一旦项目研发成功，马上进行科技成果转化。如果本企业该能力欠佳，可以以技术入股的方式与科技成果转化能力强的企业合作。

（五）建立长期有效的企业自主创新激励机制

影响企业自主创新战略成败的企业内部因素除企业的发展战略和企业的创新能力之外，还取决于企业的创新意识，没有创新意识，不可能有创新。企业的创新意识，首先是领导者的创新意识，其次是普通员工的创新意识。创新意识来源于企业长期有效的激励机制。通过有效的激励机制，加强企业全体员工的创新意识，激发创新动力。企业的激励机制对各种创新模式都必不可少，尤其是开发时间长、难度大的原始创新。

（六）充分利用各种创新资源

企业自主创新并不等于闭门造车。事实上有很多资源可以利用。首先，利用专利文献。据有关统计，最新技术的相关资料有90%首先出现在各种专利文献上；实践证明，通过查阅专利文献不仅可缩短大约60%科研时间，还可以节省40%的R&D费用。通过专利信息分析，除可以缩短科研时间与节省研发费用外，还要了解相关技术的现状和水平,根据技术发展轨道,预测该技术的发展趋势。为了创新的新颖性,避免不必要重复研究,选题很重要。一般而言,在确定研发课题前,要根据研发大致方向查找文献与市场调研,逐步确定研发方向,寻找拟研发技术领域的空白点。对所选项目进行可行性研究,保证选题的正确性,提高创新技术的起点和创新的效率。根据发明专利具有时效性的规定,任何组织与个人都可以无偿使用国内外过期专利。企业可以有效利用这种免费资源开展集成创新,改进企业现有技术,提升产业技术水平,促进我国技术进步。其次,产学研结合联合创新。虚拟经营理论同样适合于企业自主创新活动。企业在某个项目的自主创新方面可能不具备条件或者至少没有优势,但是该项目对企业的发展确实十分重要。这个时候,企业可以寻找合作的伙伴进行合作创新。目前,高等学校以及专业的科研院所聚集众多优秀人才、具有比较强的自主创新能力。不少企业也具有各自的创新优势。因此,企业不必强求资源的所有,只需求其所用。在利用各自优势资源条件下,创新成功的概率将大大地提高。

第二节 良性高标准定位的概念

高标准定位理论有助于企业正确定位。然而,传统的高标准定位往往仅考虑经济效益,将企业视为"经济人"而追求经济利益的最大化,显然存在严重的问题。因为企业只是整个社会系统的一个组成部分,除经济效益外,还有诸如环保、资源等多个因素需要同时考虑。因此,提出良性高标准定位的概念。

所谓良性高标准定位是指企业根据目标技术的发展轨道,以所处行业中的领先企业为基准,本着可持续发展的观点,对本企业自主技术创新进行的战略定位。

良性高标准定位本着可持续发展的观点，将企业视为"社会人"，考虑多个指标，具有传统高标准定位不可比的优越性。良性高标准定位是多目标定位，比传统高标准定位难度更大。它的成功实施可以克服获得短期效益后无法弥补损失的弱点，可以让企业在现有自主创新技术基础上持续更新换代。

第三节　企业自主技术创新良性高标准定位的必要性

毋庸置疑，战略定位对企业的生存与发展是极为重要的。对于自主创新活动有无必要呢？为此，先讲讲兔子与乌龟赛跑的故事及其悖论。

故事：兔子与乌龟赛跑比赛输了，很不服气。在总结经验与教训后向乌龟提出重新比一次，乌龟接受了请求。乌龟心想这次肯定输了，但还是按规定路线拼命往前爬。当乌龟到达终点却不见兔子，感到非常奇怪。回头一看，只见兔子正气喘吁吁跑过来。原来兔子求胜心切，只顾埋头跑，估计快到终点时，发现自己弄错了方向，等掉头跑过来追赶乌龟，乌龟早已到达终点。

悖论：世界上有一种跑得很快的动物和一种跑得很慢的动物比赛。为了方便，假设为兔子与乌龟。比赛规则是让乌龟先跑一段距离，然后兔子追赶。由于兔子要赶超乌龟，必须经过乌龟已经经过的点。当兔子到达乌龟经过的某个点时，乌龟又爬到一个新的点。因此，兔子永远赶不上乌龟。

虽然前者只是一个寓言，后者只是一个悖论，但给予人们启发与深思。就企业自主创新活动而言，反映战略定位的重要性。

一 企业自主技术创新没有实施良性高标准定位的后果

对于技术问题，我国绝大部分企业都经历了一段时间的技术引进。特别是经历"引进—落后—再引进—再落后"这一过程之后，终于"醒悟"：必须走自主创新的道路。然而，自主创新需要一定的时间才可能获得成功。如果战略定位标准比较低，花费巨大的人力、物力与财力之后，虽然技术研发成功，但这项技术刚问世，其技术寿命却已经或即将结束，造成资源的极大浪费。事实上我国创新成果中有相当比例未能派上用场（见表2-1），虽然有诸多原因（见表2-2），但技术问题和没有市场是除资金问题外最主要的两个原因，这也就说明当初创新主体选题或定位存在问题。事实证明，定位不高导致创新成功的技术刚问世就属于淘汰技术；非良性高标准定位创新成功的技术虽然先进，但由于不符合环保、能源的节约等要求而未得到应用。

表2-1　　　2013—2017年应用技术成果应用状态分布　　　单位:%

成果应用情况＼年份	2013	2014	2015	2016	2017
产业化应用	74.87	61.14	57.62	57.61	56.34
小批量或小范围应用	15.02	25.77	27.63	27.65	28.57
试用	5.37	8.51	8.78	8.83	8.53
应用后停用	0.25	0.13	0.11	0.15	0.16
未应用	4.49	4.45	5.86	5.76	6.40
合计	100.00	100.00	100.00	100.00	100.00

资料来源：国家科技成果网。

表2-2　　2013—2017年成果未应用或停用原因比例分布　　单位:%

成因＼年份	2013	2014	2015	2016	2017
资金问题	38.25	34.06	30.19	30.19	35.80
技术问题	31.69	31.37	30.23	31.26	29.42
市场问题	15.94	15.24	12.74	12.01	11.61
管理问题	4.45	10.87	19.46	19.79	14.28
政策因素	9.67	8.46	7.38	6.75	8.89
合计	100.00	100.00	100.00	100.00	100.00

资料来源：国家科技成果网。

二　企业自主创新正确实施良性高标准定位的作用

为了不做"无用功"，因此企业有必要实施自主创新良性高标准定位。正确进行良性高标准定位的作用是显然的，主要体现在以下几个方面：

第一，有利于企业研究拟进行自主创新技术的发展轨道。技术的发展总存在一定的规律。动态随机存取存储器（DRAM）的技术发展就是一个典型的例子。已知1982—2006年动态随机存取存储器（DRAM）的技术发展状况，可以找出其技术发展轨道并预测2009年与2012年的状况（见表2-3）。其中，特征尺寸的发展轨道如图2-2所示；样品容量是产品的容量的4倍；两者都是以4倍的增长速度发展。

表2-3　　　　　　　　DRAM发展的技术轨道[1]

DRAM＼年份	1982	1985	1987	1990	1994	1997
特征尺寸	1.8μm	1.2μm	0.8μm	0.5μm	0.35μm	0.25μm
DRAM样品	256KB	1MB	4MB	16MB	64MB	256MB
DRAM产品	64KB	256KB	1MB	4MB	16MB	64MB

---

[1]　姚志坚：《技术跨越的理论与实证》，科学出版社2005年版。

续表

年份 DRAM	1999	2001	2003	2006	2009	2012
特征尺寸	0.18μm	0.15μm	0.13μm	0.10μm	0.07μm	0.05μm
DRAM 样品	1GB	—	4GB	16GB	64GB	256GB
DRAM 产品	256MB	—	1GB	4GB	16GB	64GB

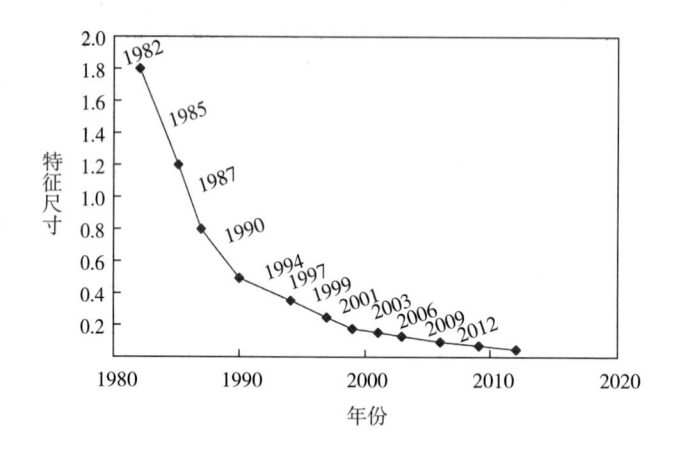

图 2-2　DRAM 发展的技术轨道

产品的寿命是产品质量的一个重要指标。产品的寿命包括物理寿命、经济寿命和技术寿命。显然，产品寿命影响产品的需求。在这三个寿命中，技术寿命影响最为深远。由于技术更新换代速度越来越快，产品技术寿命越来越短。任何一种技术，都有自己的发展轨道，技术发展轨道决定了该技术对应产品市场需求变动的发展趋势。企业为了立于不败之地，寻找目标技术的发展轨道，并采取相应的自主创新战略与措施是上上策。为此，企业通过市场调研，了解市场、竞争对手、产品或服务的相关信息，分析目标技术与产品的变动趋势，预测拟进行自主创新技术及其产品市场需求变动的发展趋势，从而可以

第二章　企业自主技术创新战略定位研究

比较准确地判断自主创新的方向，领先于本行业其他企业创新出升级换代的技术及其产品，增强本企业的竞争实力。

如果目标技术的发展轨道沿曲线 ABC 发展，则企业沿直线 AC 路径进行技术开发（见图 2-3）。这也是老虎等肉食动物捕杀猎物路线示意图。"物竞天择，适者生存"的理论同样适合于企业自主创新活动。

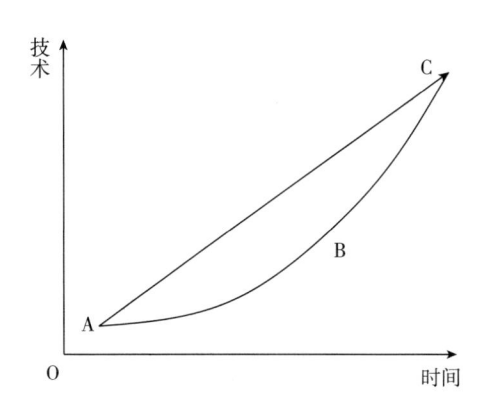

图 2-3　技术发展轨道与企业研发路径

第二，有利于激励企业自主创新的积极性并提高企业自主创新能力。企业收集有关竞争对手（尤其是卓越企业）的技术、产品以及相关信息，分析本企业与它们的差距，并参照卓越企业现行技术水平及所制定创新目标来制定本企业创新目标，一方面，能够让全体员工感到竞争的危机，激励大家不断努力，勇于创新；另一方面，由于明确自主创新目标，能够提高企业自主创新的工作成效。

第三，有利于企业寻找自主创新的可能方式。企业创新的创意既可能来源于内部，也可能来源于外部。顾客的意见或建议是企业创新创意外部来源的主渠道之一。但人们往往忽视高标准定位的作用。其实高标准定位是企业创新创意的绝佳来源。高标准定位瞄准的是卓越企业,大规模高标准定位活动让本企业员工有机会接触新技术、新产品、新工艺流程等。虽然高标准定位过程中发现的观念、技术创新方式等不一定全部对企业有用,但高标准定位确实让大家有机会思考目标企业成功的创新经验以及本企业进行自主创新的各种可能方式。

第四,有利于企业的良性竞争和整个社会的持续发展。良性高标准定位出发点是自己,但不局限于本企业的经济利益,而是以"社会人"和"可持续发展"为指导思想,追求技术的进步与社会的协调发展。这有利于企业从长远利益出发,建立合作与竞争机制,进行良性竞争,从而促进整个社会持续发展。

第四节 企业自主技术创新良性高标准定位的可行性

企业良性高标准定位活动应用于企业自主创新是必要的,可以避免不必要的创新,可以在最短时间内赶超竞争对手,成功后可以获得丰厚的利润等。然而,对于试图自主创新的企业,良性高标准定位活动的实施是否可行呢?答案是肯定的。

一 良性高标准定位的观点能够为人们所接受

追求先进技术,享受先进技术给人们带来的快乐,这是我们共同的理想。新技术的产生并非易事,但高标准定位在一定程度上可以帮助企业实现技术创新。高标准定位的成功实施,可以确保技术的先进性。因此,高标准定位的观点不难为人们所接受。随着社会的进步,人们同样意识到资源的有限性、生命的宝贵性以及环境污染的破坏性。马斯洛的人类需求层次论、"社会人"和"可持续发展"的观点逐渐为人们所接受。基于此，有理由相信综合"高标准定位""社会人"和"可持续发展"的良性高标准定位的观点能够为人们所接受。

二 信息可收集

高标准定位，首先要制定"标准"，而该标准是以目标企业的标准为基准的。因此要收集目标企业的相关信息，尤其是目标技术、工艺或产品等的相关信息。到底哪些企业是行业中最强者、最新出现的技术和产品以及新技术的优良性等都有各种媒体及时公布或报道，可以通过网络搜寻便可以了解到。由于人员的流动性，也可以通过基准企业的员工了解具体详细的信息。总之，在科技相当发达的今天，运用高科技工具与手段，这项工作是不难完成的。信息的完整收集为高标准定位的实施打下基础。

三 高标准可达到

高标准的实现固然有一定难度，但是，企业在自主创新时，不是把目标企业所有技术、产品等定为自己创新项目，而是其中的某个项目。况且，根据自身实际情况，企业集中力量创新某个项目是可能的。原因有二：其一，发现问题等于解决问题的一半。通过分析基准企业目标项目的相关信息，特别是对方成功的经验，可以破解其中某些技术难关，以后发优势赶上基准企业。其二，虚拟经营模式，可以很好地解决科研人员问题。对于科研机构与科研人员队伍，大企业拥有自己的科研机构与相对稳定的科研队伍，但绝大多数企业（尤其是小企业）不可能拥有这些机构与人员。但是，人员不求所有但求所用。高校、科研院所等机构具有人才资源，企业可以充分利用。当然，与别的企业合作创新也可以达到目的。

第五节　企业自主技术创新良性
高标准定位实施过程

在认识到高标准定位的重要性后，企业在自主创新过程中开始实施高标准定位活动。陈劲 2002 年在《最佳创新公司》一书中总结并提出了企业高标准定位实施的基本步骤。对于自主技术创新的良性高标准定位问题，尚没有学者进行研究。笔者在陈劲对企业一般高标准定位活动实施步骤的基础上，探讨企业自主技术创新良性高标准定位的实施步骤。不同企业因具体情况不同，其实施过程并不完全相同，但基本上包括明确主题、组建团队、技术扫描、制定基准、选择伙伴、收集信息、分析资料、形成方案和实施创新九个步骤。

一　明确主题

高标准定位应用相当广泛，无论应用于什么，首先必须明确相应的主题。当应用于企业自主技术创新，首先必须明确企业自主技术创新高标准定位的主题。该主题究竟是整套技术、全部加工工艺、整个产品还是某项技术、部分工艺、产品的某个零部件，取决于企业实际情况。一般而言，没有哪个企业能够穷尽所有技术或产品，即使像波音公司那样的大公司，采取虚拟经营方式，也只生产机座等少数几个关键部件，其余零部件交给数千家企业生产。因此，企业应根据技术或产品的发展轨道、市场需求以及发展趋势并结合自身实际情况，确定自主创新高标准定位的主题。在明确该标准定位主题和需求后，企业可以组织人员目的明确地收集所需要的相关信息，成功完成高标准定位活动的调研工作。

二　组建团队

凡群体活动都存在管理的问题。管理理论之父法约尔（Henri Fayol）认为，管理是企业六种活动之一。如今复杂管理细分为一个个项目进行项目管理。对于高标准定位活动而言，组建高标准定位项目团队是必要的。因为企业自主创新高标准定位活动是企业针对某项技术、某个工艺或某个产品而言的一项比较复杂的研究项目，单靠个人难以完成或至少难以达到预期目标。基于此，必须根据项目的难易程度组建大小适度的项目团队。团队按照整体规划部署，将抽象的目标具体化，将总任务细分化，按照"事事有人做，人人有事做"的原则，将各项任务分配给每个成员，成员之间可以相互沟通以达到集思广益的目的。

三　扫描同行

扫描同行是指企业对所处的整个行业的所有企业进行全面扫描，了解本行业整体发展现状与发展趋势，尤其是目标技术、产品等的最高水平并预测其发展轨道。分析本企业在目标技术或产品方面与行业最高水平的差距以及造成该差距的根本原因。预测目标技术与产品在现有技术轨道的技术寿命和新的技术轨道。这项工作的目的在于瞄准技术发展方向。

四　制定基准

高标准定位活动的关键是定位的基准，也就是概念中所指的"最强的竞争企业或行业中领先的、最有名望的企业"。关于最强的企业可以从相关杂志或研究机构公布的排名榜得知。然而，一个企业的整体实力可以是所有企业中最强的，但任何企业不可能所有的技术都是最强的。如2018年名列世界500强第六位的丰田汽车公司，毫无疑问是汽车行业的老大，但丰田汽车的品牌价值不及梅赛德斯奔驰，但单位里程的耗油丰田汽车最低。故企业在进行高标准定位时，必须认真分析目标技术或产品的众多企业中谁是最强的，而不是盲目地选择整体实力最强的企业。只有定好"基准"，才能正确为本企业达到"高标准"提供可能。

五 选择伙伴

选择伙伴有两个目的。其一，为了了解并收集相关信息，需选择高标准定位合作伙伴。高标准定位的合作伙伴是指为高标准定位项目团队提供相关调查信息的组织和个人。高标准定位项目团队需要收集"基准企业"相关信息，因此必须有人提供这些信息。信息的来源无外乎基准企业的内部和外部。内部包括企业的相关部门及其成员。外部包括政府相关部门、管理咨询机构、科研机构等。一般情况下，基准企业不提供或不愿意提供相关信息，但选择好高标准定位合作伙伴，可以比较顺利地得到调查项目的相关信息，为制定"高标准"提供准确信息。其二，为了达到既定的"高标准"，需要选择研究与开发的合作伙伴。信息收集后，更主要的是通过研发（R&D）让本企业的技术提升到预定的"标准"。无疑这项工作是相当艰巨的，在企业无法独立研发的情况下，有必要选择合作伙伴以共同开发。

六 收集信息

企业高标准定位是根据自己掌握的信息进行。因此，信息是高标准定位活动的基础，是企业进行自主创新成功与否的关键之一。高标准定位项目团队，应根据各自分配的任务，通过各种有效渠道，从选定的高标准定位合作伙伴那里收集必要的资料。在收集信息的过程中，围绕目标、利用有效的收集方法，力求信息的准确性、完备性和新颖性。

七　分析资料

通过各种渠道获得的信息，杂乱无章，项目团队必须运用先进的统计分析方法和手段，首先分析既得资料，从大数据中"挖掘"有用信息，对于不必要的信息舍得放弃；对应有而没有的信息，必须重新收集。其次分析目标技术的优良性以及社会价值。如果技术虽然先进但不具备可持续发展要求，也只能舍弃。

八　形成方案

通过收集、分析基准企业某目标技术的现实水平、企业成功的经验和创新动态，比较本企业与之存在的差距，分析缩小差距并超越对方的各种可能的途径与措施，制定本企业自主创新的标准，制定企业自主创新战略并形成实施方案。对于形成的各种方案，进行必要的可行性分析以及不同方案的比较评价，选择最满意的方案。

九　实施创新

根据企业制定的自主创新战略以及实施方案，按照既定步骤与计划措施落实各项工作，尽最大努力实现预期目标。

考虑到基准企业也在不断地进行创新，企业自主创新高标准定位活动的各个步骤因技术不断进步而循环进行。故其中基准企业信息必须重新收集、整理和分析。运行步骤可以重复进行，周而复始（见图2-4）。

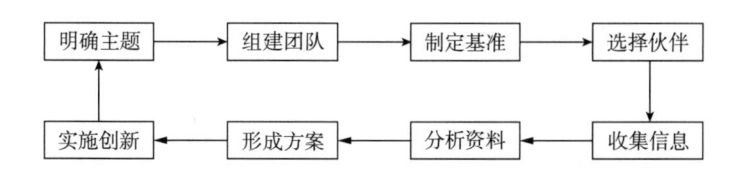

图2-4　企业自主创新良性高标准定位实施途径流程

第六节　企业实施自主技术创新良性高标准定位的策略

俗话说："不想当将军的士兵不是一个好的士兵。"任何一个企业的所有者与经营者都想将自己的企业做大做强，成为本地区、本行业、全国乃至全球最大的企业。为了实现这一目标，高标准定位的必要性是可想而知的。为成功实施自主创新高标准定位，企业在具体实施过程中应注意采取有效的策略。

一　预测目标技术发展轨道

当塞伦尼斯公司发明了聚酯代替尼龙时，杜邦公司全然不知道，花费7500万美元对已经处于技术"S"曲线的极限位置的尼龙进行深入研究。在激光技术出现后，拥有磁带录音机发明专利的飞利浦公司认为磁带录音机很快将被取代，因此放弃该专利，结果导致日本企业占领了该市场。技术的发展有其规律，高标准定位必须弄清目标技术的发展轨道：是原轨道还是新的轨道？是原轨道该技术还有多长的技术寿命？新的轨道又是怎样的？企业应认真细致地对整个行业进行资源、技术、产品等扫描。从战略的高度为企业自主创新定位。

二　确定科学的"高标准"

根据教育学和管理学的激励理论，企业实施自主创新高标准定位，在考虑高标准以激励员工努力奋斗的同时，也应考虑该标准实施的可能性，即可行性的问题。只有正确地制定科学的"高标准"，才能达到"跳一跳，能摘桃"的目的。因此，企业不要盲目实施所谓的"高标准"，应认真进行相应的可行性分析，从实际出发，努力实现既定标准。否则，只能是以失败而告终。

三 认真制订好高标准定位活动实施计划

计划是管理的首要职能,完善的计划是项目获得成功的必要条件。因高标准定位活动将持续一段时间,而且所制定的"高标准"随着时间的推移可能提升,因此企业必须制订周密的计划以应对各种可能的变化。鉴于市场的变化和活动的可持久性,企业可以选择滚动计划来实施高标准定位活动。

四 发扬锲而不舍的精神

既然是高标准,自然不是所有人或所有企业能够轻而易举达到的,更不能急于求成。因此,企业的领导者和项目组的所有成员应有充分的思想准备——迎接挫折与失败。"沉舟侧畔千帆过,病树前头万木春"。只有发扬锲而不舍的精神,不断总结自己失败的教训和吸取别人成功的经验,才能到达成功的彼岸。

第三章 企业自主技术创新模式选择研究

面对激烈的国际竞争环境,我国政府于 2005 年 8 月正式提出实施自主创新战略。关于自主创新的主体以及自主创新的必要性等问题,许多专家、学者都进行了很多研究,本书在此不再赘述。企业该选择怎样的创新模式以实现自主创新战略,是企业决策者必须考虑的重大问题之一。本章将重点讨论自主技术创新的三种创新模式以及如何选择适合于企业的自主技术创新模式。

第一节 企业自主技术创新模式的类型

一 原始创新

(一)原始创新的含义

原始创新是指创新主体完全依靠自身的资源与力量,为取得重大科学发现、技术发明、原理性主导技术等原始性成果而进行的创新活动。

(二) 原始创新的动因

任何科学研究都需要付出艰苦的劳动,对原创性科学研究更是如此。如果缺乏强有力的动力,难以有原创性成果出现。对原始创新的动因分析,我们可从创新主体内部和外部以及个人三个方面来考虑。

1. 创新主体内部渴望原始创新

无论是企业、科研院所、医疗机构还是其他创新主体,都渴望有创新,尤其是原始创新。因为原始创新成果能够带来丰厚的利润。最典型的是可口可乐、微软和英特尔等公司,它们凭借原始创新的成功,几乎垄断各自所在的整个市场。贝尔实验室同样因原始创新硕果累累而誉满全球。

2. 社会呼唤原始创新

随着社会与科技的进步,科学技术解决了不少问题。然而,有许多问题尚未解决,新的问题又产生了。以人类面临的疾病为例,艾滋病、癌症等疾病至今没有找到可以治愈的药物与方法,非典、禽流感等新的疾病又出现了。因此,各种科研组织与人员,积极探索,敢为人先,进行原始创新。

3. 个人的追求

原始创新成果能够给创新者带来利益,这种利益不仅仅是物质上的,而且有精神上的。根据马斯洛关于人类需求理论,人是有需求的,人的需求是有层次的,当低级需求得到满足后,又有更高的需求。自我价值的实现是人的最高需求。正因为如此,有些人锲而不舍地进行探索,从而导致许许多多的发明创造、专利以及具有完全自主知识产权成果的出现。

(三) 原始创新的特征

原始创新成果通常具备四大特征。

1. 原创性或首创性

原始创新强调创新的原始性，即研究者研究思想、研究方法和研究成果的首次性，也就是在此之前没有人提出过。该创新成果前所未有或与众不同。

2. 突破性

该创新成果在原理、技术、方法等方面实现重大变革，形成新思想、新理论或新工艺。

3. 前瞻性

原始创新成果一般体现着当今科技发展的尖端水平，在一定时期处于某领域的研究前沿。

4. 影响性

该创新成果在对科技自身发展产生重大牵引作用的同时，将影响企业竞争态势的变化，甚至对国家和地区的经济结构和产业形态带来重大变革。在学术研究方面，原创性成果往往引导其他研究者以新的研究方向。

（四）原始创新的意义

原始创新是自主创新的高级阶段。每一项原始创新成果的出现，都能为创新主体带来巨大的经济效益、为社会带来巨大的社会效益，某些创新成果甚至改变了整个世界。原始创新是三种创新模式中难度最大的一种，但一旦企业原始创新获得成功，企业即具有技术上的绝对优势。因此，原始创新成为创新者孜孜追求的最高目标。美国企业科技水平一直处于世界先进水平，原因之一是它们选择自主创新模式并获得成功。如 IBM 公司、摩托罗拉公司和英特尔公司每年投入的研究与开发费用分别为 50 多亿美元、40 多亿美元和 30 多亿美元。大量科研经费的投入使自主创新成果丰硕，最终使企业立于世界 500 强企业之中。

原始创新是企业长期技术积累与技术探索的结果。企业原始创新的成功，可以使企业享受对创新成果的独占权，建立其他企业一时难以攻破的技术壁垒，在一定时期内与一定程度上可以主导乃至左右该行业技术发展的方向。原始创新获得成功的企业，具有竞争优势，因此可以率先进入市场并获得超额利润。北大方正是原始创新的受益者。北大方正跳过第二代与第三代机的研究，直接研制当时国外尚无人问津的第四代激光照排系统并创新成功。至今它的中文激光照排系统占领 80% 的海外华文报业市场。

（五）原始创新的方法

原始创新是自主创新战略中难度最大的一种创新模式。原始创新完全依靠创新主体人力、物力与财力，创新成果具有完全自主知识产权。创新人员只能通过从自主学习入手，培养自主创新能力，通过寻找问题、发现问题，然后解决问题，产生发明专利等创新成果。

（六）原始创新成果的识别

我们识别某项创新成果是不是原始创新成果的依据是它的四大特征，特别是首创性。一般需要经过理论界、相关部门和社会实践的检验后才能认定。目前在我国为大家普遍认同的原始创新成果表现为以下几种形式[①]。

1. 基础研究领域

由于基础研究领域成果一般表现为学术论文，论文发表后如得到同行专家、学者的认可才能体现其学术价值。对这类成果的评价标准

[①] 陈雅兰、李必强、韩龙士：《原始性创新的界定与识别》，《发展研究》2004 年第 7 期。

是它对科学发展的贡献或影响，表现形式为：①被世界权威检索系统SCI所收录；②国家自然科学奖。

2. 应用研究领域

应用研究领域的成果涉及知识产权保护范畴，成果的应用可以获得一定的经济效益。表现形式为：①国家发明奖；②国家科技进步奖；③发明专利；④技术秘密。

当然，外国或国际机构对某科研成果的奖励，根据奖励级别判断是否属于原始创新。比如，诺贝尔科学奖涵盖基础研究领域和应用研究领域，能获此殊荣者必是原始创新成果。

笔者认为，表现为上述形式的创新成果固然是原始创新成果。但成果有大小差别，能够荣获上述奖励者非常少（见表3-1）。若没有获得上述奖励、没有获得发明专利者难道一定不属于原始创新成果？怎样的技术创新才算原始创新？因此，判断原始创新应该有一个标准，科学实践才是检验的唯一标准。原因是随着科学的发展，不同学科相互交叉越来越明显，某一成果可能难以用现有的某个学科理论加以判断，只有通过科学实践才能作出正确的判断。

表3-1　　　2001—2017年我国国家级奖励成果统计　　　单位：项

成果 年份	国家级奖励成果总数	国家自然科学奖	国家技术发明奖	国家科学技术进步奖
2001	223	18	14	191
2002	263	24	21	218
2003	254	19	19	216
2004	300	28	28	244
2005	314	38	40	236
2006	255	29	56	241
2007	345	39	51	255

续表

年份 成果	国家级奖励成果总数	国家自然科学奖	国家技术发明奖	国家科学技术进步奖
2008	343	34	55	254
2009	365	28	55	282
2010	349	30	46	273
2011	374	36	55	283
2012	330	41	77	212
2013	313	54	71	188
2014	318	46	70	202
2015	295	42	66	187
2016	279	42	66	171
2017	271	35	66	170

资料来源：中国科学院（http：//www.cas.cn/ky/kjjl/gjzrkxj/）和国家统计局（http：//data.stats.gov.cn/）。

二 集成创新

（一）集成创新的含义

1. 集成的概念

从管理学的角度来说，集成是指将不同要素创造性地结合在一起的融合过程。集成不是各要素一般性的简单组合。能够称为集成的必须满足以下条件：①要素经过主动选择搭配与优化；②要素组成的结构形式最合理；③形成一个优势互补的有机体。

对于技术集成而言，是通过组织过程把好的资源、工具和解决问题的方法进行应用的过程。因此，集成是将两个或两个以上的集成单元集合成一个有机整体的创造性过程。

2. 集成创新的概念

集成创新是指创新主体对各种创新的融合，这种融合通过利用并行的方法把不同创新主体获得的创新成果有效集成在一起，形成一种新的创新，而这种新的创新能够产生更为强大的竞争力[①]。

（二）企业集成创新的动因

企业选择集成创新模式的动因包括如下几个方面[②]。

1. 企业发展的原动力

钱德勒提出组织能力是工业资本主义最核心的原动力，这一观点最早出现在其著作——《企业规模经济与范围经济》一书中。钱德勒认为："物质设备和人的技能被内部组织起来的集体是企业组织能力的核心本质。企业如果想在激烈的市场竞争中发展壮大，必须合理、有效地使用这些设备和技能。"由此可见，集成是企业发展的一种原动力。企业通过集成，整合要素，共享资源，实现优势互补，一方面可以获得外部规模经济效应，另一方面可以提高竞争力同时降低经营风险和交易成本。

2. 技术的复杂性

技术创新之所以是一项高风险、复杂性工作，原因在于市场环境的不确定性和技术本身发展的不确定性。市场上的每一种产品都是一系列不同技术的集合体。如计算机就包括硬件与软件两大类技术，而这两大类技术包含许许多多中类以及小类技术。欧盟在对一项创新进行调查后发现，绝大部分创新项目是由包括企业、高等院校以及科研院所等多个组织共同协作完成的，能够单独组织开展创新的企业其实很少。

---

① 西宝、杨廷双：《企业集成创新：概念、方法与流程》，《中国软科学》2003年第6期。

② 陆晓春、李栋、孙昭：《企业集成创新的动因及框架体系研究》，《科学管理研究》2006年第3期。

3. 科学的交叉与融合

科学发展的整体趋势是，不同领域、不同学科相互渗透，导致新的学科、新的技术、新的产品的产生。事实证明，创新的重要源泉来自多学科、多技术的交叉与融合。综合化与集成化的趋势在很多高科技领域尤为明显。不局限于原有空间与层次，集成创新融合不同学科领域、不同组织资源，将这些知识与资源有机地结合，实现优势互补，创造性地解决现实生活中很多复杂性技术创新问题。

（三）集成创新的特点

1. 多种技术来源

集成创新的技术来源不能局限于某一个技术领域和行业，它甚至突破了国界并运用全球范围的技术信息、人力资源和研发条件。

2. 多种权利状态

集成创新是一种系统化组合的研究开发行为，必然会涉及多种技术来源的权利状态，包括公开技术、专利技术、商业秘密、著作权等多种知识产权权利状态。

3. 多个创新主体

集成创新的主体包括两类：一是能够参与集成创新行为的人；二是获得集成创新技术成果的权利人。集成创新主体具体表现形式为自然人或法人。由于集成创新有多种技术来源，显然集成创新涉及多个创新主体。集成创新关注的是不同创新主体的协同创新能力，并能够使之系统化。单项技术的研发创新因为缺乏与其他相关技术的衔接，很难形成有市场竞争力的产品或新兴产业，而集成创新的创新融合就意味着"1 + 1 > 2"。

（四）集成创新的模式

1. 集成创新的理论模式

企业集成创新的理论模式包括战略集成、知识集成、组织集成三个层面的集成（见图3-1）。

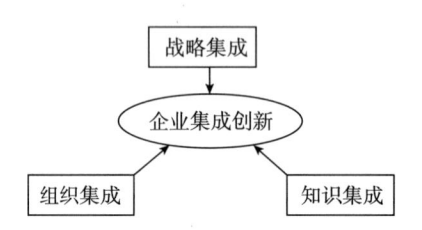

图3-1　企业集成创新的体系框架

（1）战略集成。企业战略对企业的重要性是不言而喻的。企业创新是企业经营战略的不可分割的组成部分。科学技术是第一生产力。技术已经成为影响企业战略的重要因素。同样企业创新需要战略集成。技术创新需要战略集成，它包括企业创新与企业家精神的集成、技术创新战略与企业经营战略的集成、技术创新方向与市场需求的集成以及对世界领先水平产品的战略性技术的集成。集成创新必须从战略上解决如下问题：项目的选择；集成创新主体的选择；集成创新战略方向；不同项目资源分配权重与先后次序。所做这些都必须与企业经营与发展战略一致，用战略眼光分析与判断市场，并采取动态战略管理方法。

（2）知识集成。人们在不断学习与工作过程中，不断积累知识，形成个人知识库。同样，企业在其发展过程中，通过所有员工的个体知识演变为群体知识，以螺旋上升方式，逐步形成各个部门知识库并最终形成企业知识库。企业知识库的形成是企业集成创新的结果，属于知识集成层面。把现有知识分类、加工与提炼，形成企业的知识资产，是企业建立知识库的目的。科学研究的逻辑思路是提出问题、分析问题与解决问题。企业知识集成也是如此，并最终形成个体知识模型（见图3-2）。

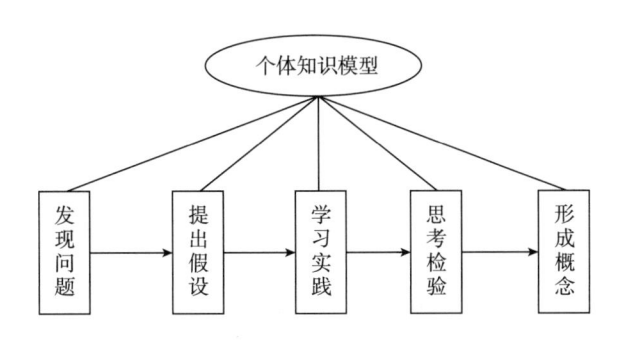

图3-2 个体知识模型

企业知识库包括个体知识和小组知识。小组知识是个体知识通过组织交换与集成形成，包含组织成员可以共享的显性知识和隐性知识。显性知识形成显性知识库、隐性知识形成隐性知识库，这两个知识库最终构成企业自身的知识库。

（3）组织集成。组织集成中"组织"的含义是实现沟通。正因为组织集成具有实现沟通的功能，企业内不同部门之间的沟通才得以实现。在集成创新过程中，企业研发部门与生产、销售、人力资源以及财务等部门的交流尤为重要，需要提高交流程度。

无论是企业战略集成还是知识集成，成功的关键在于组织集成。在企业经营过程中，员工与员工之间、员工与部门之间以及部门与部门之间难免出现矛盾与冲突，通过组织集成，达到员工之间、员工与部门之间以及不同部门之间的协调，解决不同职能部门之间的矛盾和冲突。在界面管理中，为了最大限度地减少或消除以上各种矛盾与冲突，企业应采取跨部门集成的方式。集成创新需要集思广益，要充分发挥全体员工和各个职能部门的作用，强化组织整体意识，淡化岗位职责划分，由企业全体人员承担创新方案的产生与实施。因此，企业高层领导要重视各职能部门的沟通与协商合作，只有掌握部门之间信息变化动态，才能保证各集成要素的协调匹配，发挥出最佳的整体功效。

2. 集成创新的实际模式

实际集成创新模式可以概括为组装模式、改进模式和升华模式。

（1）组装模式。组装模式是企业通过将别的企业生产的产品作为零部件进行组装，得到新的产品。该模式的特点是：①集成得到的产品技术含量低，利润低；②集成产品所需技术和零部件完全依赖外界的供给。该模式由于应用门槛低（不需要太多技术）、操作简单，而颇受初创期企业青睐。如韩国三星以及我国众多VCD生产厂家在企业成立初期就是采用该模式，获得资本的原始积累。但该模式决定同行企业的竞争，由于产品无差异，价格战是竞争的主要手段，结果是没有达到规模经济的企业纷纷落马。我国VCD生产厂家竞争的结果便是很好的证明。

（2）改进模式。改进模式是指企业在对相关产品、技术等资源集成过程中，在已有技术基础上对产品、技术进行了一定程度的渐进性创新。该模式的特点是：①集成得到的产品与同类产品具有一定的差异，形成一定的技术壁垒。②集成产品所需核心技术和关键的零部件依靠外界的供给，但企业具备一定的创新能力。对具备一定的创新能力和创新意识的中小型企业，在进行集成创新时多选择改进模式。如我国计算机生产企业，无一例外采取该模式。

（3）升华模式。升华模式是指企业在对相关产品、技术等资源集成过程中，在已有技术基础上，通过自己的研发，对产品、技术获得了突破性创新，使产品有了实质性的改变。该模式的特点是：①集成得到的产品与同类产品具有显著性的差异，形成一定的技术壁垒。②集成产品所需核心技术和关键的零部件依靠外界的供给，但企业具备较强的创新能力，产品具有实质性的创新。对具备较强的集成创新能力和创新意识但原始创新能力不够的企业，在进行集成创新时多选择改进模式。朗科科技有限公司开发"优盘"的过程就是一个典型范例。为了解决长期以来传统软驱和软盘读写速度慢、可靠性差、容量小等问题，朗科选择 Flash（Flash Memory，Flash）芯片作为存储介质，并利用了当时刚出现的通用串行总线技术（Universal Serial Bus）。在核心环节控制程序的开发上，朗科坚持自主研发，开发出可以将 USB 接口和 Flash 芯片集成为一体的控制软件，1999 年 11 月，通过三者的有效集成，第一款基于 USB 接口，采用闪存芯片为存储介质的新一代移动存储产品——"优盘"面世。

（五）集成创新的意义

集成创新模式属于自主创新的中级阶段。如今传统企业边界开始模糊。现代企业逐步从过去单个企业之间的竞争转向企业集群之间的竞争，企业通过虚拟化运作使不同企业之间的资源与能力互补，并产生协同效应。通过合作求得共同发展与竞争实力的增强和长期利益的最大化。即使是大企业也不例外。最为典型的波音公司，它只生产机座等几个部件，其余数万个零部件都由数千家企业生产。波音公司集成创新，成为行业老大。企业的竞争不再是"大鱼吃小鱼"，而是

"快鱼吃慢鱼"。单个企业通常不具备建立竞争优势的实力，即便拥有这种实力也难以在短期内迅速建立竞争优势，所以企业自身的积累无法适应以速度竞争为特征的新经济时代需要。而基于综合集成思想的集成创新是新经济下企业获得竞争优势的重要途径。

三 引进创新

（一）引进创新的含义

引进创新是指创新主体在引进别人技术的基础上，通过对该技术的学习，破译并掌握其核心技术和技术秘密，以其为基础进行改进和完善，并取得突破性成果的创新方式。该模式可以分为三个阶段：技术引进阶段、消化吸收阶段和创新阶段。引进是基础，消化吸收是关键，创新是目的。

（二）引进创新的动因

企业技术引进的最终目的，在于通过技术消化吸收与创新，建立技术创新机制，即根据市场状况和国家经济发展战略对技术引进和技术创新进行资源配置和投资，获得有效利用引进技术和创新的能力。引进创新的动因在于快速提高企业自身竞争实力。这主要有两个方面的原因。首先，由于创新需要比较强的创新能力，有相当一部分企业不具备原始创新的能力，甚至在集成创新方面也缺乏优势。迫于市场竞争，如果不创新，则只有被无情淘汰，于是只能选择引进创新的模式，以达到提高本企业自身竞争实力的目的。其次，从经济角度分析，原始创新和集成创新需要更多的投入，面临更大的风险。某些企业或者缺乏资金实力，或者不愿承担更大的风险，因而选择引进先进技术，然后"站在巨人肩膀上"创新，相对容易些，从而可以达到快速提高企业自身竞争实力的目的。

（三）引进创新的特点

1. 研究与开发具有针对性

该创新模式是在他人的研究成果上，投入足够的研究与开发力量，从事进一步的完善和开发活动，此时的研究与开发活动主要侧重于破译无法获得的关键技术、技术秘密以及对产品功能与生产工艺的改进与发展。

2. 改进性

因为企业具有一定的创新能力，但缺乏人才、资金与技术等进行原始创新条件，为了适应市场变化与企业生存与发展，只能引进先进技术然后在引进技术的基础上创新。因为在已有的技术基础上开展创新，故新的技术必须比原有技术有实质性改进。

3. 见效快

该创新模式是"站在巨人的肩膀上"进行创新，相对于其他创新模式，难度与风险小，从而能够较快地取得预期效果。

（四）引进创新的意义

引进创新模式是自主创新的初级阶段，因难度相对小且见效比较快，故对于落后企业及后发国家具有现实意义。日韩是引进创新模式成功的典范。日本从20世纪60年代开始、韩国从20世纪70年代开始，采取技术引进创新科技发展模式，引进大量欧美先进技术，缩短了研究与发展时间，通过消化与吸收并再创新，使本国很多领域的技术跨越达到世界先进水平。

（五）引进创新的模式

从实际情况分析，引进创新模式具体包括以下3种模式[①]。

---

① 陈劲：《集成创新的理论模式》，《中国软科学》2004年第12期。

1. 配套模式

配套模式是指企业根据拟引进技术的特点和企业自己现有的技术体系和发展规划，引进与自己技术配套的技术；同时在此基础上进行消化吸收与再创新，提高配套功能，以实现最佳效益。一般以引进主机和关键设备等硬件为主，引进软件技术为辅。通过引进先进技术可以填补本企业的空白，并在短时间内掌握该技术。该模式风险较小，具有一定科研能力的企业都可以采用。该模式见效虽快，但仅产生短期效应，难以形成本企业持续且强大的竞争力。

2. 模仿模式

模仿模式是指企业通过引进国外已经成熟但具有发展潜力的先进技术，在消化与吸收的基础上进行模仿创新。该模式技术引进与技术研究并重，在引进机器设备等"硬件"技术的同时，更注重引进专利等"软件"技术。引进的目的在于模仿与创新，具有引进风险小、见效快和效益相对较高的优点，但企业仍然难以突破原有技术的局限。

3. 研发模式

研发模式是指企业引进国外尚不成熟的技术，在此基础上进行研究与开发，得到属于自己的新的技术。显然，该模式主要引进软件技术，企业必须具有较强的科研能力，在较短时间内能够创新成功。该模式具有比前两种模式较大的风险，但一旦创新成功，企业可以获得巨大利益。

第二节 企业自主技术创新模式的选择原则

企业自主技术创新的三种典型模式各有利弊，企业的创新能力与条件又各有千秋。因此，企业必须选择适合于自身实际的创新模式。

究竟如何选择，应遵循一些基本的原则。

一 模式选择要和企业创新能力相符合

企业进行创新，必须具备一定的创新能力。不同类型企业的资金实力和技术水平不同。比如，大企业具有自主研发能力强、有充足的研发资金、有较强的风险的承担能力以及能够获得更多的国家政策的支持。而中小企业不具备上述优势。因此，企业所选择的创新模式也应该不同，企业需要根据自身的实际情况选择适合本企业发展的创新模式。这其中包括现有的经济实力、科研开发能力、新产品市场需求以及市场开拓能力等。我国航天航空的发展在某种程度上来说，靠的就是结合国家政策支持与企业自主创新[1]。

二 模式选择要立足于降低成本、降低风险

企业投入大量人力、物力与财力进行自主创新，一旦创新获得成功，使企业掌握核心技术，企业核心竞争力得到提高，将为企业带来巨大的经济效益。然而，创新尤其是自主创新面临巨大的风险，其成功率相当低。一旦创新失败，轻则影响企业的进一步发展，重则可能导致企业破产。基于此，企业在选择创新模式时，应充分考虑降低成本和风险，在创新模式选择前进行必要的可行性分析。

三 模式选择因创新项目的不同而异

企业在经营过程中，可能面临在不同时期需要进行不同项目创新或者同一时期多个项目创新的问题。企业在选择创新模式时除考虑上述两条原则外，还应考虑特定时间与特定项目，具体问题具体分析，选择能够达到有效使项目创新成功目的的创新模式，而不拘泥于同一

---

[1] 樊帆、李华栋：《国家"双创"背景下航天企业自主创新模式的研究》，《航天工业管理》2018年第1期。

种创新模式。如企业在初期选择引进创新模式,在创新能力比较强后选择原始创新模式[①]。企业在自身科研能力不足的情况下也可以选择产、学、研相结合的集成创新模式[②]。诸如美国苹果公司,中国华为公司、中车集团等很多企业通过实践,成功找到了适合自身发展的自主创新模式。

第三节 基于 SWOT 分析方法企业自主技术创新模式的选择

一 影响企业自主技术创新的因素

企业自主技术创新具有风险投资的特性:投资多、风险大、创新成功率不高,创新成败对企业的发展具有深远影响。企业在决定进行自主创新之后,必然谋求成功。但企业自主创新的成败取决于诸多因素[③④⑤],既有内部因素,也有外部因素。

(一) 内部因素

1. 企业的发展战略

企业的发展战略主要分为三种:领先型战略、跟随型战略和紧缩型战略。实施领先型战略的企业,是同类企业的领跑者,其核心技术处于领先地位。因此,这种企业对技术创新程度要求非常高,对它来

---

① 杨忠泰:《我国高新技术产业自主创新模式的选择》,《科技管理研究》2012 年第 2 期。
② 马家喜、金新元:《一种以企业为主导的"产学研"集成创新模式——基于合作关系与控制权视角的建模分析》,《科学学研究》2014 年第 1 期。
③ 曹霞、金清:《企业自主创新模式选择的影响因素分析》,《商业经济》2008 年第 8 期。
④ 李春玲:《企业自主创新模式的选择》,《统计与决策》2014 年第 13 期。
⑤ 王璐:《企业自主创新的影响因素及其差异分析》,《企业研究》2012 年第 20 期。

说，在该地区或该行业没有可引进或模仿的技术，在一定程度上只能通过原始创新达到目的。实施跟随型战略的企业，一般采取模仿创新方式，如果实施自主创新，也是集成创新或者引进创新。实施紧缩型战略的企业，为了缩小与别的企业的差距，在经历一段时间模仿创新后，必然走自主创新道路，主要还是进行必要的原始创新，更多的是集成创新和引进创新。

2. 企业的创新能力

企业的创新能力是影响企业自主创新最为关键的因素。该能力包括创新资本投入能力、项目研究开发能力、科技成果转化能力等几个方面。原始创新对创新资本投入和项目研究开发能力要求最高，这两项能力强的企业适合于采取原始创新。科技成果转化能力强的企业适合于集成创新。三项能力都一般的企业适宜于采取引进创新。

3. 企业的激励机制

影响企业自主创新战略成败的企业内部因素除企业的发展战略和企业的创新能力之外，还取决于企业的创新意识，没有创新意识，不可能有创新。企业的创新意识，首先是领导者的创新意识，其次是普通员工的创新意识。创新意识来源于企业的有效的激励机制。通过有效的激励机制，加强企业全体员工的创新意识，激发创新动力。企业的激励机制对各种创新模式都必不可少，尤其是开发时间长、难度大的原始创新。

企业自主创新成果最终必须商品化以达到实现预期经济收益或社会效应的目的。故除上述几个因素外，创新得到的技术或产品是不是独一无二或比现存的技术或产品优越、创新主体对市场发展的预测准确性以及企业生产制造能力等也是影响企业自主创新的成败的内部因素。

(二) 外部因素

1. 市场结构

在经济学里有一个专门术语来描述市场竞争状态，即市场结构。根据竞争程度的不同，市场结构可分为完全竞争、垄断竞争、寡头垄断、完全垄断四种类型。理论上这四种类型存在，但实际上完全竞争与完全垄断少见。故本书仅考虑垄断竞争与寡头垄断。处于相对垄断地位的企业由于其拥有相对的垄断优势，一般采取原始创新；其他企业则倾向于采取集成创新和引进创新。

2. 相关市场体系

相关市场体系涉及资本市场、技术市场和劳动力市场。如果技术市场和劳动力市场体系发达，企业能够引进技术、寻找合作伙伴，从节约成本的角度，企业将选择集成创新和引进创新模式。否则，只有原始创新。企业自主创新需要创新资金，并且投资的风险很大。企业有的无力支付全部投资或不愿意承担全部风险，如果资本市场发达（尤其是风险资本市场发达），有利于企业选择原始创新模式。

3. 政府政策与法律制度

政府政策对于自主创新是很具影响力的。我国政府实施国家自主创新战略，其中更倡导原始创新，实现完全知识产权。法律制度方面最直接相关的是知识产权保护制度。如果一个国家知识产权保护制度完善，有利于自主创新，特别是原始创新。目前，我国知识产权保护力度不够，在一定程度上不利于各种形式的自主创新。

从长远来看，企业自主创新的成败不仅仅与本国或本地区市场结构、市场体系和政府政策与法规息息相关，而且与其他国家和地区的这些因素有关；不仅与社会经济体制有关，而且与教育制度等有关，因为自主创新需要创新人才，人才依靠教育来培养与选拔。

二 企业自主技术创新模式的选择

（一）基本假设条件

在本节研究过程中，为研究方便，作以下基本假设：①企业经过一段技术引进发展阶段之后，都必然走自主创新的道路。②企业由于资源的约束，对某一项目的自主创新，只能选择自主创新模式中的某一种。③自主创新模式难易程度不同，由易到难依次为引进创新、集成创新和原始创新。④企业愿意选择更高级的自主创新模式。

（二）指标选择与量化

基于自主技术创新战略的创新模式的选择，不能仅仅根据企业规模的大小而主观判断，而应该根据企业内外具体情况来决定。这些具体情况也就是影响企业自主创新的各种因素。我们将上述因素视为评价的指标。通过量化达到科学决策的目的。具体方法如下：

第一，确定评价指标。根据 Delphi 法确定各评价指标。笔者认为这些指标至少包括上述内外 6 个主要因素。

第二，确定各个指标的权重。设置指标的权重，以区分不同指标对企业自主创新模式影响程度。为此，每个专家对前面确定的指标进行两两比较，按下面规则分别对各个评价指标给 1—5 分：

如果 A_i 比 A_j 重要得多，A_i 得 5 分且 A_j 得 1 分；如果 A_i 比 A_j 重要，A_i 得 4 分且 A_j 得 2 分；如果 A_i 与 A_j 同等重要，A_i 得 3 分且 A_j 得 3 分；如果 A_i 不如 A_j 重要，A_i 得 2 分且 A_j 得 4 分；如果 A_i 远不如 A_j 重要，A_i 得 1 分且 A_j 得 5 分。

这样可以确定各个指标在评价指标体系中的权重：

$$w_i = \frac{\sum_{k=1}^{n} f_{ik}}{\sum_{i=1}^{m} \sum_{k=1}^{n} f_{ik}} \tag{3-1}$$

其中，w_i 为第 i 个指标的权重；f_{ik} 为第 i 个指标第 k 个得分；n 为参与打分的专家数目；m 为指标个数。

第三，依据原始创新、集成创新和引进创新三种创新模式，对每个指标打分。具体方法是根据 SWOT 分析方法，分析企业各个指标实际情况以及对具体某个创新模式所具有的机会/优势和威胁/劣势的程度，分别给 0—10 分：非常重大机会/优势者给 10 分；重大机会/优势者给 8 分；一般机会/优势者给 6 分；一般威胁/劣势者给 4 分；重大威胁/劣势者给 2 分；非常重大威胁/劣势者给 0 分。

第四，计算各个指标的加权得分。设 C_l 表示第 l 模式（$l=1$，2，3）的综合得分，则：

$$C_l = \sum_{i=1}^{m}(w_i a_i) \qquad (3-2)$$

其中，a_i 是专家分析企业各个指标实际情况以及对具体某个创新模式所具有的机会/优势和威胁/劣势的程度，分别给的分值，$\{a_i\} = \{0,2,4,6,8,10\}$。

（三）企业自主创新模式选择准则

根据上述方法，显然 C_l 的值域为 [0, 10]。从创新难易程度分析，依据基本假设，原始创新难度最大，引进创新难度次之，集成创新相对容易一点。因此，如果 $C_l \geq \frac{20}{3}$，企业可以选择原始创新；如果 $\frac{10}{3} \leq C_l < \frac{20}{3}$，企业可以选择引进创新；如果 $C_l < \frac{10}{3}$，企业只能选择集成创新。

在国家实施自主创新战略的背景下，假定企业都试图进行自主创新。企业怎样选择适合于自身的创新模式是一个关键问题。选择正确，创新成功，增强企业的竞争实力，自然为企业带来丰厚的利润。

否则，数目不小的创新投资无法回收将使企业背上沉重的负债，轻则影响企业的进一步发展，重则导致企业破产。传统决策方法是决策者凭自己主观判断选择创新模式，难以保证其选择的正确性。本书采用德尔菲法和SWOT分析法等科学方法，定性与定量分析相结合，决策得出的结论应该更为可靠，可为企业选择自主创新模式提供参考。

第四节 基于技术寿命周期企业自主技术创新模式的选择

一 假设条件

本节的研究基于以下假设：①市场结构为垄断竞争。处于垄断地位的企业只有一家；处于非垄断地位的企业有多家且处于完全竞争状态。②技术的价值随时间推移而下降，下降规律为 e^{-t}。③对所有技术而言，单位技术成本相同，单位技术产生的效益相同。④企业要么不创新，要么进行自主创新。企业自主创新模式有三种：原始创新、集成创新和引进创新。⑤企业自主创新在现有技术生命周期结束前获得成功。否则，视自主创新为失败。⑥企业基于现有技术的创新得到新技术后，立即采用新技术并转让原有技术；转让技术获得单位技术含量的收益率为 β_2。⑦企业基于现有技术的创新得到的新技术其寿命在原有技术寿命周期结束时终止。⑧居垄断地位企业的技术含量和非垄断企业的技术含量分别为 T_1，$T_2(T_1 > T_2)$。

二 机理分析

企业自主创新为企业带来效益 R 可以表示为：

$$R = -\beta_0 T + \int_0^{tn} \beta_1 e^{-t} T dt \qquad (3-3)$$

其中，T 为企业创新得到的技术含量；β_0 为单位技术含量所花费的成本；β_1 为单位技术含量给企业产生的效益；$[0, t_n]$ 为该技术的寿命周期。

企业原始创新、集成创新和引进创新得到的技术含量分别为[1]：

$$T_{原} = T_2 + \alpha_1(T_1 - T_2) \tag{3-4}$$

$$T_{引} = T_2 + \alpha_2(T_1 - T_2) \tag{3-5}$$

$$T_{集} = T_2 + \alpha_3(T_1 - T_2) \tag{3-6}$$

其中，α_1、α_2、α_3 分别为企业原始创新、集成创新和引进创新的能力参数，且 $\alpha_1 \geq 0$，$\alpha_2 \geq 0$，$\alpha_3 \geq 0$。

对于企业现有技术，若不计技术成本，而且假设企业现有技术已经使用时间为 t_0，企业原始创新、集成创新和引进创新过程中关键技术研发成功并开始商业化的时刻依次为 t_1，t_2，t_3，于是可以计算四种情形下该技术为企业带来的收益[2]。

企业不创新而继续使用现有技术的收益为：

$$E_0 = \int_{t_0}^{tn} \beta_1 e^{-t} T_2 dt \tag{3-7}$$

企业进行原始创新并取得成功所获得收益为：

$$E_1 = \int_{t_0}^{t_1} \beta_1 e^{-t} T_2 dt + \int_{t_1}^{tn} \beta_2 e^{-t} T_2 dt - \beta_0 [T_2 + \alpha_1(T_1 - T_2)] +$$

$$\int_{t_1}^{tn} \beta_1 e^{-t} [T_2 + \alpha_1(T_1 - T_2)] dt \tag{3-8}$$

企业进行集成创新并取得成功所获得收益为：

---

[1] 万君康、梅志敏、彭华涛：《企业技术创新模式选择的博弈分析》，《科技管理研究》2003 年第 4 期。
[2] 杨国忠：《基于垄断竞争的企业自主创新模式选择》，《科技进步与对策》2007 年第 8 期。

$$E_2 = \int_{t_0}^{t_2}\beta_1 e^{-t}T_2 dt + \int_{t_2}^{t_n}\beta_2 e^{-t}T_2 dt - \beta_0[T_2 + \alpha_2(T_1 - T_2)] +$$
$$\int_{t_2}^{t_n}\beta_1 e^{-t}[T_2 + \alpha_2(T_1 - T_2)]dt \quad (3-9)$$

企业进行引进创新并取得成功所获得收益为:

$$E_3 = \int_{t_0}^{t_3}\beta_1 e^{-t}T_2 dt + \int_{t_3}^{t_n}\beta_2 e^{-t}T_2 dt - \beta_0[T_2 + \alpha_3(T_1 - T_2)] +$$
$$\int_{t_3}^{t_n}\beta_1 e^{-t}[T_2 + \alpha_3(T_1 - T_2)]dt \quad (3-10)$$

根据式 (3-7)、式 (3-8)、式 (3-9)、式 (3-10) 进行讨论, 结果如下:

① $E_1 > E_0$。由式 (3-7)、式 (3-8) 得:

$$\alpha_1 > \frac{[\beta_0 - \beta_2(e^{-t_1} - e^{-t_n})]T_2}{[\beta_1(e^{-t_1} - e^{-t_n}) - \beta_0](T_1 - T_2)} \quad (3-11)$$

② $E_2 > E_0$。由式 (3-7)、式 (3-9) 得:

$$\alpha_2 > \frac{[\beta_0 - \beta_2(e^{-t_2} - e^{-t_n})]T_2}{[\beta_1(e^{-t_2} - e^{-t_n}) - \beta_0](T_1 - T_2)} \quad (3-12)$$

③ $E_3 > E_0$。由式 (3-7)、式 (3-10) 得:

$$\alpha_3 > \frac{[\beta_0 - \beta_2(e^{-t_3} - e^{-t_n})]T_2}{[\beta_1(e^{-t_3} - e^{-t_n}) - \beta_0](T_1 - T_2)} \quad (3-13)$$

④ $E_1 > E_2$。由式 (3-8)、式 (3-9) 得:

$$\alpha_1 > \frac{\beta_2 T_2(e^{-t_2} - e^{-t_1}) + [\beta_1(e^{-t_2} - e^{-t_n}) - \beta_0](T_1 - T_2)\alpha_2}{[\beta_1(e^{-t_1} - e^{-t_n}) - \beta_0](T_1 - T_2)} \quad (3-14)$$

⑤ $E_1 > E_3$。由式 (3-8)、式 (3-10) 得:

$$\alpha_1 > \frac{\beta_2 T_2(e^{-t_3} - e^{-t_1}) + [\beta_1(e^{-t_3} - e^{-t_n}) - \beta_0](T_1 - T_2)\alpha_3}{[\beta_1(e^{-t_1} - e^{-t_n}) - \beta_0](T_1 - T_2)} \quad (3-15)$$

⑥ $E_2 > E_1$。由式 (3-7)、式 (3-8) 得:

$$\alpha_2 > \frac{\beta_2 T_2(e^{-t_1} - e^{-t_2}) + [\beta_1(e^{-t_1} - e^{-t_n}) - \beta_0](T_1 - T_2)\alpha_1}{[\beta_1(e^{-t_2} - e^{-t_n}) - \beta_0](T_1 - T_2)} \quad (3-16)$$

⑦$E_2 > E_3$。由式(3-9)、式(3-10)得:

$$\alpha_2 > \frac{\beta_2 T_2 (e^{-t_3} - e^{-t_2}) + [\beta_1 (e^{-t_3} - e^{-t_n}) - \beta_0](T_1 - T_2)\alpha_3}{[\beta_1 (e^{-t_2} - e^{-t_n}) - \beta_0](T_1 - T_2)} \quad (3-17)$$

⑧$E_3 > E_1$。由式(3-8)、式(3-10)得:

$$\alpha_3 > \frac{\beta_2 T_2 (e^{-t_1} - e^{-t_3}) + [\beta_1 (e^{-t_1} - e^{-t_n}) - \beta_0](T_1 - T_2)\alpha_1}{[\beta_1 (e^{-t_3} - e^{-t_n}) - \beta_0](T_1 - T_2)} \quad (3-18)$$

⑨$E_3 > E_2$。由式(3-9)、式(3-10)得:

$$\alpha_3 > \frac{\beta_2 T_2 (e^{-t_2} - e^{-t_3}) + [\beta_1 (e^{-t_2} - e^{-t_n}) - \beta_0](T_1 - T_2)\alpha_2}{[\beta_1 (e^{-t_3} - e^{-t_n}) - \beta_0](T_1 - T_2)} \quad (3-19)$$

三 分析结论

根据上述分析结果,可得出以下结论:

①当 $\alpha_1 > \dfrac{[\beta_0 - \beta_2(e^{-t_1} - e^{-t_n})]T_2}{[\beta_1(e^{-t_1} - e^{-t_n}) - \beta_0](T_1 - T_2)}$ 时,企业原始创新成功。

②当 $\alpha_2 > \dfrac{[\beta_0 - \beta_2(e^{-t_2} - e^{-t_n})]T_2}{[\beta_1(e^{-t_2} - e^{-t_n}) - \beta_0](T_1 - T_2)}$ 时,企业集成创新成功。

③当 $\alpha_3 > \dfrac{[\beta_0 - \beta_2(e^{-t_3} - e^{-t_n})]T_2}{[\beta_1(e^{-t_3} - e^{-t_n}) - \beta_0](T_1 - T_2)}$ 时,企业引进创新成功。

④当 $\alpha_1 > \max\left\{\dfrac{\beta_2 T_2(e^{-t_2} - e^{-t_1}) + [\beta_1(e^{-t_2} - e^{-t_n}) - \beta_0](T_1 - T_2)\alpha_2}{[\beta_1(e^{-t_1} - e^{-t_n}) - \beta_0](T_1 - T_2)}\right.$,

$\left.\dfrac{\beta_2 T_2(e^{-t_3} - e^{-t_1}) + [\beta_1(e^{-t_3} - e^{-t_n}) - \beta_0](T_1 - T_2)\alpha_3}{[\beta_1(e^{-t_1} - e^{-t_n}) - \beta_0](T_1 - T_2)}\right\}$ 时,企业应该选择原始创新模式。

⑤当 $\alpha_2 > \max\left\{\dfrac{\beta_2 T_2(e^{-t_1} - e^{-t_2}) + [\beta_1(e^{-t_1} - e^{-t_n}) - \beta_0](T_1 - T_2)\alpha_1}{[\beta_1(e^{-t_2} - e^{-t_n}) - \beta_0](T_1 - T_2)}\right.$,

$\left.\dfrac{\beta_2 T_2(e^{-t_3} - e^{-t_2}) + [\beta_1(e^{-t_3} - e^{-t_n}) - \beta_0](T_1 - T_2)\alpha_3}{[\beta_1(e^{-t_2} - e^{-t_n}) - \beta_0](T_1 - T_2)}\right\}$ 时,企业应该选择集成创新模式。

⑥当 $\alpha_3 > \max\left\{\dfrac{\beta_2 T_2(e^{-t_1}-e^{-t_3})+[\beta_1(e^{-t_1}-e^{-t_n})-\beta_0](T_1-T_2)\alpha_1}{[\beta_1(e^{-t_3}-e^{-t_n})-\beta_0](T_1-T_2)},\right.$

$\left.\dfrac{\beta_2 T_2(e^{-t_2}-e^{-t_3})+[\beta_1(e^{-t_2}-e^{-t_n})-\beta_0](T_1-T_2)\alpha_2}{[\beta_1(e^{-t_3}-e^{-t_n})-\beta_0](T_1-T_2)}\right\}$ 时，企业应该选择引进创新模式。

第五节 集成创新主体选择

一 引言

在集成创新模式中，首要问题是集成创新主体的选择。选择集成创新主体的关键问题是对潜在合作者能力的客观、科学的评价。评价理论与方法很多，各有利弊。从实际运用情况看，多目标决策法和层次分析法较为普遍。在运用这些方法时，先按评价指标把潜在的集成创新主体分成最低层、准则层、目标层等多个层次。其中，所有潜在的集成创新主体属于最低层；准则层是指选择集成创新主体所用到的指标；从潜在集成创新主体中选出合作伙伴是评价的目标，构成目标层。在评价前，需要对各层级涉及的评价指标和下级指标对上机指标影响的重要程度打分或给出权重。由于信息不确定，评价者一般凭借主观经验打分。由于主观经验因素的存在，不同评价者评价结果不一致。为了最大程度保证评价结果的一致性，孙金梅和裴晓红（2006）选择灰色关联度分析法对集成创新主体进行评价，根据评价结果选择企业合适的合作者。灰色关联度分析法的一个优点在于评价者只要给最低层涉及的要素赋值或打分，由最低层的分值计算并确定上一层的权重，从而避免主观因素的影响。笔者在此基础上进行论述。

20 世纪 80 年代，邓聚龙建立灰色系统理论，灰色关联度分析是该理论的组成部分。灰色关联度分析的基本思想是相对性的排序分析，排序产生的序列生成几何曲线，根据曲线几何形状的相似度判断因素之间的紧密程度。如果曲线形状越相似，则关联度越大；反之则越小。由此可以从诸多因素构成的复杂系统中找出主次因素。运用灰色关联度分析选择集成创新主体，主要依据是指标的关联度。集成创新主体的优劣次序依据就是各个潜在集成创新主体主要指标关联度的大小次序。

二 方法的理论基础

（一）指标属性值的规范化

为研究的方便，对指标属性值进行规范化。假设：多指标决策方案集合为 $A = \{A_1, A_2, \cdots, A_m\}$；因素指标集合为 $B = \{B_1, B_2, \cdots, B_n\}$；方案 A_i 关于指标 B_j 的属性为 x_{ij}（$i = 1, 2, \cdots, m; j = 1, 2, \cdots, n$）。定义方案 A_0 为理想决策方案，其关于指标 B_j 的属性为 x_{0j}，x_{0j} 满足：

$$x_{0j} = \begin{cases} \max\{x_{1j}, x_{2j}, \cdots, x_{mj}\} & \text{若 } B_j \text{ 为正指标（效益型指标）} \\ \min\{x_{1j}, x_{2j}, \cdots, x_{mj}\} & \text{若 } B_j \text{ 为逆指标（成本型指标）} \end{cases}$$

定义多指标决策方案集合 A 关于因素指标集合 B 的矩阵 $X = (x_{ij})_{(m+1) \times n}$（$i = 0, 1, 2, \cdots, m; j = 1, 2, \cdots, n$）为决策矩阵。

（二）初始化矩阵

因为不同指标存在不同计量单位以及正、逆指标的差异，从而导致指标间无法直接对比。因此，必须先将评价指标进行无量纲化处理。

令 $y_{ij} = \dfrac{x_{ij}}{x_{0j}}$（$i = 0, 1, 2, \cdots, m; j = 1, 2, \cdots, n$），称矩阵 $Y = (y_{ij})_{(m+1) \times n}$（$i = 0, 1, \cdots, m; j = 1, 2, \cdots, n$）为决策矩阵 $X =$

$(x_{ij})_{(m+1)\times n}(i=0, 1, 2, \cdots, m; j=1, 2, \cdots, n)$ 的初始化矩阵。经过初始化处理后，$y_{0j}=1(j=1, 2, \cdots, n)$。因此，理想方案 $A_0=(1, 1, \cdots, 1)_{1\times n}$。在此基础上，以 $y_{0j}(j=1, 2, \cdots, n)$ 为母因素，以 $y_{ij}(i=0, 1, 2, \cdots, m; j=1, 2, \cdots, n)$ 为子因素，就可以得到其他方案与理想方案的灰色关联度。

（三）灰色关联度矩阵

记 $r_{ij}(i=1, 2, \cdots, m; j=1, 2, \cdots, n)$ 为子因素 $y_{ij}(i=1, 2, \cdots, m; j=1, 2, \cdots, n)$ 关于母因素 $y_{0j}(j=1, 2, \cdots, n)$ 的灰色关联度，则有[①]：

$$r_{ij} = \frac{\min\min|y_{0j}-y_{ij}|+\rho\max\max|y_{0j}-y_{ij}|}{|y_{0j}-y_{ij}|+\rho\max\max|y_{0j}-y_{ij}|} \quad (3-20)$$

其中，ρ 为分辨系数，取值范围为 $0<\rho<1$，通常取 $\rho=0.5$。

定义由灰色关联度 $r_{ij}(i=1, 2, \cdots, m; j=1, 2, \cdots, n)$ 组成的矩阵 $R=(r_{ij})_{m\times n}$ 为多目标灰色关联度矩阵，即：

$$R = \begin{pmatrix} r_{11} & r_{12} & \cdots & r_{1n} \\ r_{21} & r_{22} & \cdots & r_{2n} \\ \vdots & \vdots & \vdots & \vdots \\ r_{m1} & r_{m2} & \cdots & r_{mn} \end{pmatrix} \quad (3-21)$$

（四）指标权重的确定

根据上述分析，灰色关联度矩阵的第 j 列 $(r_{1j}, r_{2j}, \cdots, r_{mj})'$ 的经济意义是 m 个方案对第 j 个指标的灰色关联度，更确切地说它们反映了各个方案的第 j 个因素的实际值与理想值的关联程度。因此，$\bar{r}_j = \frac{1}{m}\sum_{i=1}^{m}r_{ij}(j=1,2,\cdots,n)$ 就反映了第 j 个指标在全部指标中所占的比重。

[①] 邓聚龙：《灰色系统理论教程》，华中理工大学出版社1990年版。

令 $\omega_j = \bar{r}_j / \sum_{j=1}^{n} \bar{r}_j (j=1, 2, \cdots, n)$，则可将 $\omega = (\omega_1, \omega_2, \cdots, \omega_n)$ 作为各个指标的权重。

（五）方案综合评价值的计算

在确定各个指标的权重后，根据方案对各指标的属性值，采用加权算术平均法即可得到各个方案的综合评价值，即：

$$V_i = \sum_{j=1}^{n} (\omega_j x_{ij}) \quad (i=1, 2, \cdots, m) \quad (3-22)$$

（六）方案的选择

综合评价值 V_i 反映对应的备选方案与理想方案接近程度：V_i 越大说明方案 A_i 与理想方案 A_0 的接近程度越高，该方案越好。因此，我们可以根据 V_i 的值的大小对各方案进行优劣决策分析，最后选择 V_i 最大所对应的方案，即若 $Max\{V_1, V_2, \cdots, V_m\} = V_s$，则 A_s 最优。

（七）集成创新主体的选择

多指标决策方案集合为 $A = \{A_1, A_2, \cdots, A_m\}$ 事实上是 m 个潜在的集成创新主体的集合。方案选择的原则也就是集成创新主体选择的原则。因此，A_s 最优意味着第 s 个潜在主体最优。

三 算例

假设某公司计划对一项技术进行创新，该项目通过可行性研究，公司决定采用技术集成创新模式。市场调查与初步筛选后，发现有 A_1, A_2, A_3, A_4 四家公司适合作为潜在的合作者。选取创新能力、协调能力、发展潜力、抗风险能力、创新成本五个指标，对这几个指标量化后，计算相关指标权重并最终选择最合适的集成创新主体。这五个指标分别以 B_1, B_2, B_3, B_4, B_5 表示。假设收集的四个目标企业的原始数据，专家对各个指标根据强弱给予不同的分值以进行量化，量化后的结果如表3-2所示。

表3-2 目标企业的创新能力与创新相关指标分值对比

	创新能力	协作能力	发展潜力	抗风险能力	创新成本
A_1	8	7	7	3	8
A_2	7	8	8	4	6
A_3	6	9	6	5	5
A_4	5	10	5	5	4

由此可见，理想决策方案 $A_0 = \{8, 10, 8, 5, 8\}$。

初始化矩阵为：

$$Y = \begin{pmatrix} 1 & 1 & 1 & 1 & 1 \\ 1 & 0.7 & 0.875 & 0.6 & 1 \\ 0.875 & 0.8 & 1 & 0.8 & 0.75 \\ 0.75 & 0.9 & 0.75 & 1 & 0.625 \\ 0.625 & 1 & 0.625 & 1 & 0.5 \end{pmatrix}$$

多目标灰色关联度矩阵为：

$$R = \begin{pmatrix} 1 & 0.4545 & 0.6667 & 0.3846 & 1 \\ 0.6667 & 0.5556 & 1 & 0.5556 & 0.5 \\ 0.5 & 0.7143 & 0.5 & 1 & 0.4 \\ 0.4 & 1 & 0.4 & 1 & 0.3333 \end{pmatrix}$$

从而可以计算出：

$\overline{r}_1 = 0.6417$，$\overline{r}_2 = 0.6811$，$\overline{r}_3 = 0.6417$，$\overline{r}_4 = 0.7351$，$\overline{r}_5 = 0.5583$

由此得到五个指标的权重为 $\omega = (0.1970, 0.2091, 0.1970, 0.2256, 0.1714)$。

最后，计算出各个方案的综合评价值分别为：

$V_1 = 0.788755$，$V_2 = 0.811935$，$V_3 = 0.789415$，$V_4 = 0.744150$

根据上述结果知：$Max\{V_1, V_2, V_3, V_4\} = V_2$。因此，$A_2$ 为最佳集成创新合作伙伴。

第四章 企业自主技术创新投资决策模型研究

第一节 基于单一项目自主技术创新模式的投资决策模型研究

对单一项目进行原始创新,企业应根据自身实际情况,选择原始创新模式、集成创新模式或引进创新模式。一经选定创新模式,接下来的工作是投资决策。鉴于自主创新投资数量大且失败率高,企业对创新项目的投资决策问题显得尤为重要。本章分别对三种模式投资决策问题进行分析。

一 原始创新投资决策

在企业自主技术创新的三种类型中,原始创新是难度最大的一种。原因在于它必须完全依靠企业自身的资源完成创新的各项活动。在创新过程中,企业将面临技术与市场双重不确定性,而且投资较大并且投资是不可逆转的。虽然原始创新的风险大,但一旦创新获得成功,必然为企业带来丰厚的利润。因此,怎样正确选择投资项目以及投资时期,有利于企业的长远发展。对于创新项目的选择,则第三章已经讨论过,在此探讨项目投资时期的选择问题。

(一) 模型描述

为研究方便,作如下假设:假设市场是完全的,任何企业只要愿意,都可以自由地对某项目进行自主创新投资;企业具有风险中性;资本市场无摩擦。

企业选择原始创新模式对某项目进行自主创新,包括两个阶段:①项目研究与发展(R&D)阶段;②项目市场化阶段。假设项目研究与发展投资为 I_1;项目市场化投资为 I_2。T_1 与 T_2 分别为项目研发与市场化投资的最优时机,在点 T_3 项目市场化获得成功(项目创新获得成功)。市场无风险利率为 r。

在 $t < T_2$ 时项目的价值 V 服从混合布朗运动/跳跃过程:

$$dV = \alpha_1 V dt + \sigma_1 V dz - V dq \tag{4-1}$$

其中,α_1,σ_1 分别为项目价值增长率参数和波动率参数;$0 < \alpha_1 < r$,dz 为标准维纳过程的增量。dq 为平均到达率为 λ_1 的泊松过程中的增量,表示项目价值受市场别的新技术的冲击,一旦有新技术出现,企业创新项目的价值下降百分比为 φ,为研究方便,假设每次下降的百分比相同。即 $dq = \begin{cases} \varphi, & \lambda_1 dt \\ 0, & 1 - \lambda_1 dt \end{cases}$。此外,$dz$ 与 dq 独立,即 $E(dqdz) = 0$。

一般而言,一旦市场上出现新的技术或产品,模仿者很快创新出更先进的技术和产品。因此,在 $t \geq T_2$ 时,项目的价值 V 服从新的混合布朗运动/跳跃过程[1]:

---

[1] 杨国忠、刘再明:《一类带跳的线性回归模型》,《湖南大学学报》(自然科学版) 2005 年第 3 期。

$$dV = \alpha_2 Vdt + \sigma_2 Vdz - Vdj \tag{4-2}$$

其中，α_2，σ_2 分别为项目价值增长率参数和波动率参数；考虑到产品的技术寿命，故市场化后项目价值增长率 $\alpha_2 < \alpha_1$，dz 为标准维纳过程的增量。dj 为平均到达率为 λ_2 的泊松过程中的增量，表示项目价值受市场别的新技术的冲击，一旦有新技术出现，企业创新项目的价值下降百分比为 θ，为研究方便，假设每次下降的百分比相同，即

$$dj = \begin{cases} \theta, & \lambda_2 dt \\ 0, & 1 - \lambda_2 dt \end{cases}$$

。而且 dz 与 dj 独立、dj 与 dq 独立，即 $E(djdz) = 0$，$E(djdq) = 0$。由于研发阶段项目价值面临本身技术与市场两重不确定性，而市场化阶段，本身技术已经研发成功，因此 $\sigma_2 < \sigma_1$。

（二）市场化最优投资决策

设项目市场化投资期权的价值为 $F(V)$，根据动态规划理论，$F(V)$ 满足以下条件：

$$rF(V)dt = E[dF(V)] \tag{4-3}$$

其中 $dF(V)$ 由伊藤引理得：

$$dF(V) = F'(V)dV + \frac{1}{2}F''(V)(dV)^2$$

$$F'(V)(\alpha_2 Vdt + \sigma_2 Vdz - Vdj) + \frac{1}{2}$$

$$F''(V)(\alpha_2 Vdt + \sigma_2 Vdz - Vdj)^2 \tag{4-4}$$

将式（4-4）代入式（4-3），省略 dt 的高阶无穷小，得 Bellman 微分方程：

$$\frac{1}{2}\sigma_2^2 V^2 F''(V) + \alpha_2 VF'(V) - (r + \lambda_2)F(V) + \lambda_2 F[(1-\theta)V] = 0 \tag{4-5}$$

边界条件为：

$$F(0) = 0 \tag{4-6}$$

$$F(V^*) = V^* - I_2 \tag{4-7}$$

$$F'(V^*) = 1 \tag{4-8}$$

其中条件（4-6）的经济意义是显然的。条件（4-7）称为价值匹配条件，表示当 $V > V^*$ 时，企业执行投资期权，此时投资期权价值等于项目价值与投资成本之差。条件（4-8）成为光滑接触条件，保证投资决策最优性。

方程（4-5）对应的齐次方程的解为：

$$F(V) = A_1 V^{\beta_1} + A_2 V^{\beta_2} \tag{4-9}$$

其中 β_1，β_2 是下面方程的两个根：

$$\frac{1}{2}\sigma_2^2 \beta(\beta-1) + \alpha_2 \beta - (r + \lambda_2) + \lambda_2(1-\theta)^\beta = 0 \tag{4-10}$$

上述方程只能应用数值方法求解。将 $(1-\theta)^\beta$ 应用 Taylor 级数 $\beta = 0$ 处展开，取前两项代入，则式（4-10）变为：

$$\frac{1}{2}\sigma_2^2 \beta(\beta-1) + [\alpha_2 + \lambda_2 \ln(1-\theta)]\beta - r = 0 \tag{4-11}$$

不妨设 $\beta_1 > \beta_2$，则：

$$\beta_1 = \frac{1}{2} - \frac{\alpha_2 + \lambda_2 \ln(1-\theta)}{\sigma_2^2} + \sqrt{\left[\frac{1}{2} - \frac{\alpha_2 + \lambda_2 \ln(1-\theta)}{\sigma_2^2}\right]^2 + \frac{2r}{\sigma^2}} > 1$$

$$\tag{4-12}$$

$$\beta_2 = \frac{1}{2} - \frac{\alpha_2 + \lambda_2 \ln(1-\theta)}{\sigma_2^2} - \sqrt{\left[\frac{1}{2} - \frac{\alpha_2 + \lambda_2 \ln(1-\theta)}{\sigma_2^2}\right]^2 + \frac{2r}{\sigma^2}} < 0$$

$$\tag{4-13}$$

①当 $V < V^*$ 时，项目投资期权价值为零，企业不会执行期权。而若 $V \to 0$，则 $V^{\beta_2} \to \infty$。故必有 $A_2 = 0$。

②当 $V > V^*$ 时，企业执行投资期权，此时投资期权价值等于项目

价值与投资成本之差。

综合①②的分析以及式（4-9）有：

$$F(V) = \begin{cases} A_1 V^{\beta_1} & V < V^* \\ V - I_2 & V \geq V^* \end{cases} \quad (4-14)$$

根据式（4-7）和式（4-8）可得：

$$V^* = \frac{\beta_1 I_2}{\beta_1 - 1} \quad (4-15)$$

$$A_1 = \frac{(\beta_1 - 1)^{\beta_1 - 1}}{\beta_1^{\beta_1} I_2^{\beta_1 - 1}} \quad (4-16)$$

由式（4-14）得知，企业执行项目市场化投资的最佳时机是项目的价值首次达到其临界值的时间，即 $T_2 = \inf\{T: V \geq V^*\}$。

（三）项目研发投资决策

当 $t < T_2$ 时，根据式（4-1）和伊藤引理得：

$$d(\ln V) = (\alpha_1 dt + \sigma_1 dz - dq) - \frac{1}{2}(\alpha_1 dt + \sigma_1 dz - dq)^2$$

$$\approx (\alpha_1 - \frac{1}{2}\sigma_1^2)dt - dq + \sigma_1 dz - \frac{1}{2}(dq)^2 - \alpha_1 dt dq + \sigma_1 dz dq$$

$$(4-17)$$

$$E[d(\ln V)] = (\alpha_1 - \frac{1}{2}\sigma_1^2 - \lambda_1 \phi - \frac{1}{2}\lambda_1 \phi^2)dt \quad (4-18)$$

$$D[d(\ln V)] \approx (\sigma_1^2 + \lambda_1 \phi^2 + \frac{1}{4}\lambda_1 \phi^4)dt \quad (4-19)$$

在以上的计算过程中均省略了 o(dt)。因此，近似地

$$d(\ln V) \sim N\left[\left(\alpha_1 - \frac{1}{2}\sigma_1^2 - \lambda_1 \phi - \frac{1}{2}\lambda_1 \phi^2\right)dt, \left(\sigma_1^2 + \lambda_1 \phi^2 + \frac{1}{4}\lambda_1 \phi^4\right)dt\right]$$

$$(4-20)$$

从而

$$\ln[V(T_2)] - \ln[V(T_0)] \sim N\left[\left(\alpha_1 - \frac{1}{2}\sigma_1^2 - \lambda_1\varphi - \frac{1}{2}\lambda_1\varphi^2\right)\right.$$
$$\left.(T_2 - T_0), \left(\sigma_1^2 + \lambda_1\varphi^2 + \frac{1}{4}\lambda_1\varphi^4\right)(T_2 - T_0)\right] \quad (4-21)$$

$$V(T_2) = V(T_0) \cdot e^{(\alpha_1 - \frac{1}{2}\sigma_1^2 - \lambda_1\varphi - \frac{1}{2}\lambda_1\varphi^2)(T_2-T_0) + \sqrt{(\sigma_1^2 + \lambda_1\varphi^2 + \frac{1}{4}\lambda_1\varphi^4)(T_2-T_0)} \cdot x}$$
$$(4-22)$$

其中，T_0 为项目投资决策前的某一时刻；$V(T)$ 为 T 时刻项目的价值；$x \sim N(0,1)$；$\varphi(x) = \frac{1}{\sqrt{2\pi}}e^{-\frac{x^2}{2}}$ 为概率密度函数。

显然，项目研发投资时的投资期权价值正好是项目市场化投资期权价值的期望值。假设项目研发期权价值为 $G(V)$，则 $G(V) = E[F(V)] \cdot e^{-r(T_2-T_1)}$。令

$$m = \left(\alpha_1 - \frac{1}{2}\sigma_1^2 - \lambda_1\varphi - \frac{1}{2}\lambda_1\varphi^2\right)(T_2 - T_0)$$

$$n = \sqrt{\left(\sigma_1^2 + \lambda_1\varphi^2 + \frac{1}{4}\lambda_1\varphi^4\right)(T_2 - T_0)}$$

则：

$$G(V) = e^{-r(T_2-T_1)}\left[\int V(T_0)e^{m+nx} \cdot \varphi(x)dx - I_2\right]$$
$$= e^{-r(T_2-T_1)}\left[V(T_0)e^{m+\frac{1}{2}n^2} - I_2\right] \quad (4-23)$$

基于与企业执行项目市场化投资的最佳时机相同的理由，企业执行项目研发投资的最佳时机是项目的价值首次达到其临界值 I_1 的时间，即 $T_1 = \inf\{T: G \geq I_1\}$ 也就是当 $G(V) \geq I_1$ 时，企业立即进行投资；否则只有等待或放弃对该创新项目的投资。

二 引进创新投资决策

引进创新是企业自主技术创新战略的一种创新模式，企业在引进国外先进技术的基础上，通过消化与吸收之后创造出比所引进技术有

突破性进步的新技术的创新活动。该创新活动具有"站在巨人肩膀上"的优势，与原始性创新相比，创新成功的概率相对较大。实施引进创新，分两步走：第一，引进；第二，创新。显然，引进是创新的前提，创新是引进的目的。由于市场变化莫测，创新的成功与否影响企业的进一步发展。因此，对引进创新各个阶段投资决策显得尤为重要。

国内外学者对技术创新投资问题进行了大量的研究工作，发现诸如净现值法（NPV）、投资回报率法（ROI）等传统的价值评价方法存在缺陷。从而将实物期权理论应用与不确定投资决策，克服传统方法的不足。

Dixit 和 Pindyck（1994）[1][2] 将动态规划理论和实物期权理论结合，研究不确定条件下的投资问题。Trigeorgis（1996）[3] 认为，企业技术创新投资机会是一个复合期权，因此可以根据复合期权定价方法来进行项目的评价与投资决策。本书基于实物期权理论与动态规划理论，采用倒推分析法，对各个阶段投资项目的价值、投资期权价值以及最佳投资点对应的产出品价格的临界值进行分析。

（一）假设条件

本节研究是基于以下假设条件：

假设 1　创新项目获得成功后，企业可以在每一阶段花费 C 生产出 1 单位价格为 P 的产品。P 服从几何布朗运动：

---

[1]　Avinash K. Dixit, Robert S. Pindyck, *Investment under Uncertainty*, New Jersey: Princeton University Press, 1994, p. 268.

[2]　John C. Hull, *Fundamentals of Futures and Options Markets*, 清华大学出版社 2001 年版，第 339—342 页。

[3]　Trigeorgis, L., *Real Options: Managerial Flexibility and Strategy in Resource Allocation*, Cambridge: MIT Press, 1996, pp. 256–262.

$$dP = \alpha P dt + \sigma P dz \quad (4-24)$$

其中，α，σ 分别为增长率参数和比例方差参数；dz 为标准维纳过程的增量。

假设2 项目投资满足风险中性。r 为无风险现金流的贴现率，$r > \alpha$。定义 $\delta = r - \alpha$。

假设3 当 $P < C$ 时，企业运营可以暂时地而且无代价地推迟；当 $P > C$ 时，企业运营可以无代价地恢复。利润流为 $\pi(P) = \max\{P - C, 0\}$。

假设4 项目技术引进投资成本为 I_1，项目创新投资成本为 I_2。

假设5 产出价格 P 为外生随机变量，项目价值以及各个阶段投资期权的价值都是 P 的函数。

假设6 在时刻 t 构造一种投资组合，该组合由 1 单位的项目和 n 单位的产出空头组成，且 n 的选择使该投资组合无风险。在 $(t, t + dt)$ 内持有该投资组合。

（二）项目的价值

项目持有者在 $(t, t + dt)$ 内获得利润为 $\pi(P)dt$。单位空头的持有者向相应多头持有者支付 $\delta P dt$。持有该投资组合的净股息为 $[V(P) - nP]dt$，并产生一定的资本收益，即：

$$dV - ndP = \left\{ \alpha P[V'(P) - n] + \frac{1}{2}\sigma^2 P^2 V''(P) \right\} dt + \sigma P[V'(P) - n]dz$$

$$(4-25)$$

根据假设6可知，$n = V'(P)$，从而：

$$dV - ndP = \frac{1}{2}\sigma^2 P^2 V''(P) dt \quad (4-26)$$

因此，投资组合的总收益为：

$$[\pi(P) - \delta PV'(P) + \frac{1}{2}\sigma^2 P^2 V''(P)]dt \qquad (4-27)$$

由假设2,有：

$$[\pi(P) - \delta PV'(P) + \frac{1}{2}\sigma^2 P^2 V''(P)]dt = r[V(P) - nP]dt \qquad (4-28)$$

将 $n = V'(P)$ 代入式（4-28）并整理得：

$$\frac{1}{2}\sigma^2 P^2 V''(P) + (r-\delta)PV'(P) - rV(P) + \pi(P) = 0 \qquad (4-29)$$

方程（4-29）对应的齐次方程的解为 $V(P) = A_1 P^{\beta_1} + A_2 P^{\beta_2}$。

在 $P > C$ 的条件下，令 $V_1(P) = mP + n$ 为方程（4-29）的一个特解，将它与 $\pi(P) = P - C$ 代入方程，易得 $m = \frac{1}{\delta}$，$n = -\frac{C}{r}$，故 $V_1(P) = \frac{P}{\delta} - \frac{C}{r}$。所以非齐次方程（4-29）的通解为：

$$V(P) = A_1 P^{\beta_1} + A_2 P^{\beta_2} + \frac{P}{\delta} - \frac{C}{r} \qquad (4-30)$$

其中 β_1，β_2 是下面方程的两个根：

$$\frac{1}{2}\sigma^2 \beta(\beta-1) + (r-\delta)\beta - r = 0 \qquad (4-31)$$

不妨设 $\beta_1 > \beta_2$，则：

$$\beta_1 = \frac{1}{2} + \frac{\delta - r}{\sigma^2} + \sqrt{\left(\frac{1}{2} + \frac{\delta - r}{\sigma^2}\right)^2 + \frac{2r}{\sigma^2}} > 1 \qquad (4-32)$$

$$\beta_2 = \frac{1}{2} + \frac{\delta - r}{\sigma^2} - \sqrt{\left(\frac{1}{2} + \frac{\delta - r}{\sigma^2}\right)^2 + \frac{2r}{\sigma^2}} < 0 \qquad (4-33)$$

①当 $P < C$ 时，预期利润为零，因此项目价值为零。而若 $P \to 0$，则 $P^{\beta_2} \to \infty$。故必有 $A_2 = 0$。

②当 $P > C$ 时，推迟实施期权不可能，因此项目价值为零。而若 $P \to \infty$，则 $P^{\beta_1} \to \infty$。故必有 $A_1 = 0$。

综合①②的分析以及式（4-30）有：

$$V(P) = \begin{cases} A_1 P^{\beta_1} & P < C \\ A_2 P^{\beta_2} + \dfrac{P}{\delta} - \dfrac{C}{r} & P > C \end{cases} \quad (4-34)$$

$V(P)$ 必须满足以下边界条件：

①初始条件。

$$V(0) = 0 \quad (4-35)$$

②$V(P)$ 与 $V'(P)$ 在 $P = C$ 处连续。即：

$$\begin{cases} A_1 C^{\beta_1} = A_2 C^{\beta_2} + \dfrac{C}{\delta} - \dfrac{C}{r} \\ A_1 \beta_1 C^{\beta_1 - 1} = A_2 \beta_2 C^{\beta_2 - 1} + \dfrac{1}{\delta} \end{cases} \quad (4-36)$$

解上述方程组得：

$$\begin{cases} A_1 = \dfrac{C^{1-\beta_1}}{\beta_1 - \beta_2} \left(\dfrac{\beta_2}{r} + \dfrac{1-\beta_2}{\delta} \right) \\ A_2 = \dfrac{C^{1-\beta_2}}{\beta_1 - \beta_2} \left(\dfrac{\beta_1}{r} + \dfrac{1-\beta_1}{\delta} \right) \end{cases} \quad (4-37)$$

令 $f(\beta) = \dfrac{1}{2}\sigma^2 \beta(\beta-1) + (r-\delta)\beta - r$，则该函数为凸函数，且 $f\left(\dfrac{r}{r-\delta}\right) = \dfrac{r\delta\sigma^2}{2(r-\delta)^2} > 0$。因此，$\dfrac{r}{r-\delta} > \beta_1$ 或 $\dfrac{r}{r-\delta} < \beta_2$。若 $r > \delta$ 则 $\dfrac{r}{r-\delta} > \beta_1 > \beta_2$；若 $r < \delta$ 则 $\dfrac{r}{r-\delta} < \beta_2 < \beta_1$。从而有 $A_1 > 0$，$A_2 > 0$。

（三）创新阶段投资决策

令 $F(P)$ 表示创新阶段投资的期权价值，P_2^* 表示创新投资阶段最佳投资点所对应的临界价格。根据假设2，在 $(t, t+dt)$ 内，有以下结论：

$$E[dF(P)] = rF(P)dt \quad (4-38)$$

利用伊藤引理可得：

$$\frac{1}{2}\sigma^2 P^2 F''(P) + \alpha P F'(P) - rF(P) = 0 \qquad (4-39)$$

将 $\alpha = r - \delta$ 代入式（4-39）得：

$$\frac{1}{2}\sigma^2 P^2 F''(P) + (r-\delta) P F'(P) - rF(P) = 0 \qquad (4-40)$$

其中 $F(P)$ 满足以下边界条件：

①初始条件。

$$F(0) = 0 \qquad (4-41)$$

②价值匹配条件。

$$F(P_2^*) = V(P_2^*) - I_2 \qquad (4-42)$$

③平滑粘贴条件。

$$F'(P_2^*) = V'(P_2^*) \qquad (4-43)$$

故 Bellman 微分方程（4-39）的通解为：

$$F(P) = B_1 P^{\omega_1} + B_2 P^{\omega_2} \qquad (4-44)$$

其中 ω_1，ω_2 是下面方程的两个根：

$$\frac{1}{2}\sigma^2 \omega(\omega - 1) + (r - \delta)\omega - r = 0 \qquad (4-45)$$

不妨设 $\omega_1 > \omega_2$，则：

$$\omega_1 = \frac{1}{2} + \frac{\delta - r}{\sigma^2} + \sqrt{\left(\frac{1}{2} + \frac{\delta - r}{\sigma^2}\right)^2 + \frac{2r}{\sigma^2}} = \beta_1 > 1 \qquad (4-46)$$

$$\omega_2 = \frac{1}{2} + \frac{\delta - r}{\sigma^2} - \sqrt{\left(\frac{1}{2} + \frac{\delta - r}{\sigma^2}\right)^2 + \frac{2r}{\sigma^2}} = \beta_2 < 0 \qquad (4-47)$$

由式（4-41）可知：

$$F(P) = B_1 P^{\omega_1} \qquad (4-48)$$

因 $P_2^* > C$，将 $V(P_2^*) = A_2 (P_2^*)^{\beta_2} + \dfrac{P_2^*}{\delta} - \dfrac{C}{r}$ 代入式（4-42）

与式（4-43），得：

$$B_1 = \frac{\beta_2 A_2}{\beta_1}(P_2^*)^{(\beta_2-\beta_1)} + \frac{1}{\beta_1 \delta}(P_2^*)^{(1-\beta_1)} \qquad (4-49)$$

其中 P_2^* 为下面方程的解：

$$(\beta_1-\beta_2)A_2(P_2^*)^{\beta_2} + (\beta_1-1)\frac{P_2^*}{\delta} - \beta_1\left(\frac{C}{r}+I_2\right) = 0 \qquad (4-50)$$

因 $A_2 > 0$，由式（4-49）知 $B_1 > 0$。结合式（4-42）与式（4-48），得：

$$V(P_2^*) > I_2 \qquad (4-51)$$

令

$$\varphi(P_2^*) = (\beta_1-\beta_2)A_2(P_2^*)^{\beta_2} + (\beta_1-1)\frac{P_2^*}{\delta} - \beta_1\left(\frac{C}{r}+I_2\right) \qquad (4-52)$$

则：

$$\varphi'(P_2^*) = (\beta_1-\beta_2)\beta_2 \cdot \frac{C^{1-\beta_2}}{\beta_1-\beta_2}\left(\frac{\beta_1}{r}+\frac{1-\beta_1}{\delta}\right)(P_2^*)^{\beta_2-1} + \frac{(\beta_1-1)}{\delta}$$

$$= \beta_2\left(\frac{\beta_1}{r}+\frac{1-\beta_1}{\delta}\right)\left(\frac{C}{P_2^*}\right)^{1-\beta_2} + \frac{(\beta_1-1)}{\delta}$$

$$> \beta_2\left(\frac{\beta_1}{r}+\frac{1-\beta_1}{\delta}\right) + \frac{(\beta_1-1)}{\delta} = 0 \qquad (4-53)$$

式（4-53）第三步利用了 $P_2^* > C$，最后一步将 β_1，β_2 的值代入并整理即可得到。式（4-53）表明函数 $\varphi(P_2^*)$ 严格单调递增。

$$\varphi(C+rI_2) = (\beta_1-\beta_2)A_2(C+rI_2)^{\beta_2} + (\beta_1-1)\frac{C+rI_2}{\delta} - \beta_1\left(\frac{C}{r}+I_2\right)$$

$$= (\beta_1-\beta_2) \cdot \frac{C^{1-\beta_2}}{\beta_1-\beta_2}\left(\frac{\beta_1}{r}+\frac{1-\beta_1}{\delta}\right)(C+rI_2)^{\beta_2} +$$

$$(\beta_1-1)\frac{C+rI_2}{\delta} - \beta_1\left(\frac{C}{r}+I_2\right)$$

$$= (C+rI_2)\left[\left(\frac{C}{C+rI_2}\right)^{1-\beta_2}\left(\frac{\beta_1}{r}+\frac{1-\beta_1}{\delta}\right)+\frac{(\beta_1-1)}{\delta}-\frac{\beta_1}{r}\right]$$

$$< (C+rI_2)\left[\left(\frac{\beta_1}{r}+\frac{1-\beta_1}{\delta}\right)+\frac{(\beta_1-1)}{\delta}-\frac{\beta_1}{r}\right]=0 \tag{4-54}$$

根据式（4-53）和式（4-54）可知，方程（4-50）有大于 $C+rI_2$ 的唯一解。因方程的复杂性，只能应用数值方法求解。

当 $P<P_2^*$ 时，有式（4-48）的结果；当 $P\geq P_2^*$ 时，企业执行投资期权，其期权价值为 $F(P)=V(P)-I_2$。因此，创新投资阶段项目期权价值为：

$$F(P)=\begin{cases}B_1P^{\omega_1} & P<P_2^* \\ V(P)-I_2 & P\geq P_2^*\end{cases} \tag{4-55}$$

（四）引进阶段投资决策

令 $G(P)$ 表示引进阶段投资的期权价值，P_1^* 表示引进投资阶段最佳投资点所对应的临界价格。运用类似创新阶段投资的期权价值计算方法，同理可得关于 $G(P)$ 的微分方程：

$$\frac{1}{2}\sigma^2P^2G''(P)+(r-\delta)PG'(P)-rG(P)=0 \tag{4-56}$$

其中 $G(P)$ 满足以下边界条件：

$$G(0)=0 \tag{4-57}$$

$$G(P_1^*)=F(P_1^*)-I_1 \tag{4-58}$$

$$G'(P_1^*)=F'(P_1^*) \tag{4-59}$$

故 Bellman 微分方程（4-56）的通解：

$$G(P)=D_1P^{\theta_1} \tag{4-60}$$

下面证明：$P_1^*>P_2^*$。

若 $P_1^* \leqslant P_2^*$，则根据（4-60）式有 $G(P_1^*) = D_1(P_1^*)^{\theta_1}$。根据（4-59）式与（4-55）式有 $D_1 = B_1$。当 $D_1 = B_1$ 成立时，显然式（4-58）不成立。故必有 $P_1^* > P_2^*$。

因此引进阶段投资的期权价值为：

$$G(P) = \begin{cases} D_1 P^{\theta_1} & P < P_1^* \\ F(P) - I_1 & P \geqslant P_1^* \end{cases} \quad (4-61)$$

其中，$P_1^* > P_2^*$；$\theta_1 = \beta_1$；$\theta_2 = \beta_2$；$D_1 = \dfrac{\theta_2 A_2}{\theta_1}(P_1^*)^{(\theta_2 - \theta_1)} + \dfrac{1}{\theta_1 \delta}(P_1^*)^{(1-\theta_1)}$。其中 P_1^* 为下面方程的解：

$$(\theta_1 - \theta_2) A_2 (P_1^*)^{\theta_2} + (\theta_1 - 1) \dfrac{P_1^*}{\delta} - \theta_1 \left(\dfrac{C}{r} + I_1 \right) = 0 \quad (4-62)$$

企业引进创新包含两个阶段，需要对每个阶段的投资进行科学决策。企业根据项目价值和投资期权的大小决定引进与创新实施的条件以及最佳时期。一旦 $P > P_1^*$，企业将完成项目的两个阶段。

三 集成创新投资决策

集成创新是在企业自身技术或产品优势的基础上，融合其他企业的技术或产品，创造出新的技术或产品。显然选择集成创新模式的企业懂得创新成败不仅取决于企业自身条件，而且取决于外部其他关联企业，以及变化莫测的市场。

我国企业绝大多数是中小企业，而中小企业有一个共同的问题：在技术创新中具有"行为优势"但缺少"资源优势"。如果这些企业选择集成创新模式，则不仅能够保证他们的"行为优势"，而且可以获得大企业才拥有的技术创新"资源优势"[①]。所以技术集成创新模

---

① 刘友金：《中小企业集群式创新》，中国经济出版社 2004 年版。

式是我国现阶段中小企业技术创新的有效模式。

对于我国集成创新的三种具体模式,一般由组装模式逐渐过渡到升华模式,企业似乎是在改进创新,研究与发展成功便立即投资商业化。因此,这个模式的投资决策模型与前两者有一定的差别。

(一)假设条件

根据实际情况以及为研究方便,提出如下假设:

①风险中性、资本市场无摩擦;②投资者可以按固定的无风险利率无限量地借贷,无风险利率记为 r;③企业选择集成创新模式,一经投资立即形成生产能力;④项目研发成功立即市场化。

(二)模型描述

企业选择集成创新模式对某项目进行自主创新,包括两个阶段:①项目研究与发展(R&D)阶段;②项目市场化阶段。

假定企业在 $t=t_0$ 时拥有对某技术(产品)进行集成创新的投资机会,企业可选择投资的时机。假设项目研究与发展投资为 I_1;项目市场化投资为 I_2。t_1 与 t_2 分别为项目研发与市场化投资的最优时机,在点 t_3 项目市场化获得成功(即项目创新获得成功)。市场无风险利率为 r。假设企业在投资 I_1 后,可以立即形成生产能力,项目的利润为 R_{1t};若在 t_2 时该企业项目的利润为 R_{2t},假设 $R_{2t}=kR_{1t}(k>1)$,令

$$R_t = \begin{cases} R_{1t} & t<t_2 \\ R_{2t} & t \geq t_2 \end{cases}$$ 且 R_t 服从以下的几何布朗运动:

$$dR_t = \alpha R_t dt + \sigma R_t dw \qquad (4-63)$$

式(4-63)中,α 和 σ 为 R_t 的瞬时变化率与瞬时波动率,且 $\alpha<r$;dw 为标准布朗运动。创新成功时刻的到达服从参数为 λ 的 Poisson 过程,即创新获得成功所需时间 $l=t_2-t_1$ 是随机的且服从参数为 $1/\lambda$ 的指数分布。

(三) 项目价值评价

根据假设条件可知,项目在研发投资决策时刻(t_1时刻)的价值等于创新投资后项目产生的利润流的现值,即:

$$V = V(R_t) = E_{t_1}\{\int_{t_1}^{t_2} R_{1t} e^{-r(t-t_1)} dt + \int_{t_2}^{\infty} R_{2t} e^{-r(t-t_1)} dt - I_2 e^{-r(t_2-t_1)}\}$$

(4-64)

式(4-64)中 $E_{t_1}[\cdot]$ 是基于 t_1 时刻信息的条件期望值。右边第一项为企业选择组装式集成创新模式并投资后项目产生的利润流的现值;第二项为企业研发成功后项目产生的利润流的现值;第三项为企业该项目研发成功后立即投资市场化成本的现值。

为计算方便起见,令第一项、第二项和第三项分别为 V_1、V_2 和 V_3,则有:

$$V_1 = E_{t_1}[\int_{t_1}^{t_2} R_{1t} e^{-r(t-t_1)} dt] E_{t_1}[\int_0^{t_2-t_1} R_{1t} e^{-rt} \cdot I_{\{t<(t_2-t_1)\}} dt]$$

$$\int_0^{\infty} [(R^* e^{\alpha t}) \cdot e^{-(r+\lambda)t}] dt \frac{R^*}{r+\lambda-\alpha}$$

(4-65)

$$V_2 = E_{t_1}[\int_{t_2}^{\infty} R_{2t} e^{-r(t-t_1)} dt]$$

$$= E_{t_1}[\int_{t_1}^{\infty} R_{2t} e^{-r(t-t_1)} dt - \int_{t_1}^{t_2} R_{2t} e^{-r(t-t_1)} dt]$$

$$= \int_0^{\infty} R_{2t} e^{-rt} dt - \int_0^{\infty} R_{2t} e^{-(r+\lambda)t} dt$$

$$= \int_0^{\infty} (kR^* \cdot e^{\alpha t}) e^{-rt} dt - \int_0^{\infty} (kR^* \cdot e^{\alpha t}) e^{-(r+\lambda)t} dt$$

$$= \frac{kR^*}{r-\alpha} - \frac{kR^*}{r+\lambda-\alpha}$$

(4-66)

$$V_3 = E_{t_1}[I_2 e^{-r(t_2-t_1)}] = I_2 \int_0^{\infty} (e^{-rt} \cdot \lambda e^{-\lambda t}) dt = \frac{\lambda I_2}{\lambda+r}$$

(4-67)

所以,项目在 t_1 时刻的价值为:

$$V(R_t) = V_1 + V_2 + V_3$$

$$= \frac{R^*}{r+\lambda-\alpha} + \frac{kR^*}{r-\alpha} - \frac{kR^*}{r+\lambda-\alpha} + \frac{\lambda I_2}{\lambda+r}$$

$$= \frac{kR^*}{r-\alpha} + \frac{(1-k)R^*}{r+\lambda-\alpha} + \frac{\lambda I_2}{\lambda+r} \tag{4-68}$$

（四）集成创新项目最优投资决策

令项目创新投资时刻期权的价值为 $F(R_t)$，根据伊藤引理有：

$$dF = \left(\frac{1}{2}\sigma^2 R_t^2 F'' + \alpha R_t F'\right)dt + \sigma R_t F' dw \tag{4-69}$$

另外，因假设资本市场不存在套利，故有：

$$rFdt = E(dF) \tag{4-70}$$

由此可以得到一个新的 Bellman 微分方程：

$$\frac{1}{2}\sigma^2 R_t^2 F'' + \alpha R_t F' - rF = 0 \tag{4-71}$$

该方程的边界条件为：

$$F(0) = 0 \tag{4-72}$$

$$F(R^*) = V(R^*) - I_1 \tag{4-73}$$

$$F'(R^*) = V'(R^*) \tag{4-74}$$

价值匹配条件（4-74）表示当 R_t 达到其临界值 R^* 时，企业执行集成创新投资期权；光滑条件（4-75）说明当 R_t 达到其临界值 R^* 时执行期权是最优的。边界条件（4-72）为初始状态，说明当 $R_t \to 0$ 时，对应的期权价值趋向为 0。

Bellman 微分方程（4-71）的解的一般形式为：

$$F(R_t) = AR_t^{\beta_1} + BR_t^{\beta_2} \tag{4-75}$$

其中 β_1，β_2 为方程（4-77）的两个根：

$$\frac{1}{2}\sigma^2\beta(\beta-1) + \alpha\beta - r = 0 \tag{4-76}$$

解方程 (4-77) 得：

$$\beta_1 = \frac{1}{2} - \frac{\alpha}{\sigma^2} + \sqrt{\left(\frac{1}{2} - \frac{\alpha}{\sigma^2}\right)^2 + \frac{2r}{\sigma^2}} > 1 \tag{4-77}$$

$$\beta_2 = \frac{1}{2} - \frac{\alpha}{\sigma^2} - \sqrt{\left(\frac{1}{2} - \frac{\alpha}{\sigma^2}\right)^2 + \frac{2r}{\sigma^2}} < 0 \tag{4-78}$$

由边界条件（4-72）可知，必有 $B=0$。因此，微分方程（4-75）的解的一般形式变为：

$$F(R_t) = AR_t^{\beta_1} \tag{4-79}$$

再利用条件（4-74）与条件（4-75）可以得到以下结果：

$$R^* = \frac{\beta_1 \left[(\lambda + r)I_1 - \lambda I_2\right](r - \alpha)(r + \lambda - \alpha)}{(\beta_1 - 1)(\lambda + r)(k\lambda + r - \alpha)} \tag{4-80}$$

$$A = \frac{(k\lambda - r - \alpha)R^{*(1-\beta_1)}}{(r - \alpha)(r + \lambda - \alpha)\beta_1} \tag{4-81}$$

$$F(R_t) = \begin{cases} \dfrac{(k\lambda - r - \alpha)R^{*(1-\beta_1)}R_t^{\beta_1}}{(r - \alpha)(r + \lambda - \alpha)\beta_1} & R_t < R^* \\ \dfrac{kR_t}{r - \alpha} + \dfrac{(1-k)R_t}{r + \lambda - \alpha} + \dfrac{\lambda I_2}{\lambda + r} - I_1 & R_t \geq R^* \end{cases} \tag{4-82}$$

换言之，当项目产生的利润达到或超过临界值 R^* 时，项目的研究与发展（R&D）投资才可行，投资的最优时机为项目产生利润首次达到临界值的时间：$t_1 = \inf\{t: R_t \geq R^*\}$。当项目产生的利润达到或超过临界值 kR^* 时，项目的研究与发展（R&D）获得成功，根据前面分析项目市场化投资立即进行，最优投资时机为项目产生利润首次达到临界值 kR^* 的时间：$t_2 = \inf\{t: R_t \geq kR^*\}$。

第二节　企业多项目自主技术创新最优投资组合决策模型研究

一　企业在同一时期多个自主创新项目单目标投资组合决策

企业在其发展过程中，要不断创新以适应同行业竞争的需要。一个大的企业往往不会局限于某个项目创新的成功。为了增强自身的竞争实力，尽可能地进行创新。然而，企业可能面临同一时期多个创新项目的选择与投资的问题。由于资金、技术以及人才等诸多因素的限制，企业不可能对所有可行项目进行投资。究竟选择哪些项目才是最明智的呢？这是决策者必须考虑的现实问题。

（一）假设条件

为研究的方便，作如下假设：①企业在同一时期可供选择的自主创新项目都是经过可行性研究，对本企业而言，都是可行的。②每个创新项目的价值都是已知的。③每个创新项目所需的投资都是已知的，并且单个项目的投资都是在项目投资开始时一次性投入。④每个创新项目最佳投资时点错过，将不具备投资价值，企业不再进行投资。⑤企业选择创新项目进行投资的决策准则是追求利润最大化。

（二）投资决策模型

（1）目标函数

$$MaxF = \sum_{i=1}^{m} p_i x_i (V_i - C_i) \qquad (4-83)$$

（2）约束条件

$$\sum_{i=1}^{m} x_i C_i \leq K \qquad (4-84)$$

$$V_i > 0, \ C_i > 0, \ 0 < p_i < 1 \quad (i = 1, 2, \cdots, m) \qquad (4-85)$$

$$x_i = 0 \text{ 或 } 1 \quad (i = 1, 2, \cdots, m) \tag{4-86}$$

其中，m 为企业在 t 时刻可供选择的自主创新项目个数；选择第 i 个项目时，$x_i = 1$，否则 $x_i = 0$；V_i、C_i、p_i 分别为第 i 个项目的项目价值、投资额和项目创新成功的概率。

（三）模型的求解

模型求解的关键在于确定每个项目的价值以及所需要的投资量。根据上一章单一项目投资决策方法，可以评估每个项目投资的资金量和项目的价值。在此基础上，我们可以很方便地求解上述线性规划问题。所有 $x_i = 1$ 的项目即为选择投资项目，构成组合投资。

二 企业在同一时期多个自主创新项目多目标投资组合决策

（一）问题的提出

企业在自主创新过程中，由于项目创新存在一定的周期，现实中企业不会仅仅停留于一个项目，即使在同一时期（如一年）企业（尤其是大企业）面临多个自主创新项目投资决策的问题。多个项目创新投资决策问题似乎和单一项目创新投资一样，其实并非完全一样。这是因为，企业在逐一通过可行性分析评价每个项目创新价值并确定可以进行投资后，企业并不能将所有可行的项目上马。根本原因在于企业受人力、财力、物力等多种因素约束，企业必须全盘规划各种类型、各个时期的创新活动。下面结合实物期权理论和多目标决策理论，构建基于期权理论的多目标优化决策模型，使企业在各种约束条件下实现创新利润最大化且风险最小化。

（二）投资决策模型

1. 目标函数

决策期内收益最大

$$MaxF = \sum_{t=1}^{n} A_t(V_t^T - C_t^T) \qquad (4-87)$$

决策期内风险最小

$$MinG = \sum_{t=1}^{n} A_t D_t (C_t^T + V_t^T) \qquad (4-88)$$

2. 约束条件

投资量约束

$$A_t C_t^T \leq K_t \quad (t=1, 2, \cdots, n) \qquad (4-89)$$

收益约束

$$A_t(V_t^T - C_t^T) \geq K_t \overline{R}_t \quad (t=1, 2, \cdots, n) \qquad (4-90)$$

风险约束

$$A_t D_t (C_t^T + V_t^T) \leq K_t \overline{D}_t \quad (t=1, 2, \cdots, n) \qquad (4-91)$$

其中各个变量的含义如下：

$A_t = (a_{1t}, a_{2t}, \cdots, a_{it}, \cdots, a_{mt})$ 表示第 t 期项目选择向量，若选择第 i 个项目，则 $a_{it}=1$；否则 $a_{it}=0$。m 为可选择项目总个数。

$C_t^T = (c_{1t}, c_{2t}, \cdots, c_{it}, \cdots, c_{mt})^T$ 表示第 t 期选择的项目投资向量，第 i 个项目第 t 期投资额为 c_{it}。

$D_t = (d_{1t}, d_{2t}, \cdots, d_{it}, \cdots, d_{mt})$ 表示第 t 期选择的项目投资风险向量，第 i 个项目第 t 期投资风险为 d_{it}。

R_t 是以 $r_{1t}, r_{2t}, \cdots, r_{it}, \cdots, r_{mt}$ 为元素的对角矩阵，r_{it} 表示第 t 期选择的第 i 个项目的收益率。

$V_t^T = (v_{1t}, v_{2t}, \cdots, v_{it}, \cdots, v_{mt})^T$ 表示第 t 期选择的项目期权价值向量，第 i 个项目第 t 期投资期权价值为 v_{it}。该价值向量可以根据期权定价理论方法的二项树模型进行。假设：①某创新项目初始期权价值为 V_0；②其价值变化规律符合二项树模型，即每一时期标的资产价值向上或向下变动的幅度的百分率为 δ_t，$u_t = 1 + \delta_t$，$d_t = 1 - \delta_t$。于是标的资产期权价值变化规律是：$V_{i+1,u} = u_t V_i$，$V_{i+1,d} = d_t V_i$，对应的概率分别为 P 和 $1-P$。自主创新项目期权价值变化的二项树模型如图 4-1 所示。

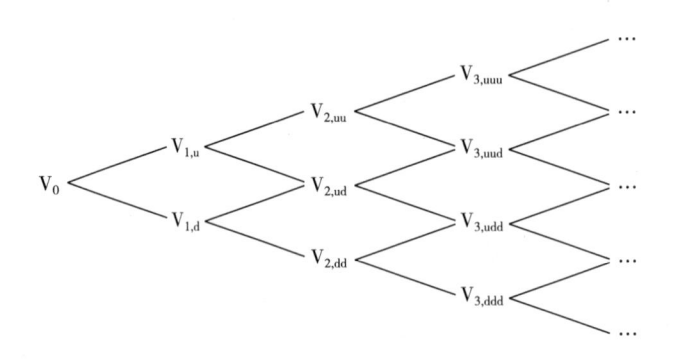

图 4-1 自主创新项目期权价值变化的二项树模型

K_t 表示第 t 期企业资金总量。$\bar{r}_t$ 表示第 t 期企业投资预期平均利润率。$\bar{\sigma}_t$ 表示第 t 期企业投资预期平均风险率。

（三）模型的求解

根据多目标决策线性加权和法的原理，上述多目标决策模型的求解方法如下：

首先建立一个新的目标函数：

$$MaxU = \beta_1 F - \beta_2 G \tag{4-92}$$

显然该目标函数与原目标函数等价。β_1，β_2 满足方程组：

$$\begin{cases} \beta_1 F^0 - \beta_2 G^* = e \\ \beta_1 F^* - \beta_2 G^0 = e \end{cases} \tag{4-93}$$

其中 $F^0 = MaxF$，$G^0 = MinG$，F^* 是使 G 最小的变量取值对应 F 的值，G^* 是使 F 最小的变量取值对应 G 的值。

所以：

$$\begin{cases} \beta_1 = \dfrac{e(G^0 - G^*)}{F^0 G^0 - F^* G^*} \\ \beta_2 = \dfrac{e(F^* - F^0)}{F^0 G^0 - F^* G^*} \end{cases} \qquad (4-94)$$

若规定 $\beta_1 + \beta_2 = 1$，则有下面结果：

$$e = \frac{F^0 G^0 - F^* G^*}{F^* - F^0 + G^0 - G^*} \qquad (4-95)$$

$$\begin{cases} \beta_1 = \dfrac{(G^0 - G^*)}{F^* - F^0 + G^0 - G^*} \\ \beta_2 = \dfrac{(F^* - F^0)}{F^* - F^0 + G^0 - G^*} \end{cases} \qquad (4-96)$$

$$MaxU = \beta_1 F - \beta_2 G = \frac{(G^0 - G^*)F - (F^* - F^0)G}{F^* - F^0 + G^0 - G^*} \qquad (4-97)$$

因此，求由式（4-89）、式（4-90）、式（4-91）和式（4-97）组成的单目标线性规划问题得到的解即为所要得到的解。

第五章 企业自主技术创新模式与投资决策实证研究

第一节 实证研究对象的选择

一 实证研究对象的选择准则

理论研究可以为实际提供指导作用。当然,实际可以用来检验理论的正确性与实用性。为了全面验证企业自主创新模式与投资决策理论的可行性,应用研究对象的选择应遵循以下几个准则。

(一) 自主技术创新突出的产业

企业自主创新包括的范围相当广泛,由于各自从事的业务不同,企业的创新能力以及创新模式都会存在差异。单个的企业并不具有代表性,必须以行业为依托。工业发展到一定程度,形成相应的产业。产业是社会分工的产物,它随着社会分工的产生而产生,并随着社会分工的发展而发展。产业是由具有某种共同属性的企业及其经济活动构成的集合。由于产业与产业链的形成,企业乃至工业似乎有点狭窄。从企业自主创新与产业技术创新的关系看,研究企业自主创新必须以产业为背景。因此，所选择的应用对象必须是自主技术创新比较突出的产业。

（二）包含自主技术创新战略下的三种创新模式

自主技术创新战略的实施包括原始创新、集成创新以及引进创新三种典型创新模式。本书研究也是基于自主技术创新战略的创新模式的研究，自然，所选择的应用研究对象应包括这三种典型的创新模式，只不过可以是不同企业选择不同的创新模式。

（三）资料的可收集性

应用研究或实证分析必须有相当数量的应用研究对象的相关资料，其研究必须用事实说话。然而，资料的收集是一个难题。为了准确，必须克服困难去收集目标的相关信息。对于那些资料收集不到或资料不全的，不能作为研究对象。

二　本书选择的实证研究对象

根据上述准则，本书选择我国工程机械产业作为企业自主技术创新模式与投资决策实证研究的研究对象。选择工程机械企业所在的产业作为实证研究对象还有以下几个原因。

（一）工程机械产业是国家的支柱产业

工程机械产业在传统认识中属工业领域，随着社会分工，逐步发展为产业。工程机械产业是国民经济中产业关联度高、规模经济效益明显、资金和技术密集的重要产业之一。它不仅对一个国家的经济、科技与社会发展起着重要的作用，而且对于一个国家在世界经济、科技与社会发展中的地位也具有重要的作用。工程机械工业之所以能够形成产业，是因为工程机械工业不仅能够实现企业化经营，而且可以与钢铁、电子、交通、金融服务业等行业相关联。同时，工程机械整车还可以与零部件、物流、销售及售后服务、维修改装等有机地结合起来，形成完整的"产业链"。因此，工程机械工业可以实现企业化经营、现代化管理，采取现代化的设备和技术，推行规模化生产，实现产业化发展。其中工程机械的生产是衔接这一"产业链"的桥梁和纽带，它不仅可带动消费结构的转变，而且可以促进整个社会经济的发展。从西方发达国家的产业分析得知工程机械产业是其支柱产业之一。中国工程机械工业具备了一定的发展基础，初步成为工程机械制造大国。同时，中国工程建设项目多，是目前世界上公认最大的工程机械产品现实与潜在市场。随着经济的快速发展，政府与居民购买力已经逐步得到提高。因此，对我国工程机械产业实施自主创新战略不仅是必要的，而且是可能的。自新中国成立以来，工程机械产业一直是重点发展的产业之一，而且全国有多个省市把工程机械产业作为本省（市）的支柱产业。研究工程机械生产企业及其产业具有代表性。其中，工程机械生产企业是该产业的核心与主体。在研究该产业时，本书重点探讨的是工程机械生产企业。

（二）工程机械生产企业及其产业的特殊性

工程机械产业是资金和技术密集型产业，对资本运作和技术开发能力要求较高。产品的生产大多属于小规模、小批量生产，但产品的附加值和利润率较高。除此之外，工程机械产业具有与其他产业不同的特性：首先，多种技术的有机结合。工程机械生产与制造技术是建立在包括通用技术（如各种机械加工技术、工艺技术等）、基础理论（如力学、空气动力学、人体工程学等）和其他相关技术（如电子技术、计算机技术等）在内的各种相关技术基础上的比较庞大的技术体系。工程机械工业的发展建立在诸如原材料工业、机床工业、基础标准件工业等相关工业的发展基础上。其次，规模经济效益显著。工程机械产业是规模经济显著的行业之一，产业的集中度很高。市场需求受宏观经济的影响大，尤其与基础工程建设密切相关。产业集中度反映了市场垄断与竞争的程度，企业力求扩大自己的规模以实现规模效益。使企业规模扩展到单位产品的生产成本和销售费用达到最小的水平，即最优规模的水平。由于市场和资源限制，企业规模的扩大，往往导致了生产的相对集中。从全世界来看，2018年全球工程机械制造商50强企业，销售额总计1644.11亿美元。最后，对技术依赖程度高。如前所言，工程机械是技术密集型产品，对技术要求很高，产品的利润在一定程度与其技术成正比。工程机械产业的生产工艺复杂，产业进入壁垒较大。大公司凭借自己雄厚的科研与开发能力，掌握了先进的技术，也获得了丰厚的利润。它们对先进技术自然进行封锁，其他企业为了提高竞争能力，只有通过自主创新生产自主品牌的工程机械。

第二节 我国工程机械产业发展现状

一 我国工程机械产业概况

工程机械是指土石方工程、交通建设工程、建筑工程、水利电力工程、矿山建设以及流动式起重装卸作业等所需的机械装备，主要包括：挖掘机械、铲运机械、工程起重机械、压实机械、筑养路机械、混凝土机械、工业车辆、电梯与扶梯、桩工机械、凿岩机械等20个大类。工程机械具有广泛的应用领域，包括城乡建设、交通、矿业、水利、能源等许多领域。

工程机械产业的规模和销售额在机械工业中次于电器、汽车、石化通用和农机，工程机械已成为重要的施工生产装备，在国民经济中占有一定的地位。

我国自 1908 年就开始应用机械式挖掘机，1954 年研制出挖掘机。我国工程机械产业一直发展迟缓，起不到推动与促进我国经济事业向前发展的有生力量。我国工程机械产业的迅速发展是在 1978 年中国实施改革开放政策以后的 40 多年间。全产业有包括 17 个集团公司、15 个上市公司在内的 2000 多家企业，生产涵盖机动工业车辆、工程起重机械、铲土运输机械、混凝土机械等 18 大类工程机械、5000 种规模型号的产品。已成为门类基本齐全、具有相当规模的支柱产业，国内市场占有率达 60%，其余 40% 从国外进口。中国的工程机械市场也经历了由洋品牌独占天下、国产品牌初步崛起到走出国门的转变过程。

中国的工程机械企业通过技术引进、不断消化、学习与吸收，终于实现能够自主创新。企业通过并购与重组、强强联合，实现企业经营与产品的优势互补以及资源的优化配置。以国内各大工程机械制造企业为代表的自主知名品牌，在国外市场占有率不断提升。

在全国形成十大产业集群区。这十个产业集群区是：以江苏徐州为中心的工程机械产业集群区、以湖南长沙为中心的工程机械产业集群区、以福建厦门为中心的工程机械产业集群区、以广西柳州为中心的西南工程机械产业集群区、以山东济宁与临沂为中心的山东工程机械产业集群区、以安徽合肥为中心的安徽工程机械产业集群区、以江苏常州为中心的江苏工程机械产业集群区、以四川成都为中心的四川工程机械产业集群区、以西安为中心的陕西工程机械产业集群区和以郑州为中心的中原工程机械产业集群区。同时，形成徐州、常州、厦门、长沙、柳州和济宁六个生产基地。形成福建泉州、江苏徐州、苏南地区、浙江宁波、山东济宁中国五大工程机械零配件基地。

根据国际权威统计机构 KHL 发布的 2018 年全球工程机械制造商

第五章　企业自主技术创新模式与投资决策实证研究

排行榜中，前十名中国有两家企业上榜，分别是徐工机械和三一重工；前二十强中国有3家企业上榜，中联重科排名第13位。在全球前20强工程机械企业榜单中，美国、日本和中国分庭抗礼，美国和日本各占据四个席位，中国占据了三个席位，中国工程机械制造企业排名较2017年均有不同程度的上升，再次凸显我国工程机械制造强国实力。

由于世界上有名、有实力的外资公司都在我国市场投资，建厂生产和建立研发机构，因此我国工程机械市场已初步国际化了。占领市场的中、外资之间的拉锯战，此消彼长，时断时续，永无休止，外资市场份额逐年萎缩，国有与民营的市场份额略微稳步上升，我国工程机械年销售额规模为世界第三，主要产品年产量达到40万台以上，为世界第二，工程机械保有量约为200万台。到2020年，我国工程机械在世界工程机械市场的年销售总额预计达到6500亿元，年出口额预计达到240亿—250亿美元，占整个工程机械行业年总销售额20%以上。

二　我国工程机械产业存在的问题

我国工程机械在数十年内，取得巨大成就，但依然存在诸多问题。这些问题主要包括以下几个方面[①]。

（一）现行产品标准制约了产品技术发展

我国现行工程机械产业有关产品的国家标准和部门标准，存在一定的问题，在一定程度限制了我国工程机械产业的进一步发展。首先，标准落后。与国际标准相比，我国标准显得非常落后而且不实

---

① 中国工程机械工业协会：《工程机械行业"十一五"发展思路》，《工程机械与维修》2006年第5期。

用，已经不能满足市场对产品的需求发展。其次，标准太低。我国在安全、环保、经济等方面的标准远远低于发达国家标准，影响了工程机械企业及其生产的产品国际化进程。

（二）具有自主知识产权核心技术的产品少

我国工程机械生产企业在引进技术的基础上发展起来的。由于技术更新换代快，新产品开发跟不上市场需求，通过引进技术并吸收与改进所生产的产品，虽然有所改进，但产品的关键零部件尤其是核心技术自主研发的相对少。产品总体技术水平与发达国家仍有较大差距，"克隆"产品比较多，很容易遭到侵权指控，出口受到制约。

（三）产品可靠性和寿命低于国际水平

近年来，中国工程机械产品出口量在快速增长。价格低廉是中国产品远销国外的比较优势，外商对此比较满意；但是产品的性能与寿命达不到国际水平，严重影响了产品国际竞争力。

（四）产品存在"短缺"和"过剩"

我国工程机械制造企业最开始主要引进国外技术，生产一些通用工程机械产品，这些产品的特点就是国内外企业基本都能生产，技术含量相对低或者技术寿命相对比较旧。这些产品充斥市场，各个企业的产量相对"过剩"。后来通过自主创新，企业开发了一些如旋挖钻机、混凝土泵车、通水平定向钻机等产品，但诸如大型装载机、大功率推土机、大型挖掘机与盾构机等重大工程项目中急需的机械设备，我国工程机械企业自产产品国内市场供不应求，还需大量进口才能满足市场需求。

（五）零部件产品质量不稳定

衡量工程机械产品的关键要素是发动机、液压元件和传动变速器等核心部件。发动机是工程机械工作的心脏，是衡量整机水平最重要的指标；目前，我国国产工程机械整机质量不稳定，主要故障来自发动机等核心零部件。

（六）产业内恶性竞争严重

由于国内外热点产品行业生产产能过剩，市场竞争异常激烈。大多数工程机械制造企业缺乏系统性的理念和战略思维，重点生产目前市场销量相对好的产品，而不是立足现实、放眼未来，增加科研投入，研发新的技术。另外，工程机械产品客户虽然对产品性能有要求，但首先考虑的是产品的价格，导致企业展开价格战。价格的下降直接影响企业的利润，同时必然会降低产品质量与性能。这种低价无序恶性竞争，严重影响整个工程机械行业水平的提高。

三 我国工程机械产业自主技术创新概况

我国工程机械产业在技术创新模式上，以引进创新为主，在此基础上加强集成创新与原始创新。在每种创新模式下都取得显著成果。

（一）引进创新

我国工程机械产业大规模的技术引进是从20世纪70年代末开始的。40多年来，在工程机械各专业产品领域，以不同的形式从十几个国家，共引进了近200项、280多个新产品，经过消化吸收与再创新，发展了近600个新产品，使我国的工程机械产品技术水平大大提高。其中影响较大的项目有：日本小松的推土机制造技术，法国波坦公司的塔式起重机设计制造技术，日本TCM公司的内燃叉车制造技术，德国HRS公司的回转支撑设计制造技术，美国卡特彼勒的装载机制造技术，瑞典戴纳派克、德国宝玛格的振动压路机制造技术，德国利勃海尔的全路面起重机制造技术，德国ABG的摊铺机制造技术，瑞典ATLAS的凿岩机制造技术等。

(二) 集成创新

我国工程机械产业有许多企业和国内外不同的企业、学校和科研机构进行合作，通过集成创新取得令人满意的成绩。如福田雷沃重工采用"集成知识，整合创新"发展模式，使其业务总量8年增长300多倍，在进入联合收割机、拖拉机等产品领域后屡屡实现产业领先，获得最佳效果的创新战略经营模式。福田重工所走的自主创新之路，是在大胆地引进、消化、吸收国内外先进技术进行再创新，是按照市场最优化的原则，选择国内外最合适的技术，为我所用，进行集成创新，形成有市场竞争力的产品。福田重工把提升整车匹配、车身造型、底盘设计等方面水平作为核心竞争力，实施集成创新。坚定地走引进创新和集成创新之路，这就是福田重工立足实际的理性选择。又如柳工集团通过一系列的自主创新，完成了关键技术的突破和以重大战略性产品、新兴产业为中心的集成创新，确立了自己的产业地位，该集团在国内打入中国500强的排行榜，在海外柳工进入世界工程机械50强，轮式装载机年销量位居世界第二，确立了自己在国际市场的地位。

(三) 原始创新

民族企业大多经历引进创新阶段，但随着时间的推移，发现很多技术特别是最先进的技术难以引进。因此，科研基础较扎实的企业选择原始创新的自主创新模式。如三一重工通过原始创新赢得"泵王"的美誉。

企业根据自身实际情况选择创新模式。但在不同时期以及不同项目的创新问题上表现出十分灵活性。在这个问题上，实力雄厚的企业尤为突出。中联重科就是典型代表。中联重科在科技自主创新模式上，既有原始创新，也有集成创新，还有引进创新。原始创新主要是依托其母体——建设部长沙建设机械研究院建院 40 多年的研究成果以及公司技术中心的研究成果。据统计，建设机械研究院先后完成国家重大科研课题 600 多项。几年来，先后承担了国家"863"计划、国家"九五"科技攻关课题及部省级科研项目近 32 项，获国家省、部级科技进步奖 12 项，拥有有效专利 79 项，软件登记 3 项。完成国家及产业标准 170 项。这些专利技术都具有自主知识产权，其中有 10 多项核心技术处于国际领先或先进水平。集成创新主要是充分利用数字、传感、通信等高新技术，针对产品的工作特性和应用要求，使各分项技术在产品中高度融合，实现产品的智能化控制。引进创新主要是通过在发达国家建立研发分支机构和科技信息网络，把国外同行专家"请进来"，把握国际技术发展动向，增强二次创新的前瞻性。同时，针对国情现状，通过二次创新，开发出更加适合国情的智能施工设备。最典型的是 2001 年中联重科整体收购了全球非开挖技术领域的领头雁——英国保路捷公司，成立了中联保路捷股份有限公司。

第三节　国内工程机械企业典型案例分析

我国工程机械产业产品制造企业有 2000 多家，进行自主创新的企业也有很多家。本书选择徐工集团、三一重工和鞍山海虹三个公司作为典型案例分析。原因在于中国工程机械市场活跃着三类企业：外资企业、国有企业和民营企业。徐工集团和三一重工分别为中国国有工程机械企业和民营工程机械企业的老大。首批 300 家"全国重点保护品牌"2005 年在京揭晓，中国工程机械产业代表企业徐州工程机械集团有限公司的"徐工"、三一重工股份有限公司的"三一"榜上有名。2018 年全球工程机械制造商排行榜中，前 10 名中国有两家企业上榜，分别是徐工机械和三一重工。因此，这两个公司具有典型的代表性。而鞍山海虹是典型的民营中小企业。2006年，在第五届中国国际装备制造业博览会暨"十五"国家重大技术装备成果展上，"海虹"公司生产的ZL16H-II轮式装载机荣获本次盛会铜奖，充分展现出海虹公司在小型工程机械领域里的强劲实力。

一 徐工集团自主创新模式

（一）徐工集团公司介绍

1. 企业简述

徐工集团是徐州工程机械集团有限公司的简称，其前身为几家大型国有企业，大多为新中国成立前后建立的，有数十年的发展历史。改革开放后，为顺应市场经济的发展组成集团公司。徐工集团成立于1989年3月，1995年7月作为国家百家现代企业制度试点单位，被省政府授权为国有资产投资主体，并改制成为国有独资公司，1997年12月被列入国家120家试点企业集团，是国家520家重点企业，国家863/CIMS应用示范试点企业。徐工集团2009年整体上市。根据其统计年报，2017年营业收入291.3亿元。

秉承"严格、踏实、上进、创新"的企业精神，按照以工程机械为核心的多元化发展战略，徐工集团实施多元化发展战略，以工程机械为核心产业，建立国家级技术研究中心与技术研发体系，研发并生产工程起重机械、混凝土机械、建筑机械、高空消防设备等工程机械主机和零部件，所生产的产品10%达到国际先进水平、70%达到国内领先水平。徐工集团通过组建中外合资企业、成立进出口公司，实施国际化发展战略。2017年根据海关年报数据，以进出口公司大平台为全球市场开拓主力军，徐工品牌出口总额稳居行业第1位。

目前，徐工集团国际代理商已超过50家，徐工产品累计销售到

120多个国家和地区。同时还在不断寻求通过援外、信贷、在国外建立自己的产品制造基地，以及利用外经工作等方式带动产品出口。

走向世界，实现国际化，是徐工集团坚定不移的发展目标，合理、有效地利用外资对加快徐工集团的国际化进程具有巨大的推动作用。自徐工集团成立以来，始终把加强国际合作，吸收优秀国外产品和资本，作为长期的工作重点。到目前为止，徐工集团先后同美国卡特彼勒、德国蒂森克虏伯等国际一流的跨国公司建立了多家中外合资企业，总投资额超过1.8亿美元，2006年销售收入达62.4亿元，与这些知名跨国公司进行合资合作，大大提升了公司的管理水平和技术水平，提高了公司的国际地位和市场影响力。2012年徐工并购全球混凝土机械领军企业德国施维英公司。徐工集团利用外资工作将紧紧围绕建设世界级徐工的目标，通过各种形式的国际合作，努力提高自身产品的技术水平、质量水平，降低生产成本，提升国际知名度，不断地把产品推向国际市场，成为国际工程机械市场上强有力的竞争者。

2. 组织结构

徐工集团由徐工集团工程机械有限公司（包括2个分公司、7个控股公司和3个参股公司）、2个全资子公司和1个参股公司组成，其组织结构如图5-1所示。

3. 自主创新的基础

徐工集团有比较扎实的自主创新的基础——徐工集团技术中心。徐工集团技术中心是国家首批认定的企业技术中心，在332个国家级技术中心评价列第16位。徐工集团技术中心是国家首批认定的企业技术中心，包括徐工研究院和徐工集团重型机械厂技术中心两部分。徐工集团技术中心人才济济、实力雄厚。中心汇集了数十位国家级与

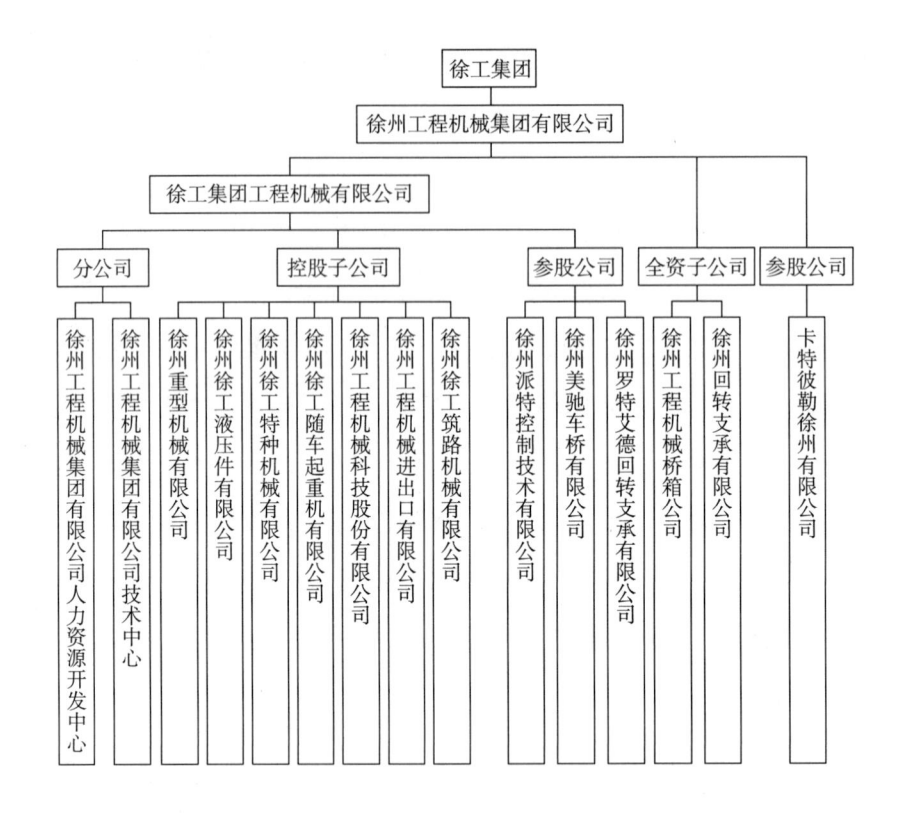

图 5-1 徐工集团组织结构

省部级专项津贴获得者、突出贡献的专家以及数百名国内外高端工程机械领军型技术人才。作为集团发展战略技术支撑,徐工集团技术中心承担着公司技术研发任务的同时又从事高新技术产业孵化器工作,负责集团对外技术交流与合作。

多年来,徐工集团技术中心承担了多项国家及省部级科技攻关项目和重大装备项目,研发了 QAY160 特大型全地面起重机、160 吨沥青混凝土搅拌站、G 系列装载机、CDZ 系列登高平台消防车、ZD1245 水平定向钻等一大批高新技术产品,特别是通过承担国家"九五"863 计划"机器人化工程机械现代集成制造应用工程",研制出新一代铲运机械、压实机械、路面机械，促进了国产工程机械的技术升级换代，攻克了一大批制约工程机械产品研发的关键技术，极大地提高了国产工程机械的市场竞争力。徐工集团技术中心与清华大学、东南大学等单位共同承担着国家"十五"863计划项目"机群智能化工程机械"和系列组合钻孔机等一批国家技术创新项目，对全面提升国产工程机械水平起到极大的推动作用。2012年，全球最大吨位、技术含量最高的XCA5000全地面起重机由徐工研制成功。2013年，4000吨级履带式起重机首吊成功，这个号称"全球第一吊"的起重机由徐工自主研制完成。2018年，徐工研制的"神州第一挖"——700吨级液压挖掘机下线；2019年徐工XCA1600全地面起重机成功完成全球最高140米陆上风电安装。

（二）徐工集团自主技术创新战略定位

作为中国工程机械的航母级企业，徐工集团的总战略目标是：以工程机械为主业，坚持多元化发展战略，做优、做强、做大核心产业，打造中国工程机械的巨舰，建百年徐工。重组与创新齐抓，做大与做强并重，把徐工建成主业突出、资产优良、技术领先、管理科学，具有强大竞争力的国际化、现代化的大型企业集团。

自主创新是徐工集团发展战略之一。为实现集团总体战略目标，集团制定自主创新战略，其战略定位是：以工程机械为核心进行多元化发展；开展自主创新与差异化经营；在大力发展基础零部件的同时重点研发高附加值主机产品；实施品牌战略和技术进步战略；通过国际合作与国内资源整合，实现优势互补，保持国内产业的领先地位以及成为国际市场的重要参与者。

（三）徐工集团自主技术创新模式选择

徐工集团技术创新经过几十年的不断攀登求索，经历了一个曲折发展的过程。公司现有技术和科技创新能力的形成和积累。徐工集团创新模式的选择也随时间的变化有所改变。

徐工集团首先选择的是模仿创新和引进创新。集团的前身在"七五""八五"期间通过系统全面地引进国际一流的工程机械产品制造技术，包括德国利勃海尔全地面汽车起重机技术、瑞典戴纳派克振动压路机技术、德国福格勒摊铺机技术、日本川崎装载机技术、德国PM公司混凝土设备技术、英国ACP公司沥青搅拌设备技术，以及美国美驰工程机械驱动桥、德国蒂森克虏伯回转支承等关键零部件技术等；并通过对引进技术的消化吸收，结合国情对引进产品进行二次开发和创新提高，对原自有产品和技术进行移植改造。

在引进与模仿经历一段时间后，发现先进的技术很难引进，模仿得到的产品存在诸多问题。痛定思痛，选择自主创新的道路。虽然引进国外先进技术，但更加注重消化与吸收以及再创新。通过承担一系列国家、省级科技项目，包括国家"863"计划、国家科技攻关等，通过与清华大学、东南大学等国内著名科研院所合作以及项目实施等途径，进行原始创新和集成创新。

（四）徐工集团自主技术创新战略实施

徐工集团为了实现自己的战略目标，走自主创新的道路。在自主创新的过程中，通过制定有效的办法与措施，以提高自己的自主创新能力。

第一，徐工集团在重大技术战略上，始终坚持"有所为、有所不为"的方针。为了通过引进吸收消化与再创新，创造出更出色的产品，集团在技术引进上，坚持高起点、高标准定位，尽最大可能使每次引进技术与设备都是国际一流的，最大限度地缩短与国外先进技术的差距。集团投入比较大的科研经费，对引进技术从产品的设计思

第五章　企业自主技术创新模式与投资决策实证研究

想、设计原理、产品结构等进行全面消化与吸收。各个企业根据各企业自身的现状（尤其是自身的科研与制造能力和产品工艺特点）进行重点研究，通过二次开发，开发出适合国内用户需求的全新产品。

第二，徐工集团始终坚持以工程机械为核心的多元化发展战略。徐工集团围绕重点产品、上下游产品，进行系列攻关。尤其是紧紧围绕起重机械、筑路机械、混凝土机械、高空消防设备和土方机械为重点的工程机械产品发展主线。通过吸收与消化引进技术、与其他单位联合攻关和自主研发等多种途径，研究与开发新的技术与产品，从而拓宽了产品系列，提高了产品技术含量。

第三，建立扎实的科研基础设施。徐工集团终坚持科学技术是第一生产力的思想。为了贯彻实施自主创新战略，高水平的科研基础设施和必要的技术平台，是十分关键的因素。徐工集团在建设高水平的科研基础设施方面上，特别是在结构疲劳振动实验室、智能控制技术实验室的持续投入建设和应用上，走在国内工程机械产业的前列，为积累集团企业核心技术和提升集团企业自主创新能力，创造了必要而且有利的条件。

第四，实施有效的激励机制。徐工集团对员工实施各种激励机制，提高员工的工作积极性。对科技人员尤其是科技骨干实施特殊的激励政策。如公司对科研人员实施项目薪酬制度、重大技术奖励制度以及 AB 型人才跟踪管理制度，全面解决科技人员的后顾之忧。目前，公司已经制订并实施了一系列的管理制度与办法，如《徐工集团技术创新激励机制管理办法》《徐工集团高级人才特殊津贴实施办法》《徐工集团科技进步奖和重大技术创新奖制度》《徐工研究院技术创新激励机制管理办法》《徐工重型厂技术创新分配激励机制管理办法》

等。这些制度与办法的实施，促使公司科技人员的创新成果不断涌现，尤其是公司高级研发人才对自主创新的贡献显著提高。

第五，产学研合作。徐工集团高度重视产学研合作，其中与清华大学、东南大学、中国矿业大学、吉林大学等高校建立了稳定的密切合作关系。通过徐工博士后工作站与清华大学、东北大学联合培养博士后，攻克技术难题，提升产品性能；联合培养企业急需的高层次技术人才。同时，徐工集团与清华大学、东南大学、中国矿业大学等知名高校共同承担国家级科研项目，正加速关键技术和自主知识产权的开发。

（五）徐工集团自主技术创新成果

徐工集团通过引进吸收消化与创新、与其他企业继承创新以及产学研合作创新等途径，取得显著成绩。其中清华大学、东南大学、中国矿业大学等知名高校共同承担国家"九五"和"十五"863计划《机器人化工程机械现代集成制造技术》《机群智能化工程机械》及一大批国家重大装备项目和技术创新项目，正加速关键技术和自主知识产权的开发。徐工始终保持年研发费用投入占销售收入比重5%以上，进入新时代，徐工再瞄准、再聚焦关键核心技术，努力进入高端领域，开拓绿色节能、智能化、可靠性等方面的领先技术，徐工集团年均完成重大项目20项、大型研发项目100项以上。累计承担了国家重点研发项目4项、国家"863计划"项目7项，国家支撑计划项目、国家火炬计划等项目31项，国家重点新产品项目53项；共获得中国专利金奖1项、国家科技进步奖4项、其他省部级科技进步奖300余项。形成了700余项关键核心技术，布局8000余件有效专利进行保护。近三年主持参与制定并发布实施国家和行业标准37项，新产品在年销售收入中的占比超过50%。技术创新取得了显著的经济效益，并赢得了市场好评和用户口碑。

二 三一重工自主技术创新模式

(一) 发展历程与概况

1. 发展历程

1989年6月,由梁稳根、唐修国、毛中吾和袁金华4人创立湖南省涟源市焊接材料厂。1991年9月,湖南省涟源市焊接材料厂更名为湖南省三一集团有限公司。1994年11月22日,三一重工业集团有限公司成立。1994年11月,湖南省三一集团有限公司召开董事会,梁稳根、唐修国、向文波、毛中吾、袁金华、周福贵、翟登科、王佐春8名董事出席了会议,会议作出企业分立决议:湖南省三一集团有限公司分立为湖南三一重工业集团有限公司和湖南三一(集团)材料工业有限公司,并明确了产权分配以及债权债务处置方案。1995年1月,湖南三一重工业集团有限公司更名为三一重工业集团有限公司。2000年12月,有限公司整体变更为三一重工股份有限公司。2003年7月3日,三一重工在上海证券交易所成功上市,股票代码为600031。2003年7月30日,三一重机有限公司成立,下辖挖掘机事业部、桩工机械事业部、新材料事业部。2004年1月13日,三一重型装备有限公司成立,三一正式进入煤炭机械制造领域。2004年3月1日,三一控股有限公司更名为三一集团有限公司。2005年6月10日,三一重工股权分置改革试点成功,为中国股权分置改革成功地打响了第一枪。自6月17日起,公司股票简称由"三一重工"变更为"G三一"。

2. 公司概况

三一集团自成立以来,始终秉持"创建一流企业,造就一流人才,做出一流贡献"的企业愿景,打造了国内外工程机械行业知名的"三一"品牌。目前,三一是全球装备制造业的领先企业之一。集团核心企业三一重工于2003年7月3日上市、2011年7月入围FT全球市值500强。2012年，三一重工并购德国"大象"——德国普茨迈斯特，从而改变整个行业的竞争格局。

三一集团主业是以"工程机械"为主体的装备制造业，主导产品为工程机械全系列产品，其中混凝土机械、挖掘机械、桩工机械、履带起重机械、移动港口机械、路面机械为中国第一品牌，混凝土泵车连续多年产销量居全球第一；打破挖掘机械被外资品牌所垄断，实现国内市场占有率第一。

三一集团在全球有10个研发与生产基地，国内基地分别位于北京、长沙、上海、沈阳、昆山、乌鲁木齐，国外基地分布在印度、美国、德国、巴西等地。集团的各项业务遍布全球各大洲、100多个国家和地区，三一集团旗下拥有9个成员企业（见图5-2）。

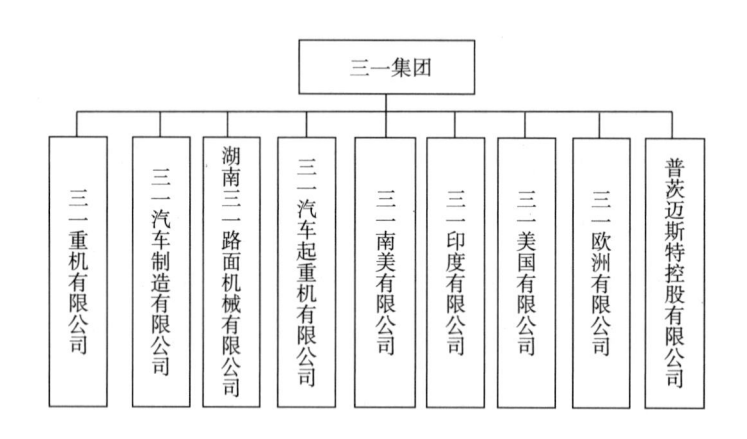

图5-2 三一重工成员企业

公司内部组织结构如图5-3所示。到今日已成为全球最大的混凝土机械制造企业、中国500强、中国机械百强、中国最具成长力的自主品牌企业。短短 20 多年间，三一重工从一个名不见经传的小工业作坊，发展成为中国工程机械高品质的代表、能够挑战国际品牌的民族企业，创造了令人难以置信的神话。

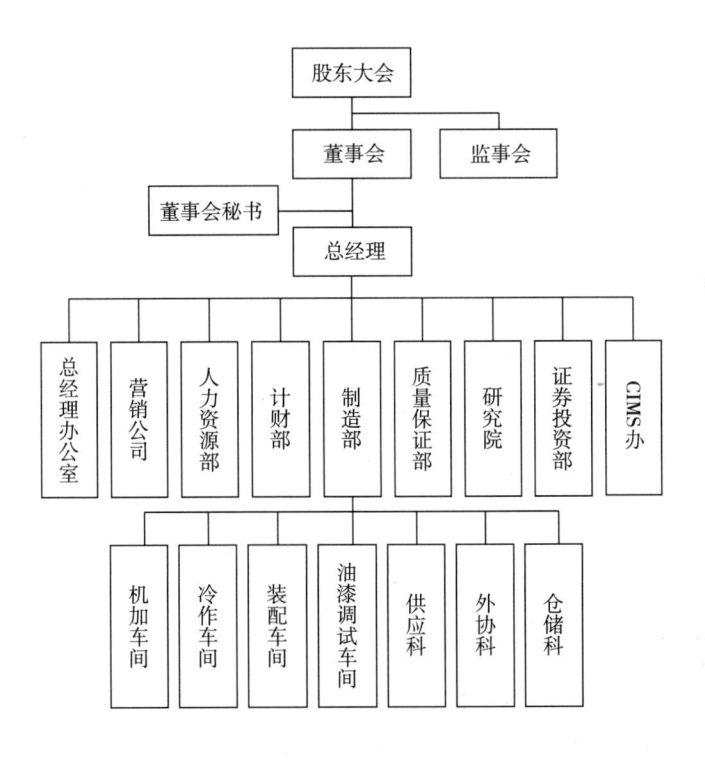

图 5-3　公司内部组织结构

(二) 公司自主创新基础

1. 强大的科研实力

集团拥有国家级企业技术中心——三一重工研究院，在长沙、北京、上海、重庆、沈阳等地建立三一重工研究院。与此同时，还建立了国家级博士后科研工作站。为了配合集团发展战略，确保企业技术与产品在行业内的领先地位，研究院大力引进一批包括易小刚、李冰等液压技术、路面机械专家、技术带头人等在内的各类专业技术人员。同时培养一大批本集团专业技术骨干，拥有一支自主研发与制造能力的机、电、液核心技术专业人才。根据集团组织架构与业务发展状况，研究院建立不同的研究所与研究中心，其组织机构如图5-4所示。

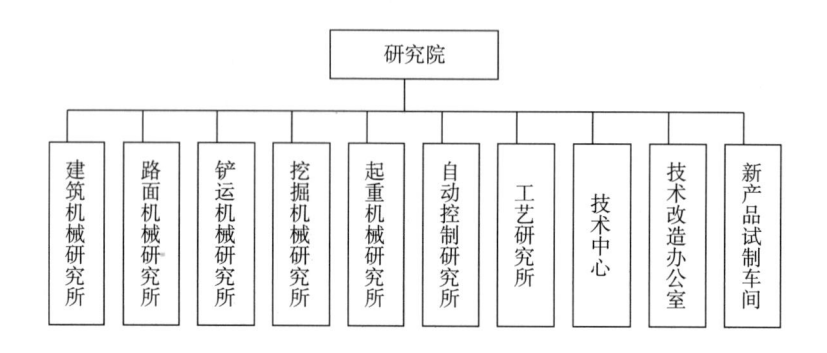

图5-4 公司研究组织机构

公司技术开发费用总额早在2000年就超过2000万元。每年平均增加科研经费超过1000万元，科研经费总额占年销售收入的比例约5.8%。雄厚的科研经费投入，为公司自主创新提供了保障。公司将企业优势资源集中于研发，最大限度地改善科研环境，为研发人员提供先进的技术设备以完成产品设计、结构分析、模拟仿真、数据管理等各项工作。同时，公司在美国、德国等工业发达国家以及印度、南美等国家与地区建立了研究院、办事处或者工程师办公室，保证企业获得市场最新信息、共享技术资源与人才。在国内，集团与包括中南大学在内的多所高等院校和科研院所合作，走战略联盟和"产学研"相结合的道路，在"不求其所有，但求其所用"的指导思想下，充分利用合作伙伴的人才，取长补短，补充、延伸和提高公司的研发能力。

2. 有效的创新机制

创新是企业发展的动力。为了生产出市场需要的竞争力强的产品，技术含量是关键。公司高度重视企业技术创新能力，成立技术创新领导小组和相应的技术创新管理委员会，全面负责公司相关技术创新工作。同时制定了《专业技术创新管理办法》等多项有关技术创新的制度，对新产品研发实行项目经理负责制，对研发人员实行绩效考核，每年重奖有突出贡献的科技人员。通过这些制度与一系列举措，营造了良好的技术创新氛围，调动所有研发人员工作积极性，激发了全体员工参与创新与创造的热情。最终，提升了企业整体研发能力与技术水平，在技术更新换代加快的市场环境下，新产品研发周期缩短了，新产品的质量提高了，产品竞争力加强了。

（三）三一重工自主技术创新战略

1. 自主技术创新战略定位

三一重工初探工程机械领域时，一度不为人所看好。这也难怪：当时国有企业都濒临倒闭，国有企业集技术、资金的优势都没有把传统制造业搞上去，一个私营企业进入传统制造产业，其难度可想而知。当时，我国工程机械产业的总体状况是产业生产集中度低、产品技术水平低、产品结构不合理、技术创新能力弱。这种状况导致了残酷的现实：市场上的主导产品几乎是洋品牌一统天下，国内市场95%以上是洋货，中国如火如荼的建设工地上，属于中国人自己品牌的工程机械寥若晨星。

三一当时有两条路可以走：一是像现在某些行业一样，引进国外的技术当"搬运工"，以低质、低价、低配置去竞争，即走传统的中国制造之路；二是瞄准跨国公司，掌握自主知识产权，靠持续改进的高品质产品和服务与其正面交锋，走出一条"中国创造"之路。

梁稳根在分析工程机械领域发展趋势和国内外市场行情以及中国重工机械企业的比较优势与不足之后，果断决策："与其引进技术跟在人家后面亦步亦趋，沦为生产车间，不如另辟蹊径，以自我创新掌握发展主动权"。

三一集团高瞻远瞩，以国际一流企业为标杆，走自主创新之路，为满足客户需求，集中资源研发核心技术，实行全球采购知名品牌配件策略，凭借优良的产品品质和适用性在激烈的市场竞争中胜出。三一重工的战略定位是通过自主创新将企业建立成为国内工程机械标志性企业。

2. 自主技术创新模式

考虑到自身研发能力不足和工程机械产品繁多，三一重工首先选择混凝土输送泵作为进军工程机械产业的敲门砖。三一重工对混凝土输送泵进行自主创新研究始于1994年。但因缺乏液压控制技术这一核心混凝土输送泵技术，第一批产品泵送混凝土停留在160米高度且质量也不稳定。梁稳根主动上门拜访掌握该技术的日本与德国企业，想通过与外商合资开展合作创新，但因为这些国家对中国进行技术封锁而未能如愿。

合作创新不能实现，只有进行自主创新。显然，引进与集成创新模式也是不能实现的。因此，三一重工只有走自主创新的道路，而且只有选择原始创新模式。最终，三一集团通过自主研发，超越数十家工程机械行业一流企业，通过"品质改变世界"的信念和孜孜不倦的探索与追求，赢得世界对三一人、对中国的尊重。

3. 自主技术创新的实施

三一重工在制定自主创新战略后，采取各种有效措施实施该战略。

第一,高研发投入。为了创立工程机械行业强势品牌,三一重工在科研投入方面从不吝啬。最近几年,每年的科研投入占当年销售收入的5%—7%,是我国工程机械行业企业平均研发投入额的3—5倍。包括在长沙、昆山等地建造大型制造中心,在长沙、北京、上海、沈阳、重庆等地建立研究院,致力于自主创新、研发创新成果。三一重工一如既往地培养以研发与创新能力为核心的竞争力,高投入、敢创新,一分耕耘一分收获,终于造就了其在工程机械产业的成功。

第二,招贤纳士。对于决定企业生存和发展的重要资源,梁稳根提出,"人才是企业中唯一创造可持续竞争优势的资源;谁拥有高素质的人才,谁就能在国际和国内竞争中获胜"。正是基于这一观点,三一重工招揽大批人才。如今,三一麾下已经汇聚了一大批工程机械产业精英,并建立了博士后科研工作站。随着公司的发展,梁稳根仍有"将全国工程机械产业的优秀人才一网打尽"的雄心壮志。三一集团在人才招聘中,研发技术人员的职位需求总是最大的。在三一集团2007年春节大型招聘会中,研发技术人员的职位需求高达600多人,占职位需求总人数的40%。

第三,有效激励。三一在提高员工平均福利的同时,更注重绩效激励。为了更快出成果、出大成果,对重大研发项目实施股权和期权激励,调动技术研发工作人员科研积极性。

高科研投入、高人才凝聚以及有效激励机制的实施使得三一走出了一条极具特色的自主创新之路。为确保公司自主创新的成功以及对创新成果的保护,三一还同步开展管理创新、营销创新等活动,不断推出创新成果以满足国际国内市场的需要;更重要的是,还进行文化的创新,期盼能打造出一个基业长青的百年老店,促进企业健康、持续、快速地发展。

4. 自主技术创新成果

三一重工通过实施自主创新战略，取得丰硕的成果。

1994年，我国第一台具有完全自主知识产权的混凝土输送泵诞生，这是三一重工的第一件杰作。在此基础上，梁稳根克服重重困难带领技术团队攻克技术难关，创造一个接一个的奇迹，将混凝土泵送高至160米、300.8米、406米……赢得"泵王"的称号。三一拖式混凝土输送泵，成为国内第一品牌，几乎占一半的市场，并远销世界多个国家与地区。2006年，三一混凝土输送泵获得国家科技进步二等奖。

臂架是混凝土泵车的一个重要部件，也是一项关键技术。三一重工自主研发，获得了混凝土泵车的臂架自制专利技术。生产的臂长有32米、37米、48米、56米……2001年，三一重工的两种泵车分别获得湖南省科技进步二等奖和长沙市科技进步一等奖。2003年9月，三一臂架56米的混凝土泵车成功下线，从此三一的泵车、臂架技术达到世界最先进水平。

2004年，世界第一台三级配混凝土输送泵由三一重工研制成功；2005年，TQ230系列全液压推土机、世界首台静液压传动平地机等自主开发成功，让我国这两个产品生产技术达到世界最先进水平。

2006年5月，被誉为"神州第一吊"的400吨履带起重机在三一成功下线，标志着我国大型起重设备的自主创新水平迈上了一个新的台阶。2006年12月，世界首台高效无泡高速铁路沥青砂浆车在三一重工问世。2007年1月24日，三一重工研制出代表国际领先水平的66米世界最长臂架泵车，再次问鼎一项"世界纪录"。

经过20多年的发展，三一已全面进入工程机械制造领域，产品

第五章 企业自主技术创新模式与投资决策实证研究

拓展到建筑机械、筑路机械、挖掘机械、起重机械、桩工机械、煤矿机械等25大类、22个系列、120多种规格。

截至2014年12月31日,三一重工累计在国内申请8282件专利,其中3435件发明专利,5863件专利获得授权,其中1149件发明专利获得授权;405件PCT国际专利申请,254件海外专利申请,33件海外专利获得授权。公司累计获得100余项各种科技奖励,其中国家科技奖4项,中国专利金奖3项,其他省部级以上科学技术奖60余项。凭借超强的技术创新成果和研发实力,三一重工三次荣获"国家科技进步二等奖",两次荣获"国家技术发明奖二等奖"。

三 鞍山海虹自主技术创新模式

(一) 公司概况

鞍山海虹工程机械有限公司成立于1992年,注册资金500万元。公司地处鞍山市南部的汤岗子镇,地理位置优越,交通便利,占地面积30000多平方米,是小型工程机械系列产品的研发、生产、销售及售后服务的装备制造业的现代化高科技企业。现有员工200人,中高级职称及技术骨干80余人。公司组织结构如图5-5所示。

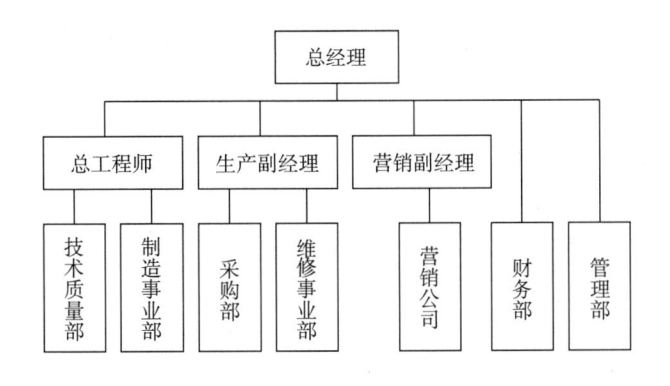

图5-5 公司主要组织结构

公司技术力量比较雄厚，生产工人均经过严格的技术培训，产品检测手段齐全，现拥有现代化的加工中心、数控车床、数控切割机、日本松下 CO_2 气体保护焊机等专用、通用设备近百台，管理严格。先进的生产设备、精湛的技术水平，使海虹产品居国内领先地位，行销全国，深受广大用户信赖和好评。

公司全体员工将始终不渝地坚持"质量第一、用户至上"的原则，发挥专业优势，不断采用新技术开发新产品，竭诚为广大用户提供优良、可靠的产品和服务，愿与海内外有识之士精诚合作，共同打造中国工程机械制造业的辉煌。

（二）公司战略定位

公司建立初期是一家维修企业，后来开始机械加工和焊接件加工，为国内生产企业配套。由于当时市场情况不好造成企业大量账款不能回收，企业运转十分困难，1998年开始公司决策层开始考虑企业如何发展，以及企业应如何定位等方面的问题。经过多轮论证，专家咨询，决定推出产品。但是，生产什么产品？从哪儿下手？又成为企业的难题。生产产品的风险和机会共存，有可能成功也有可能一败涂地，但公司最后还是决定生产产品。企业要想生产、推出市场前景好的产品是一个漫长而艰难的过程，公司从一开始就没想要简单地去模仿别人的产品，所以就进行产品的自主研发。为此，公司定位于小型工程机械产品，并制定自己的战略目标：2006年成为中国小型工程机械领导品牌，2010年成为世界小型工程机械领先品牌。

（三）公司技术创新模式选择

海虹在重新定位后，开始生产其产品。但最初生产出几台小型压路机，因技术不成熟失败了，后来又生产环卫车辆、压缩垃圾车、洒水车、真空吸污车等，因为没有自己的许可证，上不了公告，产品无法销售，又失败了。到了 2000 年已经到了非常困难的地步，产品失败、大量的资金白白浪费掉。海虹人没有被困难吓倒，从失败中总结经验教训。公司总经理董为民在意识到单凭自身技术难以完成产品自主创新的情况下，公司选择走合作创新的道路，最终达到自主创新的目的。请大连理工大学工程机械研究所、吉林工大工程机械学院共同搞产品开发，进行产学研一体化，最后生产出产品并获得多项专利。董为民的观点是"永远要比别人看得远一点"。在企业研发新产品的时候，通过市场调研了解到德国无论是小型机械还是像号称"大象"的大型工程机械企业都很发达，其研发水平很高，企业生产的产品技术含量高。虽然海虹获得的多项核心技术，在中小型工程机械企业中足以领先 20 年，但他们运用被称为"优势最大化"的理论，开拓进取，选择与拥有最尖端技术的企业合作，开发最尖端工程机械产品。

（四）公司自主技术创新成果

在经历创新失败后，公司没有盲目搞什么产品，而是投入大量的人力、物力搞市场调研，研究国内外市场需求，到大专院校请专家学者论证。最后，公司的产品定位为小型装载机械和挖掘装载机。在技术上，请大连理工大学工程机械研究所、吉林工大工程机械学院共同搞产品开发，进行产学研一体化，最后生产出产品并获得多项专利。ZL06 全液压小型装载机产品申请了四项专利，ZL10 静液压装载机产品申请了两项专利，ZL16H－2 铰接操纵系统优化申请了一项专利，WZ100 挖掘装载机申请了两项专利。2002 年年底，公司生产的产品全部经过工业性试验，2003 年开始申请制造许可证，历时一年多的时间，通过了国家工程机械质检中心的型式试验，取得了合格证，并在 2005 年 5 月获得了制造许可证，产品得到了市场的认可，销量不断增长。

在公司的发展历程中，鞍山海虹领导始终把"自主创新"作为企业生存与发展的生命线，自主创新是鞍山海虹不断追求的理念。1997年，开始应用领先技术研制工程机械产品并于当年实现出口，研发的小型工程机械系列产品，填补了国内相关产品的空白，获得多项国家专利；2003年获得ISO9001：2000版质量管理体系认证证书；2004年获得《中华人民共和国特种设备安装改造维修许可证》和《中华人民共和国特种设备制造许可证》，为产品制造及维修提供了一个可靠的质量保证，它的高性价比在小型工程机械生产领域独树一帜。2005年8月第四届中国国际装备制造业博览会上，获得"技术进步奖"的是ZL06H型装载机，该产品有四项专利，传动系统、操纵系统、铰接系统、卸载装置，可靠传动和富有操作乐趣的操纵系统，得到了专家和用户的好评。2006年，在第五届中国国际装备制造业博览会暨"十五"国家重大技术装备成果展上，"海虹"公司生产的ZL16H-Ⅱ轮式装载机凭借其先进的技术、可靠的质量、优越的性能、完善的结构荣获本次盛会铜奖，充分展现出海虹公司在小型工程机械领域里的强劲实力。2007年1月，海虹公司获辽宁省高新技术企业称号。

2007年，第一台海虹牌4YL_2型玉米收获机正式下线，经过实地收割试验，通过辽宁省农机产品鉴定，从此海虹公司正式进军农机市场。与国内同类机械相比，海虹牌4YL_2型玉米收获机具有安装方便、成本低、转弯半径小、损失小等突出特点，国内首创牵引式及保留秸秆的放铺。

第四节 自主技术创新投资决策模型应用研究

我国工程机械产业的企业，有相当一部分企业曾经进行过或现在正在进行自主技术创新。由前文可知，尽管自主创新难度大，但取得了显著的成绩。少数企业的成功无疑为更多企业进行自主创新产生示范作用。下述各公司在实施自主创新战略的过程中，原始创新、集成创新与引进创新模式都曾采用过，主要根据项目的不同选择创新模式。根据前面分析，假设模式的选择是恰当的，问题是决定何时投资最理想。现通过实际分析加以阐述。

一 单一项目投资决策

（一）原始创新投资决策

Y 公司现有一项目决定选择原始创新模式。经预测分析，该项目研究与发展投资为 100 万元，该项目市场化投资为 50 万元。且已知市场无风险利率为 $r = 0.05$。T_1 与 T_2 分别为项目研发与市场化投资的最优时机，在点 T_3 项目市场化获得成功。

1. 项目的价值

在 $t < T_2$ 时项目的价值 V 服从混合布朗运动/跳跃过程：

$$dV = 0.04Vdt + 0.3Vdz - Vdq \tag{5-1}$$

dz 为标准维纳过程的增量。dq 为平均到达率为 10% 的泊松过程中的增量，即 $dq = \begin{cases} 0.1, & 0.1dt \\ 0, & 1-0.1dt \end{cases}$，且 $E(dqdz) = 0$。

在 $t \geq T_2$ 时，项目的价值 V 服从新的混合布朗运动/跳跃过程：

$$dV = 0.02Vdt + 0.2Vdz - Vdj \tag{5-2}$$

其中 dz 为标准维纳过程的增量；dj 为平均到达率为 20% 的泊松

过程中的增量，即 $\begin{cases} dj = 0.2, & 0.2dt \\ 0, & 1 - 0.2dt \end{cases}$，且 $E(djdz) = 0$，$E(djdq) = 0$。

2. 市场化最优投资决策

设项目市场化投资期权的价值为 $F(V)$，根据动态规划理论，$F(V)$ 满足以下条件：

$$\frac{1}{50}V^2 F''(V) + \frac{1}{50}VF'(V) - \frac{1}{4}F(V) + \frac{1}{5}F\left(\frac{4}{5}V\right) = 0 \qquad (5-3)$$

边界条件为：

$$F(0) = 0 \qquad (5-4)$$

$$F(V^*) = V^* - 50 \qquad (5-5)$$

$$F'(V^*) = 1 \qquad (5-6)$$

式（5-3）对应的齐次方程的解为：

$$F(V) = \begin{cases} A_1 V^{\beta_1} & V < V^* \\ V - I_2 & V \geqslant V^* \end{cases} \qquad (5-7)$$

其中

$$\beta_1 = \frac{1}{2} - \frac{\alpha_2 + \lambda_2 \ln(1-\theta)}{\sigma_2^2} + \sqrt{\left[\frac{1}{2} - \frac{\alpha_2 + \lambda_2 \ln(1-\theta)}{\sigma_2^2}\right]^2 + \frac{2r}{\sigma_2^2}} \approx 3.05$$

$$(5-8)$$

根据式（5-5）和式（5-6）可得：

$$V^* = \frac{\beta_1 I_2}{\beta_1 - 1} \approx 74.39 \qquad (5-9)$$

$$A_1 = \frac{(\beta_1 - 1)^{\beta_1 - 1}}{\beta_1^{\beta_1} I_2^{\beta_1 - 1}} \approx 4.78 \times 10^{-5} \qquad (5-10)$$

企业执行项目市场化投资的最佳时机是项目的价值首次达到其临界值的时间，即 $T_2 = \inf\{T: V \geqslant 74.39\}$。$F(V)$ 与 V 的关系如图 5-6 所示。

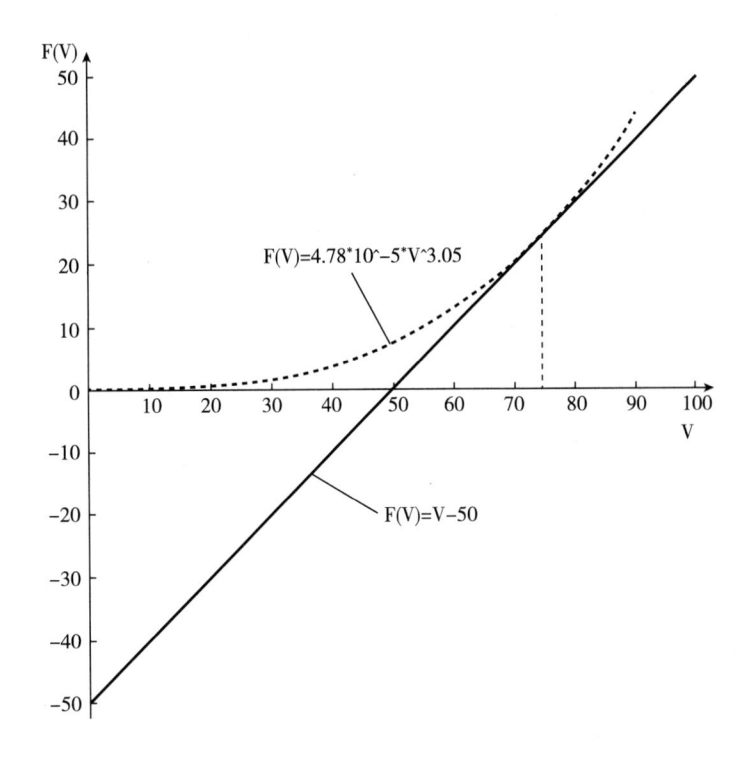

图 5-6 项目市场化投资期权价值与项目价值的关系

3. 项目研发投资决策

若 $t = T_2 - T_1$，$T_2 - T_0 = t + \tau$，当 $t < T_2$ 时，

$$V(T_2) = V(T_0) \cdot e^{\left(\alpha_1 - \frac{1}{2}\sigma_1^2 - \lambda_1\varphi - \frac{1}{2}\lambda_1\varphi^2\right)(T_2 - T_0) + \sqrt{\left(\sigma_1^2 + \lambda_1\varphi^2 + \frac{1}{4}\lambda_1\varphi^4\right)(T_2 - T_0)} \cdot x}$$

$$= V(T_0) \cdot e^{-0.016(t+\tau) + 0.302\sqrt{t+\tau}x} \quad (5-11)$$

其中，T_0 为项目投资决策前的某一时刻；$V(T)$ 为 T 时刻项目的价值；$x \sim N(0, 1)$；$\varphi(x) = \frac{1}{\sqrt{2\pi}} e^{-\frac{1}{2}x^2}$ 为概率密度函数。

假设项目研发期权价值为 $G(V)$，则 $G(V) = E[F(V)] \cdot e^{-r(T_2 - T_1)}$，令：

$$m = \left(\alpha_1 - \frac{1}{2}\sigma_1^2 - \lambda\phi - \frac{1}{2}\lambda\phi^2\right)(T_2 - T_0) \approx -0.016(t+\pi)$$

$$n = \sqrt{\left(\sigma_1^2 + \lambda\phi^2 + \frac{1}{4}\lambda\phi^4\right)(T_2 - T_0)} \approx 0.302\sqrt{t + \pi x} \qquad (5-12)$$

则：

$$G(V) = e^{-0.05t}[V(T_0)e^{0.03(t+\tau)} - 50] \qquad (5-13)$$

企业执行项目研发投资的最佳时机是项目的价值首次达到其临界值 I_1 的时间，即 $T_1 = \inf\{T: G \geq I_1\}$。也就是当 $G(V) \geq I_1$ 时，企业立即进行投资；否则只有等待或放弃对该创新项目的投资。$G(V)$ 与 $V(T_0)$、t、τ 的关系如图 5-7、图 5-8 和图 5-9 所示。

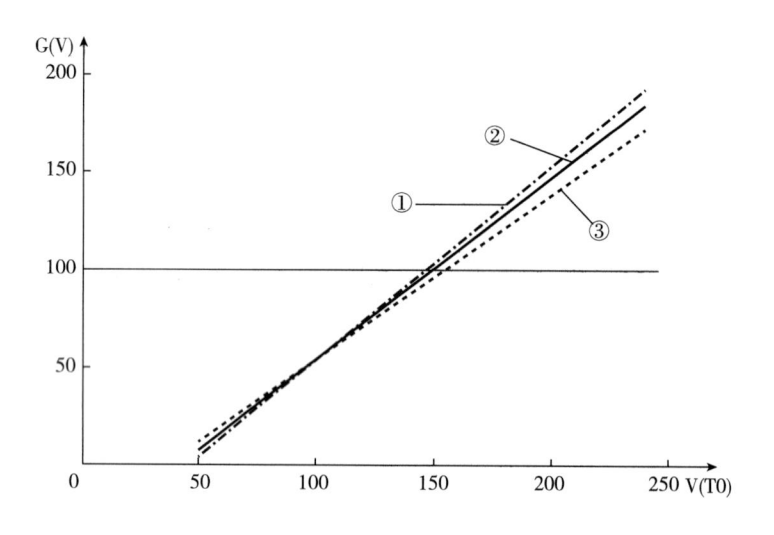

图 5-7　G（V）与 V（T₀）的关系

注：$\tau = 1$，①②③分别对应 $t = 2, 5, 10$。

（二）引进创新投资决策

Z 公司某创新项目获得成功后，公司生产单位产品价格为 P、成本为 C。P 服从几何布朗运动：

$$dP = 0.04Pdt + 0.2Pdz \qquad (5-14)$$

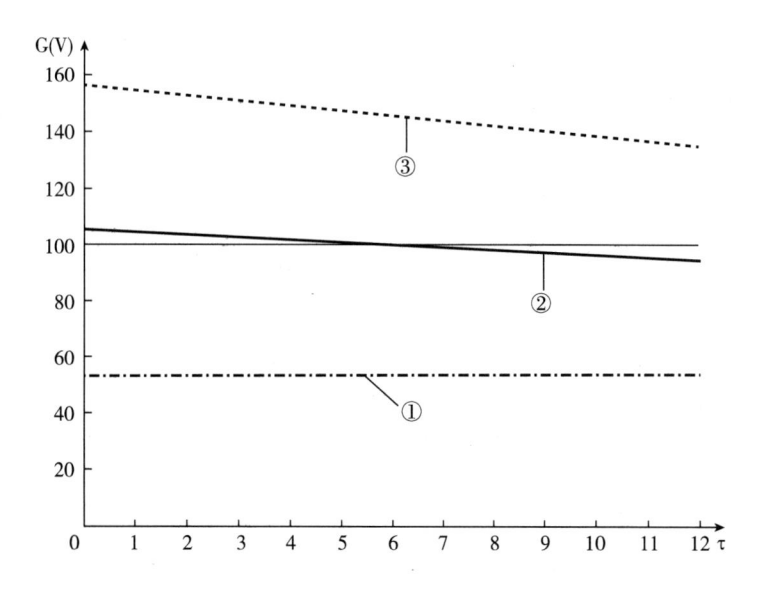

图 5-8　G（V）与 t 的关系

注：$\tau=1$，①②③分别对应 $V(T_0)=100,150,200$。

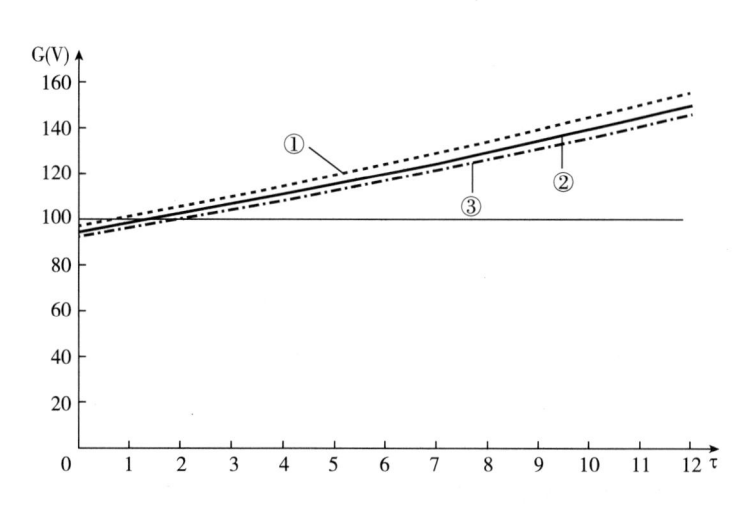

图 5-9　G（V）与 τ 的关系

注：$V(T_0)=150$，①②③分别对应 $t=5,8,10$。

其中 *dz* 为标准维纳过程的增量。

无风险现金流的贴现率 $r=0.05$，$\delta=r-\alpha=0.01$。项目创新成功后利润流为 $\pi(P)=\max\{P-C,0\}$。项目技术引进投资成本为 $I_1=100$ 万元，项目创新投资成本为 $I_2=120$ 万元。

1. 项目的价值

项目的价值为 $V(P)$，则 $V(P)$ 满足以下条件：

$$\frac{1}{50}P^2 V''(P) + \frac{2}{50}PV'(P) - \frac{1}{20}V(P) + \pi(P) = 0 \qquad (5-15)$$

非齐次方程（5-15）的解为：

$$V(P) = \begin{cases} A_1 P^{\beta_1} & P < C \\ A_2 P^{\beta_2} + 100P - 20C & P \geq C \end{cases} \qquad (5-16)$$

其中：

$$\beta_1 = \frac{1}{2} + \frac{\delta-r}{\sigma^2} + \sqrt{\left(\frac{1}{2} + \frac{\delta-r}{\sigma^2}\right)^2 + \frac{2r}{\sigma^2}} \approx 1.16 \qquad (5-17)$$

$$\beta_2 = \frac{1}{2} + \frac{\delta-r}{\sigma^2} - \sqrt{\left(\frac{1}{2} + \frac{\delta-r}{\sigma^2}\right)^2 + \frac{2r}{\sigma^2}} \approx -2.16 \qquad (5-18)$$

$$\begin{cases} A_1 = \dfrac{C^{1-\beta_1}}{\beta_1-\beta_2}\left(\dfrac{\beta_2}{r} + \dfrac{1-\beta_2}{\delta}\right) \approx 82.17 C^{-0.16} \\ A_2 = \dfrac{C^{1-\beta_2}}{\beta_1-\beta_2}\left(\dfrac{\beta_1}{r} + \dfrac{1-\beta_1}{\delta}\right) \approx 2.17 C^{3.16} \end{cases} \qquad (5-19)$$

项目价值 $V(P)$ 与产品价格 P 的关系如图 5-10 所示。

2. 创新阶段投资决策

令 $F(P)$ 表示创新阶段投资的期权价值，P_2^* 表示创新投资阶段最佳投资点所对应的临界价格，则有以下结论：

$$\frac{1}{50}P^2 F''(P) + \frac{1}{25}PF'(P) - \frac{1}{20}F(P) = 0 \qquad (5-20)$$

创新投资阶段项目期权价值为：

$$F(P)=\begin{cases}B_1P^{\omega_1} & P<P_2^*\\ V(P)-I_2 & P\geqslant P_2^*\end{cases} \quad (5-21)$$

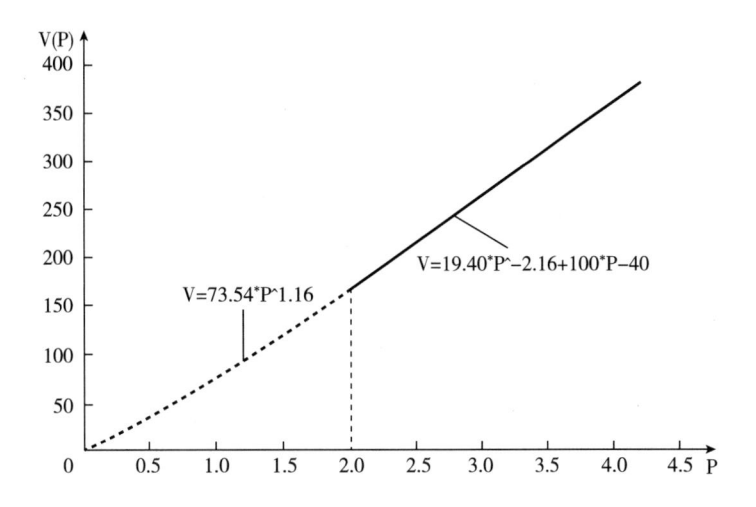

图 5-10 $V(P)$ 与 P 的关系

其中：

$$\omega_1=\beta_1=1.16 \quad (5-22)$$

$$\omega_2=\beta_2=-2.16 \quad (5-23)$$

$$B_1=\frac{\beta_2 A_2}{\beta_1}(P_2^*)^{(\beta_2-\beta_1)}+\frac{1}{\beta_1\delta}(P_2^*)^{(1-\beta_1)}\approx 58.25 \quad (5-24)$$

其中，P_2^* 为下面方程的解（$C=2$）：

$$64.36P_2^{*-2.16}+16P_2^*-185.6=0 \quad (5-25)$$

即 $P_2^*\approx 11.58$

$$F(P)=\begin{cases}58.25P^{1.16} & P<P_2^*\\ 19.40P^{-2.16}+100P-160 & P\geqslant P_2^*\end{cases} \quad (5-26)$$

创新阶段投资的期权价值与产品价格的关系如图 5-11 所示。

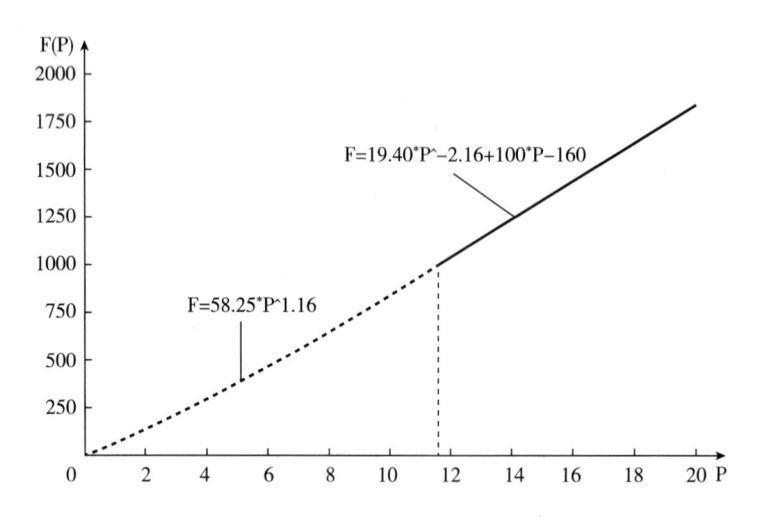

图 5-11　$F(P)$ 与 P 的关系（$P_2^* = 11.58$）

3. 引进阶段投资决策

令 $G(P)$ 表示引进阶段投资的期权价值，P_1^* 表示引进投资阶段最佳投资点所对应的临界价格。运用类似创新阶段投资的期权价值计算方法，同理可得关于 $G(P)$ 的微分方程：

$$\frac{1}{2}\sigma^2 P^2 G''(P) + (r-\delta)PG'(P) - rG(P) = 0 \quad (5-27)$$

其中 $G(P)$ 满足以下边界条件：

$$G(0) = 0 \quad (5-28)$$

$$G(P_1^*) = F(P_1^*) - I_1 \quad (5-29)$$

$$G'(P_1^*) = F'(P_1^*) \quad (5-30)$$

故 Bellman 微分方程（5-27）的通解：

$$G(P) = D_1 P^{\theta_1} \quad (5-31)$$

因此引进阶段投资的期权价值为：

$$G(P) = \begin{cases} D_1 P^{\theta_1} & P < P_1^* \\ F(P) - I_1 & P \geq P_1^* \end{cases} \quad (5-32)$$

其中，$P_1^* > P_2^*$；$\theta_1 = \beta_1 = 1.16$；$\theta_2 = \beta_2 = -2.16$；$P_1^*$ 为下面方程的解：

$$(\theta_1 - \theta_2)A_2(P_1^*)^{\theta_2} + (\theta_1 - 1)\frac{P_1^*}{\delta} - \theta_1\left(\frac{C}{r} + I_1 + I_2\right) = 0 \quad (5-33)$$

$$64.40P_1^{*-2.16} + 16P_1^* - 301.60 = 0 \quad (5-34)$$

即 $P_1^* \approx 18.84$

$$D_1 = \frac{\theta_2 A_2}{\theta_1}(P_1^*)^{(\theta_2 - \theta_1)} + \frac{1}{\theta_1 \delta}(P_1^*)^{(1-\theta_1)} \approx 53.89 \quad (5-35)$$

$$G(P) = \begin{cases} 53.89P^{1.16}, & P < P_1^* \\ 19.40P^{-2.16} + 100P - 260, & P \geq P_1^* \end{cases} \quad (5-36)$$

引进阶段投资的期权价值与产品价格的关系如图5-12所示。

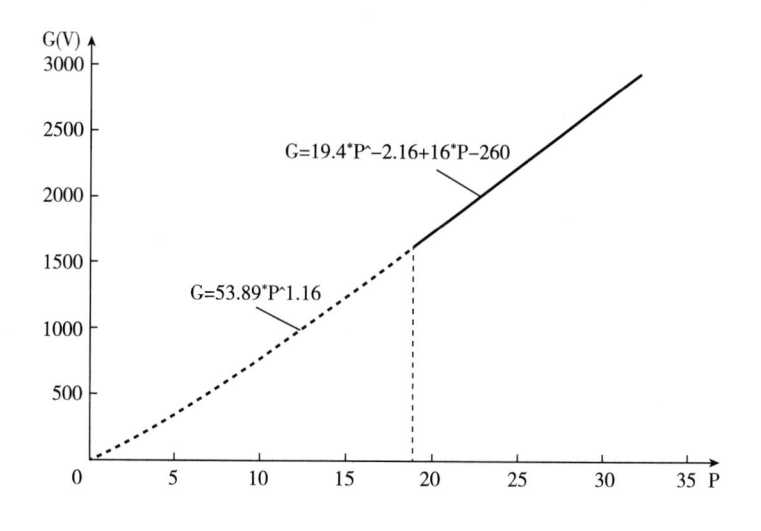

图5-12 $G(P)$ 与 P 的关系（$P_1^* = 18.84$）

4. 结论

企业引进创新包含两个阶段，需要对每个阶段的投资进行科学决策。企业根据项目价值和投资期权的大小决定引进与创新实施的条件以及最佳时期。一旦 $P > P_1^*$，企业将完成项目的两个阶段。

（三）集成创新投资决策

H 公司在 $t = t_0$ 时拥有对某技术（产品）进行集成创新的投资机会，企业可选择投资的时机。项目研究与发展投资为 $I_1 = 50$ 万元；项目市场化投资为 $I_2 = 30$ 万元。t_1 与 t_2 分别为项目研发与市场化投资的最优时机，在点 t_3 项目市场化获得成功（项目创新获得成功）。市场无风险利率为 $r = 0.05$。$\lambda = 0.3$。假设企业在投资 I_1 后，可以立即形成生产能力，项目的利润为 R_{1t}；若在 t_2 时该企业项目的利润为 R_{2t}，$R_{2t} = 1.5 R_{1t}$，令 $R_t = \begin{cases} R_{1t} & t < t_2 \\ R_{2t} & t \geq t_2 \end{cases}$ 且 R_t 服从以下的几何布朗运动：

$$dR_t = 0.04 R_t dt + 0.2 R_t dw \tag{5-37}$$

项目在 t_1 时刻的价值为：

$$V(R^*) = \frac{kR^*}{r-\alpha} + \frac{(1-k)R^*}{r+\lambda-\alpha} + \frac{\lambda I_2}{\lambda+r} \approx 148.39 R^* + 26.47 \tag{5-38}$$

令项目创新投资时刻期权的价值为 $F(R_t)$，有：

$$\frac{1}{2}\sigma^2 R_t^2 F'' + \alpha R_t F' - rF = 0 \tag{5-39}$$

该方程的边界条件为：

$$F(0) = 0 \tag{5-40}$$

$$F(R^*) = V(R^*) - I_1 \tag{5-41}$$

$$F'(R^*) = V'(R^*) \tag{5-42}$$

$$F(R_t) = A R_t^{\beta_1} \tag{5-43}$$

$$R^* = \frac{\beta_1 [(\lambda+r)I_1 - \lambda I_2](r-\alpha)(r+\lambda-\alpha)}{(\beta_1-1)(\lambda+r)(k\lambda+r-\alpha)} \approx 1.19 \tag{5-44}$$

$$A = \frac{(k\lambda + r - \alpha)R^{*(1-\beta_1)}}{(r-\alpha)(r+\lambda-\alpha)\beta_1} \approx 124.41 \quad (5-45)$$

$$F(R_t) = \begin{cases} \dfrac{(k\lambda - r - \alpha)R^{*(1-\beta_1)}R_t^{\beta_1}}{(r-\alpha)(r+\lambda-\alpha)\beta_1} \approx 124.41 R_t^{1.16} & R_t < R^* \\ \dfrac{kR_t}{r-\alpha} + \dfrac{(1-k)R_t}{r+\lambda-\alpha} + \dfrac{\lambda I_2}{\lambda+r} - I_1 \approx 148.39 R_t - 23.53 & R_t \geq R^* \end{cases}$$

$$(5-46)$$

$$\beta_1 = \frac{1}{2} - \frac{\alpha}{\sigma^2} + \sqrt{\left(\frac{1}{2} - \frac{\alpha}{\sigma^2}\right)^2 + \frac{2r}{\sigma^2}} \approx 1.16 \quad (5-47)$$

项目创新投资时刻期权的价值与项目产生的利润的关系如图 5-13 所示。

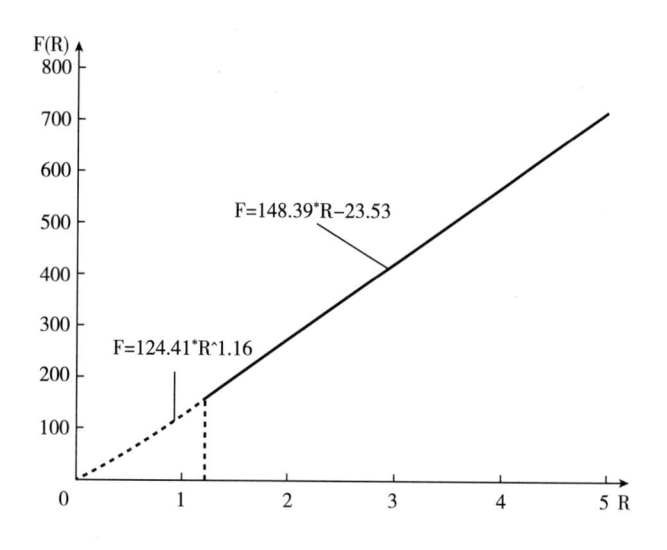

图 5-13　$F(R)$ 与 R 的关系（$R^* = 1.19$）

换言之，当项目产生的利润达到或超过临界值 1.19 万元时，项目的研究与发展（R&D）投资才可行，投资的最优时机为项目产生利润首次达到临界值的时间：$t_1 = \inf\{t: R_t \geq 1.19\}$。当项目产生的利润达到或超过临界值 1.785 万元时，项目的研究与发展（R&D）获得成功，根据前面分析项目市场化投资立即进行，最优投资时机为项目产生利润首次达到临界值 kR^* 的时间：$t_2 = \inf \{t: R_t \geq 1.785\}$。

二 多项目投资决策

（一）企业在同一时期多个自主创新项目单目标投资决策

G 公司在 2018 年有 5 个创新项目可供选择，经可行性研究，这 5 个项目均可行。运用单一项目投资决策方法，评估 5 个项目的价值、投资额以及创新模式，如表 5-1 所示。公司 2018 年可用于自主创新的资金总额为 2500 万元。

表 5-1　　G 公司 2018 年可供选择的创新项目价值、投资额以及创新模式

项目	A_1	A_2	A_3	A_4	A_5
投资额（万元）	900	800	600	550	450
项目价值（万元）	3800	2500	2000	1200	1000
创新模式	原始创新	原始创新	引进创新	引进创新	集成创新
成功概率	0.15	0.28	0.35	0.40	0.36

建立投资决策模型：

$$Max F = \sum_{i=1}^{5} p_i x_i (V_i - C_i) \qquad (5-48)$$

$$\sum_{i=1}^{5} x_i C_i \leq 2500 \qquad (5-49)$$

$$V_i > 0, \ C_i > 0 \quad (i = 1, 2, 3, 4, 5) \qquad (5-50)$$

$$x_i = 0 \text{ 或 } 1 \quad (i = 1, 2, 3, 4, 5) \qquad (5-51)$$

运用软件 Lingo 14.0 可以解得 $x_2 = x_3 = x_4 = x_5 = 1$，即项目 A_2、A_3、A_4、A_5 被选择。预期目标利润为 1424 万元。

(二) 企业在同一时期多个自主创新项目多目标投资决策

X 公司近 5 年共有 10 个可选择的自主创新项目，各项目的相关资料以及各年的资金总额、各年的平均收益率和各年的平均风险如表 5-2 所示。公司需决定选择自主创新项目。

表 5-2　　X 公司近 5 年共有 10 个可选择的自主创新项目

项目	第 1 年			第 2 年			第 3 年			第 4 年			第 5 年		
	C_1	V_1	D_1	C_2	V_2	D_2	C_3	V_3	D_3	C_4	V_4	D_4	C_5	V_5	D_5
P_1	100	150	0.7	120	140	0.6	140	160	0.5	—	—	—	—	—	—
P_2	80	100	0.8	90	120	0.7	100	110	0.7	—	—	—	—	—	—
P_3	—	—	—	200	240	0.9	150	170	0.8	140	160	0.8	—	—	—
P_4	—	—	—	—	—	—	55	95	0.8	60	80	0.6	—	—	—
P_5	—	—	—	—	—	—	60	90	0.6	70	100	0.6	75	85	0.6
P_6	60	100	0.6	—	—	—	—	—	—	—	—	—	—	—	—
P_7	—	—	—	80	90	0.7	90	110	0.6	—	—	—	—	—	—
P_8	50	60	0.6	55	65	0.5	—	—	—	—	—	—	—	—	—
P_9	—	—	—	—	—	—	—	—	—	60	80	0.6	70	80	0.7
P_{10}	—	—	—	—	—	—	—	—	—	—	—	—	180	200	0.8
K_t	250			400			300			300			300		
$\overline{R}_t$	10%			20%			15%			15%			10%		
$\overline{d}_t$	0.7			0.8			0.7			0.68			0.75		

1. 目标函数

决策期内收益最大

$$MaxF = \sum_{i=1}^{10} \sum_{t=1}^{5} a_{it}(v_{it} - c_{it}) \tag{5-52}$$

决策期内风险最小

$$MinG = \frac{1}{2} \sum_{i=1}^{10} \sum_{t=1}^{5} a_{it} d_{it}(c_{it} + v_{it}) \tag{5-53}$$

2. 约束条件

投资量约束

$$\sum_{i=1}^{10} a_{it}c_{it} \leq K_t \quad (t=1,2,3,4,5) \tag{5-54}$$

收益约束

$$\sum_{i=1}^{10} a_{it}(v_{it}-c_{it}) \geq \overline{R}_t K_t \quad (t=1,2,3,4,5) \tag{5-55}$$

风险约束

$$\sum_{i=1}^{10} a_{it}d_{it}(c_{it}+v_{it}) \leq \overline{d}_t K_t \quad (t=1,2,3,4,5) \tag{5-56}$$

变量约束

$$a_{71}=1,\ a_{105}=1 \text{。} \tag{5-57}$$

$$a_{it}=1 \text{ 或 } a_{it}=0 \text{。}(i=1,2,\cdots,10;t=1,2,3,4,5) \tag{5-58}$$

首先建立一个新的目标函数：

$$MaxU = \beta_1 F - \beta_2 G \tag{5-59}$$

显然该目标函数与原目标函数等价。β_1，β_2 满足方程组：

$$\begin{cases} \beta_1 F^0 - \beta_2 G^* = e \\ \beta_1 F^* - \beta_2 G^0 = e \end{cases} \tag{5-60}$$

其中 $F^0 = MaxF$，$G^0 = MinG$，F^* 是使 G 最小的变量取值对应 F 的值，G^* 是使 F 最大的变量取值对应 G 的值。规定 $\beta_1 + \beta_2 = 1$，则：

$$\begin{cases} \beta_1 = \dfrac{(G^0 - G^*)}{F^* - F^0 + G^0 - G^*} \\ \beta_2 = \dfrac{(F^* - F^0)}{F^* - F^0 + G^0 - G^*} \end{cases} \tag{5-61}$$

运用 Lingo 14.0 计算，有下面结果：

$F^0 = 380$，$G^0 = 747.5$，$F^* = 260$，$G^* = 1090$，$\beta_1 = 0.74$，$\beta_2 = 0.26$

$$MaxU = 0.74F - 0.26G \tag{5-62}$$

因此，求由式（5-62）和式（5-54）至式（5-58）组成的单目标线性规划问题得到的解为所要得到的解：

$a_{11}=1$，$a_{61}=1$，$a_{22}=1$，$a_{32}=1$，$a_{82}=1$，$a_{43}=1$，

$a_{53}=1$，$a_{44}=1$，$a_{54}=1$，$a_{94}=1$，$a_{55}=1$，$a_{105}=1$，

$a_{21}=0$，$a_{81}=0$，$a_{12}=0$，$a_{72}=0$，$a_{13}=0$，$a_{23}=0$，

$a_{33}=0$，$a_{73}=0$，$a_{34}=0$，$a_{95}=0$

即该公司在第一年选择 P_1 与 P_6；第二年选择 P_2、P_3 与 P_8；第三年选择 P_4 与 P_5；第四年选择 P_4、P_5 与 P_9；第五年选择 P_5 与 P_{10}。然后对当年选择的项目进行投资。五年内最大收益为330万元，最小风险为877万元。

第六章 完全理性条件下企业技术创新扩散博弈分析

第一节 创新源与扩散源企业间的合作困境及破解

一 技术市场逆向选择

1970年，乔治·阿克洛夫（George A. Akerlof）发表了一篇著名的文章——《柠檬市场：质量、不确定性和市场机制》，因此而获得诺贝尔奖。在这篇文章中，作者首次提出了逆向选择理论。俗话说"买者永远没有卖者精"，讲的就是买卖双方信息不对称，卖者知道的信息多于买者。例如，在旧货交易市场上，对于某个商品，显然卖方拥有的有关商品质量等信息比买方知道得多。买方不能识别商品质量好坏，也不知道该商品的实际价值，故以商品的平均价格为标准与卖家讨价还价。如果是这样，势必导致优质商品价格被低估而劣质商品价格被高估，最终的结果是劣质商品成交而优质商品被迫退出市场交易。逆向选择问题在生活中常见，现在已成为博弈论和信息经济学研究的一个重要课题。

乔治·阿克洛夫在文章中提出的逆向选择的发生需同时满足以下三个因素：第一，商品的异质性；第二，商品质量的多维属性；第三，交易双方信息的不对称。笔者认为，在技术交易市场，由于创新技术同样具有上述三个因素，从而导致技术市场逆向选择常常发生。

（一）技术创新成果的异质性

差异化经营是很多企业实施的一种经营战略。在技术创新这方面，有的企业有意识地采取差异化，有的企业因为资金实力、科研条件、技术水平的约束，所以市场上出现的技术成果，其质量也会参差不齐，从而导致作为商品交易的技术成果存在异质性。

（二）技术创新成果的多维属性

技术创新扩散过程中，创新源与扩散源由于信息的不对称，对于同一技术创新成果质量的认知与评价不可能完全匹配。对创新源而言，高校和科研机构衡量技术成果质量的是其学术价值，以发表论文的数量和杂志档次加以认定质量水平；企业衡量技术创新成果质量高低的是技术专利，以经济利益来衡量。而作为扩散源的企业，采纳创新成果是为了应用，所以不但考虑技术创新成果的成熟度与新颖度以适应技术更新换代，还必须考虑企业自身实际能力，特别是企业能否承接拟采纳的技术成果。由于人们对技术创新成果认知上存在多维属性，扩散源在短时间内一般难以辨认技术创新成果的好坏，有时为了准确识别拟采纳的技术，需要付出相当大的代价。

（三）技术创新成果质量信息的不对称性

作为商品交易的技术创新成果，包含商品质量、价值与价格等相关信息。如前文所说的"买者永远没有卖者精"，创新源与扩散源双方信息是不对称的。创新源完全知道商品的全部信息，但在交易完成之前，垄断技术信息，让扩散源企业难以了解技术创新成果的真实信息。对创新源而言，出现两难命题：一方面担心失去低成本技术创新成果卖高价的机会而不愿意透露低成本技术创新成果的技术信息；另一方面担心高成本技术创新成果卖低价或者被模仿而不愿意透露高成本技术创新成果的技术信息。对于扩散源而言，由于对高成本技术信息不了解故不愿意高价购买，以低价格购买低成本技术成果相对可靠，从而导致低成本技术创新成果排挤高成本的技术创新成果，逆向选择技术创新成果的发生。但是，逆向选择的结果使作为创新源和扩散源的双方陷入困境。

二 技术创新源与扩散源的合作

技术交易市场一旦出现逆向选择，自然产生"囚徒困境"现象。诚言，"囚徒困境"这种现象是博弈双方都不希望看到的结果。本书试图通过建立一种机制来解决技术创新扩散过程中基于逆向选择而产生的困境，该问题研究的必要性是显然的，但所建立的机制必须可持续发展。"囚徒困境"的出现在于博弈双方缺乏信任。因此，作为博弈双方的创新源和扩散源之间应建立一种长效约束机制以确保基本的信任，一旦一方失信于另一方，则必须受到相应的惩罚，而这种惩罚远重于失信所获得的利益。重复博弈中的贴现因子可以引入要建立的机制中。所谓贴现因子，是对参与博弈的双方信任与声誉的约束因子。在重复博弈过程中，如果第一轮一方采取合作态度，另一方也采取合作态度，则后续博弈重复进行；一旦一方为了自身利益在某一轮博弈中采取不合作态度，即不顾声誉谋求一时的利益而失信于另一方，另一方在接下来的博弈中必然采取报复行为并有可能一直采取不合作态度。基于上述分析，我们先从博弈双方合作与否的两种状态分析声誉约束因子的临界条件，从而得出技术创新扩散过程中作为博弈双方的创新源与扩散源博弈的合作条件。

第二节　完全理性下逆向选择时的囚徒困境

一　供给方和采纳方在技术创新成果转化上的博弈行为

如前文所述，技术创新扩散过程中存在逆向选择问题。作为扩散源的供给方为了自己的利益最大化，垄断技术创新成果，掌控相关技术信息，而作为扩散源的采纳方无法获知拟采纳技术成果的全部技术信息。在双方信息不对称的情况下，技术创新成果输出与输入存在博弈行为。

（一）博弈方

博弈双方包括技术创新成果的创新源和扩散源，即供给方和采纳方，我们用 S 表示供给方；用 A 表示采纳方。

（二）博弈策略

供给方两个策略可供选择：①低质量技术创新成果（用 S_l 表示）；②高质量技术创新成果（用 S_h 表示）。采纳方也有两个策略可以选择：①低价购买（用 A_l 表示）；②高价购买（用 A_h 表示）。

一般而言，商品的成本决定价格。技术创新成本、高风险大，研发成本和技术创新成果之间存在正向相关关系。成本提高从某种意义讲，产品质量相应提高，价格自然也会提高。供给方完全知道创新成果的成本、质量与真实价值。但是采纳方没有掌握或者仅仅知道部分技术创新成果的真实信息，只能根据自己掌握信息的程度决定是高价采纳还是低价采纳。

（三）收益支付矩阵

假设供给方的高质量技术创新成果的成本为 C_h，低质量技术创新成果的成本为 C_l，$C_h > C_l$；采纳方通过一定的渠道获得技术创新成果部分信息，根据自己对技术质量信息的掌握程度，采取高价格 P_h 购买或者低价格 P_l 购买，$P_h > P_l$。高质量技术创新成果为采纳方带来的效益为 U_h，低质量技术创新成果为采纳方带来的效益为 U_l，$U_h > U_l$。由此我们可以建立如表 6-1 所示的双方博弈的收益支付矩阵（后文称此博弈矩阵为基础博弈矩阵）。

表 6-1　　　　　　　　基于逆向选择的收益矩阵

		供给方 S	
		低质量技术成果 S_l	高质量技术成果 S_h
采纳方 A	低价购买 A_l	$U_l - P_l$, $P_l - C_l$	$U_h - P_l$, $P_l - C_h$
	高价购买 A_h	$U_l - P_h$, $P_h - C_l$	$U_h - P_h$, $P_h - C_h$

二　供给方和采纳方在技术创新成果扩散中博弈的假设条件

博弈的进行是有条件的，为了方便分析，结合表 6-1 中的收益矩阵，我们提出以下假设条件。

假设 1：对于供给方和采纳方来讲，都是完全理性的，换句话说，供需双方知道对方的所有策略而且当自己采取某种策略时对方所采取的相应策略。

假设 2：对于供给方而言，低质量技术创新成果而被采纳方高价购买所获得的收益＞高质量技术创新成果而被采纳方高价购买所获得的收益＞低质量技术创新成果而被采纳方低价购买所获得的收益＞高质量技术创新成果而被采纳方低价购买所获得的收益，即 $P_h - C_l > P_h - C_h > P_l - C_l > P_l - C_h$。

假设 3：对于采纳方而言，低价购买供给方高质量技术创新成果所获得的收益＞高价购买供给方高质量技术创新成果所获得的收益＞低价购买供给方低质量技术创新成果所获得的收益＞高价购买供给方低质量技术创新成果所获得的收益，即 $U_h - P_l > U_h - P_h > U_l - P_l > U_l - P_h$。

三 供给方和采纳方在技术创新成果扩散上博弈的结果

根据上节提出的假设条件，分析表 6-1 收益矩阵，可以得到如下的博弈结果：无论采纳方采取何种策略，供给方都选择研发低质量的技术创新成果；无论供给方采取何种策略，采纳方都会选择低价购买技术创新成果。博弈的结果是纳什均衡，而且是唯一的纯纳什均衡。这个结果意味着"囚徒困境"的出现。显然，无论是对于博弈双方还是整个技术市场，都不是理想结果，不利于技术进步和社会良性发展。只有彻底打破"囚徒困境"，才能有效地使技术创新成果的供给方和需求方均实现自己的目标、开展双方的良性合作。在博弈过程中，"囚徒困境"一般发生在单阶段博弈，即所谓的一锤子买卖。究其原因，参与博弈的供需双方只考虑了自身利益而且局限于当前利益。如果能够使当事人明白放眼未来、合则双赢，同时建立起一种长效机制，把供给方和采纳方博弈过程中失信行为与其长期收益挂钩，"囚徒困境"问题才有可能被解决。

基于上述分析，本书将引入信任和声誉约束因子以约束博弈双方的行为，运用重复博弈理论与方法，让博弈双方从长期收益和长远发展来决定自己应采取的行为，最终形成良性交易机制。

第三节 完全理性下基于重复博弈分析的困境破解

一 供给方与采纳方之间的重复博弈行为

如果技术创新成果供给方与采纳方之间仅仅只有一次性交易即单阶段博弈，则不适用于本书所讨论的重复博弈。本书假定技术创新成果的交易不止一次，双方也有意愿进行长期合作。由一次性合作逐渐向长期战略性合作方向发展的过程中的行为可以描述为：一次性博弈逐渐向双方之间重复博弈转变。所谓的重复博弈是指：博弈参与人、博弈策略集以及收益矩阵等要素与结构相同，可以多次重复进行博弈。重复博弈有多个阶段博弈，每一次博弈称为"阶段博弈"。重复博弈分为三类：有限次重复博弈、无限次重复博弈和随机结束的重复博弈。

（一）有限次重复博弈

给定一个基本博弈 G（既可以是静态博弈，也可以是动态博弈），重复进行 T 次 G，并且在每次重复 G 之前各博弈方都能观察到以前博弈的结果，这样的博弈过程称为"G 的 T 次重复博弈"，记为 $G(T)$。而 G 则称为 $G(T)$ 的"原博弈"。$G(T)$ 中的每次重复称为 $G(T)$ 的一个"阶段"。

（二）无限次重复博弈

如果一个基本博弈 G 可以一直重复博弈下去，该博弈称为无限次重复博弈，用 $G(\infty)$ 表示。

（三）随机结束的重复博弈

重复的次数虽然有限，但重复的次数或博弈结束的时间却是有的确定、有的不确定。如果一个基本博弈 G 在重复过程中随机结束，称为随机结束的重复博弈。

单阶段博弈双方只考虑当前利益的话，重复博弈设计多个阶段则不可能只考虑当前利益。基于博弈参与人都是理性的基本假设，博弈各方的行为、策略选择不会兼顾其他阶段的利益，甚至考虑整个重复博弈过程所获得的总收益，就像股票投资者考虑投资期整体收益而不局限某一天的损益。在重复博弈中有两个有关重复博弈得益的概念：

总得益和平均得益，前者为博弈方经过多次博弈后累计获得的得益，而后者是博弈方在整个重复博弈过程中获得的总得益除以重复次数得到的平均值。虽然概念与含义不同，但博弈方无论选择总得益还是平均得益作为采取策略的标准，结果是相同的。

二 供给方与采纳方之间重复博弈的假设条件

重复博弈由若干个单阶段博弈组成。重复博弈的发生必须满足一定的条件。上一节的假设条件不能保证重复博弈发生。为此，在第二节所提出的 3 个假设基础上，增加以下 4 个假设。

假设 4：供给方 S 与采纳方 A 进行长期的战略性合作。

这个假设意味着博弈双方更加考虑长期收益，而不会像在单阶段博弈中只注重自己当前利益，既不考虑自己未来利益，更不考虑对方利益和采取的策略。因为在重复博弈中，任何一方都必须考虑到前一阶段的失信在后一阶段博弈中对方的惩罚和报复行为。

假设 5：供给方 S 与采纳方 A 进行长期的战略性合作是趋于一个无限的合作模式。

这个假设表示重复博弈是无限的，即表示博弈双方愿意永远合作下去。

假设 6：供给方 S 与采纳方都是完全理性的，即技术创新成果转化市场是一个完美信息市场。

这个假设表示博弈双方中任何一方只要出现不合作情况，另一方会对产生的结果有非常清楚的认识，并在下一个阶段博弈中必然采取不合作策略进行惩罚和报复。

结合基础博弈矩阵，我们可以构建一个无限重复博弈的 $n(n \to \infty)$ 阶段收益矩阵，收益矩阵如表 6-2 所示。

表 6-2　　　　　　　　重复博弈第 n 阶段的收益矩阵

		供给方 S	
		低质量技术成果 S_l	高质量技术成果 S_h
采纳方 A	高价购买 A_h	$U_l^n - P_h^n$, $P_h^n - C_l^n$	$U_h^n - P_h^n$, $P_h^n - C_h^n$
	低价购买 A_l	$U_h^n - P_l^n$, $P_l^n - C_l^n$	$U_h^n - P_l^n$, $P_l^n - C_h^n$

假设 7：供给方 S 与采纳方 A 的总收益是平摊到各个阶段的，每个阶段的收益即为平均收益，则供给方 S 在各个阶段的收益 $\pi_S^1 = \pi_S^2 = \pi_S^3 = \cdots = \pi_S^n = P - C$；采纳方 A 在各个阶段的收益 $\pi_A^1 = \pi_A^2 = \pi_A^3 = \cdots = \pi_A^n = U - P$。

三　供给方与采纳方之间重复博弈的结果

如前文所述，我们假定重复博弈中每个子阶段的博弈矩阵都是同构的。我们仍然拿本章第二节中的基础博弈矩阵（第一阶段）进行分析。根据重复博弈的思想，我们通过引入贴现因子 $\delta(0 < \delta < 1)$，把各个阶段的当期收益都折现到第一阶段。

当第一阶段采纳方 A 采取高价购买，如果前 $n-1$ 阶段的策略组合都是 (A_h, S_h)，则供给方第 n 阶段先采取 S_h 策略，否则采取 S_l。这意味着先尝试性进行合作，如果发现对方不合作，则采取报复性行为，以后永远报复。

如果供给方总是选择 S_h，则供给方总收益现值为：

$$\Pi_1 = (P_h - C_h) + \delta(P_h - C_h) + \delta^2(P_h - C_h) + \cdots + \delta^{n-1}(P_h - C_h)$$
$$= \frac{P_h - C_h}{1 - \delta}$$

如果供给方选择 S_l，则供给方总收益现值为：

$$\Pi_2 = (P_h - C_h) + \delta(P_l - C_l) + \delta^2(P_l - C_l) + \cdots + \delta^{n-1}(P_l - C_l)$$

$$= (P_h - C_h) + \frac{\delta(P_l - C_l)}{1-\delta}$$

当 $\Pi_1 > \Pi_2$ 时，即 $\frac{P_h - C_h}{1-\delta} > (P_h - C_h) + \frac{\delta(P_l - C_l)}{1-\delta}$，从而 $\delta > \frac{C_h - C_l}{P_h - P_l}$ 时，供给方会始终选择 S_h。

当第一阶段供给方 S 采取技术创新成果质量高策略，如果前 $n-1$ 阶段的策略组合都是 (A_h, S_h)，则采纳方第 n 阶段先采取 A_h 策略，否则采取 A_l。这意味着先尝试性进行合作，如果发现对方不合作，则采取报复性行为，以后永远报复。

如果供给方总是选择 A_h，则供给方总收益现值为：

$$\Pi_3 = (U_h - P_h) + \delta(U_h - P_h) + \delta^2(U_h - P_h) + \cdots + \delta^{n-1}(U_h - P_h)$$
$$= \frac{U_h - P_h}{1-\delta}$$

如果供给方选择 A_l，则供给方总收益现值为：

$$\Pi_4 = (U_h - P_h) + \delta(U_l - P_l) + \delta^2(U_l - P_l) + \cdots + \delta^{n-1}(U_l - P_l)$$
$$= (U_h - P_h) + \frac{\delta(U_l - P_l)}{1-\delta}$$

当 $\Pi_3 > \Pi_4$ 时，即 $\frac{U_h - P_h}{1-\delta} > (U_h - P_h) + \frac{\delta(U_l - P_l)}{1-\delta}$，从而 $\delta > \frac{P_h - P_l}{U_h - U_l}$ 时，供给方会始终选择 A_h。

从而当 $\delta = \max\left\{\frac{P_h - P_l}{U_h - U_l}, \frac{C_h - C_l}{P_h - P_l}\right\}$ 时，技术创新供给方和采纳方都会采取积极合作的态度，此时的触发策略为 (A_h, S_h)。

在这里，贴现因子 δ 表示信任和声誉约束因子。上述分析表明贴现因子 δ 影响博弈上方在重复博弈过程中策略的选择。当信任达到一定程度或保持一定的声誉（与 δ 的临界条件相一致），博弈双方就会倾向于积极合作的态度。因为当一方在前一阶段所选择的策略只考虑自己当前利益，在下一阶段的博弈对方必然选择相应的策略进行报复，而这种报复性行动可能一直持续下去。即使假设每个阶段的博弈双方收益值保持不变（记为 Δ），但是双方的信任度势必降低，即贴现因子 δ 会减少。这样一来，每个阶段贴现到第一阶段的现值 $\delta\Delta$ 相应减少。从长期来看，技术创新成果扩散中不合作方蒙受的损失是比较大的。当然，信任和声誉的建立往往靠双方的自发行为很难马上建立。一方面需要供需双方通过长期合作建立信任；另一方面还需要依靠第三方来监管，对失信的一方进行严格的惩罚使之得不偿失。只有这样才能有效地促进技术创新成果的有效扩散。

综合以上分析，我们得到如下结论：①单阶段博弈产生的"囚徒困境"难以避免。②重复博弈产生的"囚徒困境"可以避免。③在重复博弈中引入贴现因子，并通过加强信任和建立声誉、建立长效合作机制，可以避免"囚徒困境"的产生。

第七章　有限理性条件下企业技术创新扩散的演化博弈分析

第一节　引言

博弈论应用十分广泛。1981年，Reinganum首次将博弈论应用于技术创新扩散研究中。通过对企业技术创新采用的决策研究，Reinganum运用博弈论方法阐述了技术创新扩散过程中采纳者采用创新技术的机理，对新产品与新技术的采用和扩散进行了严格的理论分析，极大地丰富了先前的概念、模型和研究方法[1]。此后，Klibanoff（1995）研究了厂商间的技术扩散、分散化、外在性和效率的问题[2]。Ziss（1994）构建了一个技术溢出的两阶段R&D双边寡头博弈模型等[3]。

---

[1] Reinganum J. F., "Market Structure and the Diffusion of New Technology", *Bell Journal of Economics*, No.12, 1991.

[2] Klibanoff P., Morduch J., "Decentralization, Externalities, and Efficiency", *The Review of Economic Studies*, No.2, 1995.

[3] Ziss S., "Strategic R&D with Spillovers, Collusion and Welfare", *The Journal of Industrial Economics*, No.4, 1994.

到目前为止，国内外学者运用博弈论分析和研究技术创新扩散问题的研究成果主要体现在技术创新扩散的择时分析[1]、技术创新扩散的溢出效应研究[2]、技术创新扩散中企业规模作用的研究[3]、技术创新扩散中新产品的价格研究[4]等。然而以往关于技术创新扩散的博弈分析大部分都是基于博弈双方完全理性的基础之上的。第六章讨论的完全理性条件下企业技术创新扩散开展博弈，但在现实的博弈过程中，行为主体的决策更多是在有限理性条件下进行的，每次博弈方都是通过诸如模仿、学习等方式来改善自身的行为决策。因此，本书则主要运用演化博弈来分析有限理性下技术创新扩散中企业的采纳行为。

第二节 有限理性下逆向选择的困境

一 演化博弈的收益矩阵

进化稳定策略是演化博弈论中一个非常重要的概念。进化稳定策略又称为演化稳定策略，是指如果占群体绝大多数的个体选择进化稳定策略，那么小的突变者群体就不可能侵入这个群体。换句话说，在自然选择压力下，突变者只能二选一：第一，改变策略而选择进化稳定策略；第二，退出系统而在进化过程中逐渐消失。这意味着一旦演化路径锁定，就会形成路径依赖。为了论述方便，本书把技术创新扩

---

[1] 王小芳：《企业间创新采用的多阶段序贯博弈分析》，《财经问题研究》2006年第7期。

[2] 尹元元：《外商直接投资环境技术效应实证研究——基于自主创新和技术外溢视角》，《软科学》2018年第5期。

[3] 连蕾：《从技术模仿到技术集成创新再到技术自主创新研究》，《科学管理研究》2016年第3期。

[4] 张海、陈国宏、李美娟：《技术创新扩散的博弈》，《工业技术经济》2005年第8期。

散过程中参与的行为主体划分为两个群体：其一是技术创新成果供给方；其二是技术创新成果采纳方。并假设采纳方群体中低价购买技术创新成果的比例为 x、高价购买技术创新成果的比例为 $1-x$；供给方群体中初始选择研发低质量技术成果的比例为 y、选择研发高质量技术创新成果的比例为 $1-y$。

（一）博弈方

博弈双方包括技术创新成果的创新源和扩散源，即供给方和采纳方，我们用 S 表示供给方；用 A 表示采纳方。

（二）博弈策略

供给方两个策略可供选择：①低质量技术创新成果（用 S_l 表示）；②高质量技术创新成果（用 S_h 表示）。采纳方也有两个策略可以选择：①低价购买（用 A_l 表示）；②高价购买（用 A_h 表示）。

一般而言，商品的成本决定价格。技术创新成本、高风险大，研发成本和技术创新成果之间存在正向相关关系。成本提高从某种意义上讲，产品质量相应提高，价格自然也会提高。供给方完全知道创新成果的成本、质量与真实价值。但是采纳方没有掌握或者仅仅知道部分技术创新成果的真实信息，只能根据自己掌握信息的程度决定是高价采纳还是低价采纳。

（三）收益支付矩阵

假设供给方的高质量技术创新成果的成本为 C_h，低质量技术创新成果的成本为 C_l，$C_h > C_l$；采纳方通过一定的渠道获得技术创新成果部分信息，根据自己对技术信息的掌握程度，采取高价格 P_h 购买或者低价格 P_l 购买，$P_h > P_l$。高质量技术创新成果为采纳方带来的效益为 U_h，低质量技术创新成果为采纳方带来的效益为 U_l，$U_h > U_l$。

根据上述假设与分析，我们可以得到如表 7-1 所示的基于逆向选择的演化博弈收益矩阵。

表7-1　　　　　　　　逆向选择下演化博弈的收益矩阵

		供给方 S	
		低质量技术成果 $S_l(y)$	高质量技术成果 $S_h(1-y)$
采纳方 A	低价购买 $A_l(x)$	$U_l - P_l$, $P_l - C_l$	$U_h - P_l$, $P_l - C_h$
	高价购买 $A_h(1-x)$	$U_l - P_h$, $P_h - C_l$	$U_h - P_h$, $P_h - C_h$

二　演化博弈的假设条件

对于表7-1中的收益矩阵,我们提出以下假设。

假设1:对于供给方和采纳方来讲,都是完全理性的,换句话说,供需双方知道对方的所有策略而且当自己采取某种策略时对方所采取的相应策略。

假设2:对于供给方而言,低质量技术创新成果而被采纳方高价购买所获得的收益>高质量技术创新成果而被采纳方高价购买所获得的收益>低质量技术创新成果而被采纳方低价购买所获得的收益>高质量技术创新成果而被采纳方低价购买所获得的收益,即 $P_h - C_l > P_h - C_h > P_l - C_l > P_l - C_h$。

假设3:对于采纳方而言,低价购买供给方高质量技术创新成果所获得的收益>高价购买供给方高质量技术创新成果所获得的收益>低价购买供给方低质量技术创新成果所获得的收益>高价购买供给方低质量技术创新成果所获得的收益,即 $U_h - P_l > U_h - P_h > U_l - P_l > U_l - P_h$。

三　演化博弈的结果

为了分析的方便,可以用相应的收益矩阵对 (M, N) 来表示该博弈,这里 $M(N)$ 分别是博弈方 $A(S)$ 的收益矩阵,当博弈方 A 采

取纯策略 $h \in S_1$（S_1 为博弈方 A 的策略空间），博弈方 S 采取纯策略 $k \in S_2$（S_2 为博弈方 S 的策略空间）时，$a_{hk} \in R$ 是博弈方 A 的收益，$b_{hk} \in R$ 是博弈方 S 的收益。从而，对任意的混合策略对 $x \in \Delta_1$，$y \in \Delta_2$ [$\Delta_i(i=1,2)$ 是博弈方 $i(i=1,2)$ 的混合策略单纯形式，为了数学表达式表达方便，后文博弈方 1 与 A 同义，博弈方 2 与 S 同义]，我们可以得出混合策略组合带给博弈方 A 和 S 的期望收益值 $u_1(x)$ 和 $u_2(y)$，具体表达式为：

$$\begin{cases} u_1(x) = \sum_{h=1}^{2} \sum_{k=1}^{2} x_h a_{hk} y_k = x \cdot My \\ u_2(y) = \sum_{h=1}^{2} \sum_{k=1}^{2} x_h b_{hk} y_k = y \cdot N^T x \end{cases} \quad (7-1)$$

其中，

$$M = \begin{pmatrix} U_l - P_l & U_h - P_l \\ U_l - P_h & U_h - P_h \end{pmatrix}, N = \begin{pmatrix} P_l - C_l & P_l - C_h \\ P_h - C_l & P_h - C_h \end{pmatrix}$$

对博弈方 1 和博弈方 2 所采取的混合策略来说，相应的总体比例的增长率应该等于它在博弈方总体平均收益之上的平均收益[①]。这样，参与博弈的双方在相互磨合过程中可以学习，用式（7-2）的动态微分方程表示其学习速度，即标准的两总体复制子动态为：

$$\dot{x}_h = [e^h \cdot My - x \cdot My] x_h = [\sum_{k \in S_2} a_{hk} y_k - \sum_{h \in S_1} \sum_{k \in S_2} x_j a_{jk} y_k] x_h$$

$$(7-2)$$

$$\dot{y}_k = [e^k \cdot N^T x - y \cdot N^T x] y_k = [\sum_{h \in S_1} b_{hk} x_h - \sum_{j \in S_2} \sum_{h \in S_1} y_j b_{hj} x_h] y_k$$

$$(7-3)$$

此时的 e^h 和 e^k 分别表示博弈方 1 的第 h 个纯策略和博弈方 2 的第

---

① 谢识予：《经济博弈论》，复旦大学出版社 2008 年版，第 208 页。

k 个纯策略的概率。

把 M、N 中的数据代入式 (7-2) 和式 (7-3),便可以得到表 7-1 支付矩阵的微分方程动力系统:

$$\begin{cases} \dfrac{dx}{dt} = f(x, y) = x(1-x)(P_h - P_l) \\ \dfrac{dy}{dt} = g(x, y) = y(1-y)(C_h - C_l) \end{cases} \quad (7-4)$$

上述系统的平衡点为:(0, 0),(0, 1),(1, 0),(1, 1)。

为了得到稳定点,我们假设平衡点的通用式为 (x_0, y_0),然后把式 (7-4) 中的 $f(x, y)$ 和 $g(x, y)$ 在 (x_0, y_0) 处展开,则可以得到近似的线性方程组:

$$\begin{cases} \dfrac{dx'}{dt} = ax' + by' \\ \dfrac{dy'}{dt} = cx' + dy' \end{cases} \quad (7-5)$$

其中 $x' = x - x_0$,$y' = y - y_0$,$a = f'_x(x_0, y_0)$,$b = f'_y(x_0, y_0)$,$c = g'_x(x_0, y_0)$,$d = g'_y(x_0, y_0)$。

定理 1:式 (7-4) 有四个平衡点,分别是 (0, 0),(0, 1),(1, 0),(1, 1),其中 (1, 1) 是稳定点,(0, 0),(0, 1),(1, 0) 是不稳定点。

证明:先证明 (1, 1) 是稳定点。

式 (7-4) 在平衡点 (1, 1) 处的线性方程组系数矩阵为:

$$H = \begin{pmatrix} a & b \\ c & d \end{pmatrix} = \begin{pmatrix} P_l - P_h & 0 \\ 0 & C_l - C_h \end{pmatrix}$$

可以得出:

$TraH = (P_l - P_h) + (C_l - C_h) < 0$

$$\det H = (P_l - P_h)(C_l - C_h) > 0$$

$$(TraH)^2 - 4\det H = [(P_l - P_h) + (C_l - C_h)]^2 - 4(P_l - P_h)(C_l - C_h)$$

$$= [(P_l - P_h) - (C_l - C_h)]^2 > 0$$

由文献①可知平衡点（1，1）为稳定点。

按照同样的方法，可以证明（0，0），（0，1），（1，0）是不稳定点。证毕。

如图 7-1 所示的演化相位图可以看出，绝大部分群体不论初始状态如何，最终都以（1，1）为稳定策略，即采纳方选择低价购买，供给方选择研发低质量创新技术。这说明在有限理性下，在无外力干扰的情况下，主体的自发行为都会形成路径依赖并锁定在博弈双方所不愿意看到的结果上。

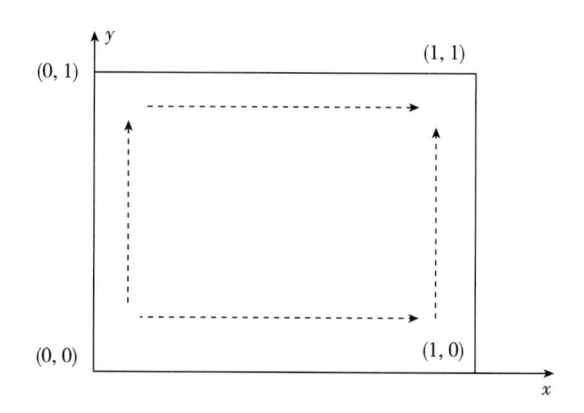

图 7-1　逆向选择条件下行为群体演化相位

---

① 黄润生、黄浩：《混沌及其应用》，武汉大学出版社 2009 年版，第 39 页。

第三节　有限理性下逆向选择困境的化解

一　基于信任和声誉条件下的演化博弈收益矩阵

在有限理性下，采纳方和供给方的自发行为策略会形成路径依赖，并被锁定在对于博弈双方来讲最不理想的结果上。要打破这种路径依赖，必须依靠外力手段，这里引入信任和声誉约束因子，并用贴现因子 δ 来表示。

引入约束因子之后，在博弈过程中采取机会主义行为的一方的声誉会受到影响，并会在后续的博弈和交易过程中遭受损失，假设采纳方采取机会主义行为后所遭受的损失为 α，供给方采取机会主义行为后所遭受的损失为 β，博弈双方机会行为损失贴现到当期为 $\alpha\delta$ 和 $\beta\delta$，这样可以得到基于信任和声誉条件下的演化博弈收益矩阵，如表 7-2 所示。

表 7-2　　　　　　信任条件下的演化博弈收益矩阵

		供给方 S	
		技术成果质量低 S_l	技术成果质量高 S_h
采纳方 A	低价购买 A_l	$U_l - P_l$, $P_l - C_l$	$U_h - P_l - \alpha\delta$, $P_l - C_h$
	高价购买 A_h	$U_l - P_h$, $P_h - C_l - \beta\delta$	$U_h - P_h$, $P_h - C_h$

二　微分方程动力系统

同样为了分析的方便，用相应的收益矩阵对 (M, N) 来表示该博弈，这里 $M(N)$ 分别是博弈方 $A(S)$ 的收益矩阵，并且把 M、N 中的数据代入式 (7-2) 和式 (7-3)，便可以得到表 7-1 支付矩阵的微分方程动力系统：

$$\begin{cases} \dfrac{dx}{dt} = f(x, y) = x(1-x)(\alpha\delta y + P_h - P_l - \alpha\delta) \\ \dfrac{dy}{dt} = g(x, y) = y(1-y)(\beta\delta x + C_h - C_l - \beta\delta) \end{cases} \quad (7-6)$$

上述系统的平衡点为：(0, 0), (0, 1), (1, 0), (1, 1) 和 $\left(1 - \dfrac{C_h - C_l}{\beta\delta},\ 1 - \dfrac{P_h - P_l}{\alpha\delta}\right)$。

为了得到稳定点，我们假设平衡点的通用表达式为 (x_0, y_0)，然后把式 (7-6) 中的 $f(x, y)$ 和 $g(x, y)$ 在 (x_0, y_0) 处展开，则可以得到近似的线性方程组：

$$\begin{cases} \dfrac{dx'}{dt} = ax' + by' \\ \dfrac{dy'}{dt} = cx' + dy' \end{cases} \quad (7-7)$$

其中 $x' = x - x_0$，$y' = y - y_0$，$a = f'_x(x_0, y_0)$，$b = f'_y(x_0, y_0)$，$c = g'_x(x_0, y_0)$，$d = g'_y(x_0, y_0)$。

令 $H = \begin{pmatrix} a & b \\ c & d \end{pmatrix}$，来证明 $\left(1 - \dfrac{C_h - C_l}{\beta\delta},\ 1 - \dfrac{P_h - P_l}{\alpha\delta}\right)$，(0, 0), (0, 1), (1, 0), (1, 1) 的稳定性。

定理2：式 (7-7) 有 5 个平衡点，分别是 $\left(1 - \dfrac{C_h - C_l}{\beta\delta},\ 1 - \dfrac{P_h - P_l}{\alpha\delta}\right)$，(0, 0), (0, 1), (1, 0), (1, 1)。其中 (1, 1), (0, 0) 是稳定点；$\left(1 - \dfrac{C_h - C_l}{\beta\delta},\ 1 - \dfrac{P_h - P_l}{\alpha\delta}\right)$ 是鞍点；(0, 1), (1, 0) 是不稳定点。

证明：先证明 $\left(1 - \dfrac{C_h - C_l}{\beta\delta},\ 1 - \dfrac{P_h - P_l}{\alpha\delta}\right)$ 是鞍点。

式 (7-7) 在平衡点 $\left(1-\dfrac{C_h-C_l}{\beta\delta},\ 1-\dfrac{P_h-P_l}{\alpha\delta}\right)$ 处的线性方程组系数矩阵为：

$$H=\begin{pmatrix} a & b \\ c & d \end{pmatrix}=\begin{pmatrix} 0 & \alpha\dfrac{C_h-C_l}{\beta}\left(1-\dfrac{C_h-C_l}{\beta\delta}\right) \\ \beta\dfrac{P_h-P_l}{\alpha}\left(1-\dfrac{P_h-P_l}{\alpha\delta}\right) & 0 \end{pmatrix}$$

可以得出：

$TraH=0$

$\det H = 0-\alpha\dfrac{C_h-C_l}{\beta}\left(1-\dfrac{C_h-C_l}{\beta\delta}\right)\beta\dfrac{P_h-P_l}{\alpha}\left(1-\dfrac{P_h-P_l}{\alpha\delta}\right)$

$=-(C_h-C_l)\left(1-\dfrac{C_h-C_l}{\beta\delta}\right)(P_h-P_l)\left(1-\dfrac{P_h-P_l}{\alpha\delta}\right)<0$

$(TraH)^2-4\det H=(C_h-C_l)\left(1-\dfrac{C_h-C_l}{\beta\delta}\right)(P_h-P_l)\left(1-\dfrac{P_h-P_l}{\alpha\delta}\right)>0$

由文献①可知平衡点 $\left(1-\dfrac{C_h-C_l}{\beta\delta},\ 1-\dfrac{P_h-P_l}{\alpha\delta}\right)$ 为鞍点。

按照定理1中同样的方法，可以证明 (1, 1)，(0, 0) 是稳定点；(0, 1)，(1, 0) 是不稳定点。证毕。

式 (7-7) 的演化相位图如图7-2所示。令 $(x^*, y^*)=\left(1-\dfrac{C_h-C_l}{\beta\delta},\ 1-\dfrac{P_h-P_l}{\alpha\delta}\right)$，则在图7-2中可以清晰地看到 $x=x^*$ 和 $y=y^*$ 把 (0, 0)，(0, 1)，(1, 0)，(1, 1) 所围成的区域划分为了四块，分别用Ⅰ、Ⅱ、Ⅲ和Ⅳ表示。(0, 0) 点表示采纳方高价收购技术创新成果和供给方研发高质量技术创新成果的组合，所以希望的是区域Ⅲ增加，因为初始状态在这个区域内的博弈方会演化为 (0,

---

① 谢识予：《经济博弈论》，复旦大学出版社2008年版，第208—247页。

0)的理想结果,从而形成图7-3这样调整后的结果。要达到这样的结果就要让鞍点(x^*, y^*)尽可能向(1,1)靠拢,这里我们就要考察贴现系数δ是否能促使鞍点向理想点移动。

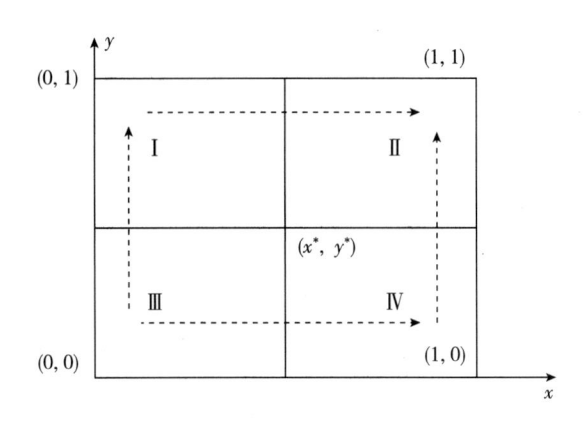

图7-2 初始演化相位

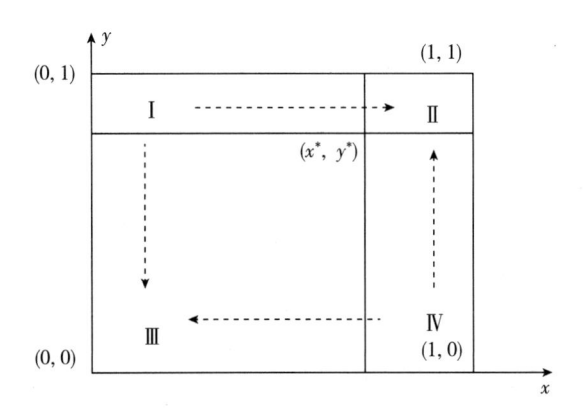

图7-3 调整后的演化相位

很自然地,通过对

$$\begin{cases} x^* = 1 - \dfrac{C_h - C_l}{\beta\delta} \\ y^* = 1 - \dfrac{P_h - P_l}{\alpha\delta} \end{cases} \quad (7-8)$$

求导可以得到：

$$\begin{cases} \dfrac{dx^*}{d\delta} = \dfrac{C_h - C_l}{\beta\delta^2} > 0 \\ \dfrac{dy^*}{d\delta} = \dfrac{P_h - P_l}{\alpha\delta^2} > 0 \end{cases} \quad (7-9)$$

由以上分析可以看出，随着 δ 增大，(x^*, y^*) 向 (1, 1) 靠拢，区域Ⅲ的面积增大，区域Ⅱ的面积减少，从而使在有限理性下逆向选择的困境得到破解。

第四节 结论与启示

一 结论

本书通过在有限理性条件下技术创新扩散的演化博弈分析得出了当技术创新扩散主体的行为在没有得到有效约束之前，整个技术创新扩散都是缺乏运行效率的，主体的自发行为都会形成路径依赖并锁定在博弈双方所不愿意看到的结果上。然而通过引入基于信任和声誉约束的贴现因子 δ 之后，可以建立一种长效的约束机制，促使行为主体朝长期积极合作的方向发展。此外，主体间的积极合作的策略与信任和声誉约束的贴现因子 δ 是正相关的，随着 δ 的增大供给方与采纳方会在更大的程度上选择积极合作的方式。

二 启示

信任早已被视为一种社会资本，对于缺少信任的市场经济而言其所谓的市场也无法正常运转。本书关于有限理性的假设使技术创新在扩散过程中的博弈结论更具有普遍性,为政府对如何加强市场监督机制的建立有一定的借鉴作用。即监督机制在建立的过程中应当着重考虑能明显影响贴现因子 δ 值变化的各种政策,提高市场主体间的失信成本,从而保证技术创新的成果在行为主体间的扩散。同时,政府在建立和完善市场信用体系时应当加强诚信教育,建立信用法制,营造诚实守信、守法经营、公平竞争、优胜劣汰的市场经济秩序。

第八章　次级阶段一元技术创新扩散模型及仿真

次级阶段技术创新扩散是指技术创新成果完成从创新源到扩散源的传递之后，在潜在的技术创新采用者内部的扩散，具体是由最初的技术创新采用者（扩散源）通过次级阶段技术创新扩散通道向其他潜在的技术创新采用者扩散的过程。

以往的经典的技术创新扩散模型——Bass 模型及其改进模型限于数学表达上的困难或者复杂，研究者往往要么从微观角度出发研究技术创新扩散中个体采纳创新的影响因素分析、扩散机理等；要么从宏观角度出发研究技术创新扩散中大规模企业采纳创新所表现出来的整体特性和趋势等，很少有能在一个数学模型中同时讨论技术创新扩散微观和宏观分析的。引入系统动力学方法，能有效地在考虑技术创新个体采纳创新的影响因素的基础上，兼顾研究大规模技术创新个体所表现出来的整体性质和趋势，同时为技术创新扩散研究提供一个新的研究方法和视角。

第一节 经典技术创新扩散模型的局限性

Fourt 和 Woodlock（1960）通过对一些扩散现象的研究，认为技术创新在潜在市场中的扩散规律可以用下式描述：

$$\frac{dN}{dt}=p[\overline{N}-N(t)] \tag{8-1}$$

其中，$N(t)$ 为到 t 时刻为止累积采用技术创新的企业数；$\overline{N}$ 为市场潜量，即采用者上限；p 为外部影响系数（$p>0$）；$\frac{dN}{dt}$ 为 t 时刻采纳创新的企业数。

外部影响模型也称 Fourt – Woodlock 模型，该模型仅仅考虑了外部影响即广告媒体对潜在采用者的作用，且此时的系数 p 可以理解为外部影响的单位效应。Mansfield（1961）通过对十几种工业技术创新的扩散过程研究，认为技术创新在潜在市场中的扩散规律可以用下式描述：

$$\frac{dN}{dt}=\frac{q}{\overline{N}}N(t)[\overline{N}-N(t)] \tag{8-2}$$

其中 q 为内部影响系数（$q>0$）。

内部影响模型也称 Mansfield 模型，该模型仅仅考虑了内部影响即口头交流对潜在采用者的作用，模仿系数 q 反映了采用者 $N(t)$ 和未采用者 $\overline{N}-N(t)$ 之间的相互作用强度，且此时的 $\frac{q}{\overline{N}}$ 可以理解为内部影响的单位效应。

1969 年 Bass 把外部影响和内部影响的模型组合到一起，提出了著名的 Bass 模型也称混合影响模型，其表达式可以用下式表示：

$$\frac{dN}{dt} = p[\bar{N} - N(t)] + \frac{q}{\bar{N}} N(t)[\bar{N} - N(t)] \qquad (8-3)$$

其中：表达式中的参数含义均与上面两种模型中对应的参数含义相同。

Bass 模型的提出，是建立在一系列的假设条件基础上的，这些假设条件包括：市场潜力随时间推移保持不变；采用者是无差异或同质的；一种创新的扩散不受市场营销战略的影响；产品性能随时间推移保持不变；社会系统的地域界线不随扩散过程而改变；扩散过程分为采用和不采用两个阶段；没有供给约束；采用者之间的相互交流对于创新扩散所起的作用恒定；一种创新的扩散独立于其他创新的扩散。

Bass 模型的假设条件使其在实际应用中存在以下不足：

(1) 技术创新在扩散过程中被简单地分为采用和不采用两个阶段，而实际上在对技术创新知识消化、吸收和利用的同时，整个扩散过程应该采取不采用—等待采用—采用两阶段的分析模式，并且这三个阶段在时间上是延续并具有时滞性的。

(2) Bass 模型中假设市场潜力随时间推移保持不变，现实中应考虑企业在技术创新过程中的进入退出行为，本书假设企业以一定范围内的概率进入或退出市场，这样就意味着市场潜力在一定范围内波动。

(3) 既然 Bass 模型中市场潜力不是恒定的，则采用者之间的相互交流对于创新扩散所起的作用也不能保持恒定。

(4) 技术创新扩散并不是独立发生的，它往往与其他相关的技术创新扩散联系。这样原模型中一种创新的扩散独立于其他创新扩散的假设。

(5) 企业技术创新采用成功的关键在于技术创新过程中创新知识的流转和利用，Bass 模型中对此并未做出分析，而实际上创新知识的吸收、消化和利用伴随着整个技术创新过程，并对技术创新过程起着决定性的作用。

第二节　模型的构建

一　数学方程描述

根据本章第一节中对 Bass 模型及其局限性分析的基础上，把整个技术创新扩散的过程分为下面两个子过程。

（一）潜在的技术创新企业转化为等待采取技术创新的企业过程

在这个过程中，潜在的创新采用企业规模 M 服从式（8-4）所示的规律，等待采取技术创新企业的规模 W 服从式（8-5）所示的规律。

$$\frac{dM(t)}{dt} = -pM(t) - q\frac{N(t)}{M(t)+N(t)}M(t) + I_1 \times M(t) \qquad (8-4)$$

$$\frac{dW(t)}{dt} = pM(t) + q\frac{N(t)}{M(t)+N(t)}M(t) - S \times W(t) + (I_2 - O_1) \times W(t) \qquad (8-5)$$

（二）等待采取技术创新的企业转化为采用技术创新的企业过程

在这个过程中，采用技术创新的企业数 N 服从式（8-6）所示的规律。

$$\frac{dN(t)}{dt} = (S - O_2) \times W(t) \qquad (8-6)$$

其中，N 表示到 t 时刻为止技术创新累计采用企业数；$\overline{N}$ 为市场潜量，即采用者上限；p 和 q 分别为 Bass 模型中的外部影响系数和内部影响系数，S 表示技术创新采用速度。

二 数学方程说明

对于本节中构建的模型，需要进行详细说明。

（一）扩散过程中的两阶段三类型

整个技术创新扩散过程可以概括为两阶段三类型：两阶段是指在扩散过程中分为技术创新知识的传播阶段和技术创新采用阶段；三类型是指对应于两阶段出现了潜在技术创新企业、等待的技术创新企业和已采用技术创新企业三种类型。

在两阶段的技术创新知识传播过程中，外部影响速度 p 由潜在的技术创新采用规模 M 与外部影响系数 P 共同决定。其中 P 可以理解为市场中该类技术创新共享显性知识的单位效应；内部影响速度 q 由该类技术创新市场内部交流与内部影响系数 Q 共同决定，其中内部交流由已采用技术创新企业与潜在的技术创新采用企业交互频率 $N(t) \times M(t)$ 表示，用 $\dfrac{Q}{M(t)+N(t)}$ 表示内部交流成功率。考虑到等待创新企业自身未能充分掌握创新知识和信息以及对创新采用的不确定性，本书忽略等待创新企业对潜在创新企业的影响。

在技术创新采用过程中，技术创新采用速度由企业所能利用显性知识和隐性知识共同决定。从知识积累的角度看，技术创新的实质是现有知识库的整合、激活、创新和利用。显性知识的激活、流转和利用相对容易，隐性知识的激活、流转和利用相对困难。在隐性知识对创新采用速度的影响中，文献[1]中提出了隐性知识可以分为企业的内

---

[1] 毛荐其：《技术创新中的隐性知识及其流转》，《山东工商学院学报》2006 年第 12 期。

部隐性知识和企业的外部隐性知识。本书中分别用隐性知识存量来表示企业内部隐性知识，用外部影响系数来表示外部隐性知识的影响，这样可以得到隐性知识流转利用程度：

$$Tk = Belta \times \frac{N(t)}{N(t)+M(t)} \times tk$$

其中 $\frac{N(t)}{N(t)+M(t)}$ 表示已采用技术创新企业的隐性知识的单位效应，$Belta$ 表示隐性知识成功流转利用程度。

（二）两阶段中的时间延迟性

在企业从潜在的技术创新采用企业到等待创新，再从等待创新企业到采用技术创新的过程是具有连续性的，这样就意味着存在时间上的延迟，即采用技术创新企业滞后于等待技术创新的企业、等待技术创新的企业滞后于潜在的技术创新采用企业，在系统动力学中可以用延迟函数表示这类时间上的滞后。

（三）技术创新扩散非独立性及市场潜力波动

在考虑扩散过程的非独立性的时候，本书采取了用相关的技术创新以一定的概率加入或退出等待创新行列来简单表示非独立性这样一个行为，即用企业加入创新行列表示相关性技术创新采用者进入等待现技术创新采用行列；用企业退出创新行列表示现技术创新等待企业选择相关性的技术创新；由于企业的进入或退出也会引起市场潜力的波动。

三　模型的关系图

这样，结合式（8-4）、式（8-5）、式（8-6），用系统动力学软件 Vensim 建立了 Bass 模型的改进模型，所构建的系统动力学的因果关系和流程如图 8-1 和图 8-2 所示。

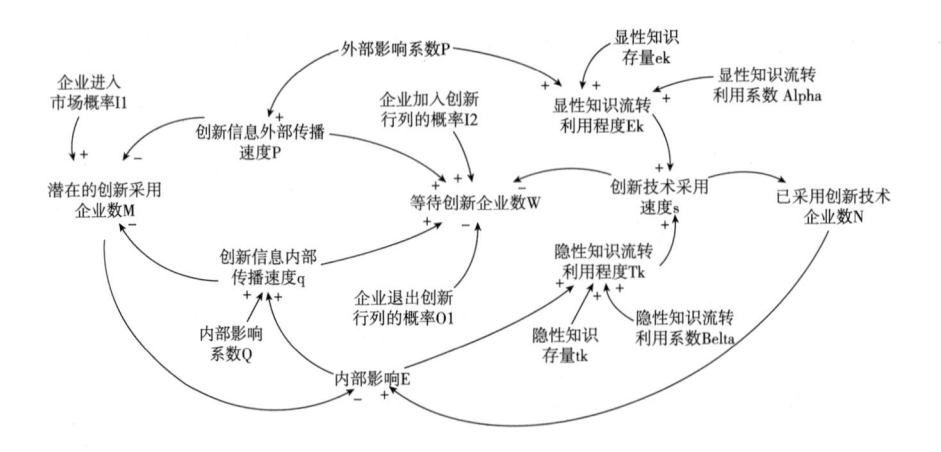

图 8-1　改进 Bass 模型的系统动力学因果关系

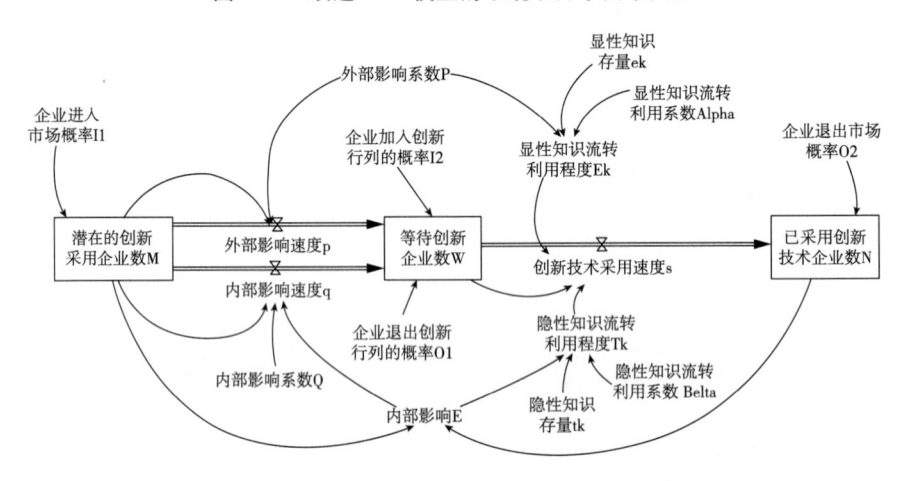

图 8-2　改进 Bass 模型的系统动力学流程

四　模型的函数关系

对于图 8-2 中的系统动力学流程的数学关系式描述如下：

$$M(t) = M(t-dt) + [-p - q + I_1 \times M(t-dt)] \times dt;$$

$$M(t_0) = 200; \quad p = P \times M(t); \quad P = 0.05;$$

$$q(t) = E(t) \times M(t) \times Q; \quad Q = 0.2;$$

$$E(t) = \frac{N(t)}{N(t) + M(t)};$$

$$W(t) = W(t-dt) + (Delay(p+1-S, 1) + (I_2 - O_1) \times W(t-dt)) \times dt;$$

$W(t_0) = 0$；$s(t) = W(t) \times [Ek(t) + Tk(t)]$；

$Ek = Alpha \times P \times ek$；$ek = 0.4$；$Alpha = 0.5$；

$Tk(t) = Belta \times E(t) \times tk$；$tk = 0.6$；$Belta = 0.5$；

$$N(t) = N(t-dt) + [Delay(s, 1) - O_2 \times N(t-dt)] \times dt;$$

$N(t_0) = 4$；

I_1，I_2，$O_1 = RANDOM\ UNIFORM(0, 0.005, 8)$；

$O_2 = RANDOM\ UNIFORM(0, 0, 8)$

第三节 模型仿真及分析

一 两阶段各类企业数分析

由图8-3可以看出，在整个技术创新扩散过程中，处于三个状态的企业规模呈现非常明显的特征。①潜在的技术创新采用企业规模数呈下降趋势，最终为0。虽然在扩散过程中，其他技术市场的企业以一定的概率进入现技术市场，会导致企业规模数出现稍微波动，但是不会改变潜在企业规模下降的趋势。②等待技术创新的企业数呈现类似于正态分布图，先升后降。结合图8-4可以清楚地得到等待技术创新的企业数这种规律分布的原因：创新扩散过程由潜在创新企业向等待创新企业转化过程中受外部和内部两种因素的影响，其中外部影响对等待创新企业数的影响是递减的，内部影响对等待创新企业数的影响是先升后降的。因此，结合两种影响因素，等待技术创新企数与内部影响速度形状类似，但比其坡度稍缓。③已采用技术创新企业规模呈现"S"形，随着时间的推移最终达到稳定状态。已采用技术创新企业规模由技术创新采用速度决定，而技术创新采用速度由等待企业对获取的显性知识和隐性知识的整合利用决定。显性知识的利用程度取决于自身的显性知识存量以及不可控的外部影响，从图8-5中可以看到其对技术创新采用速度影响是恒定的；而隐性知识的利用程度取决于隐性知识存量和内部交流的影响，知识存量为常数，内部交流影响由 $\dfrac{N(t)}{N(t)+M(t)}$（已采用技术创新企业的隐性知识的单位效应）表示，内部影响变化趋势如图8-6所示，呈现"S"形并最终趋向于1。

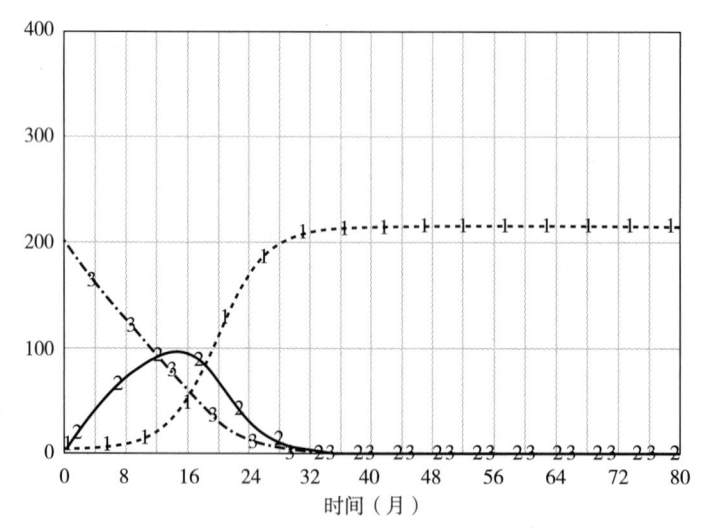

已采用创新技术企业数N：初始值时各个阶段企业数 ⋯1⋯1⋯1⋯1⋯1⋯1⋯1⋯1⋯1⋯
等待创新企业数W：初始值时各个阶段企业数 —2—2—2—2—2—2—2—2—2—
潜在的创新采用企业数M：初始值时各个阶段企业数 -·3-·3-·3-·3-·3-·3-·3-·3-

图8-3　两阶段各类企业规模对比

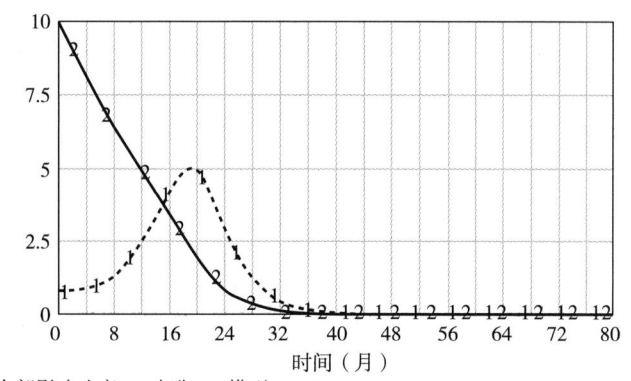

内部影响速度q：改进Bass模型
外部影响速度p：改进Bass模型

图8-4 等待创新企业数的结构分析

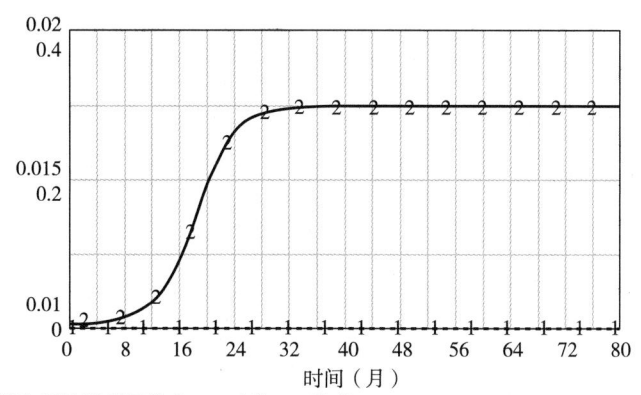

显性知识流转利用程度Ek：改进Bass模型
隐性知识流转利用程度Tk：改进Bass模型

图8-5 已采用创新技术企业数的结构分析

二 两阶段时技术创新采用延迟效应

由图8-7可以看出，原Bass模型的技术创新采用企业数呈现典型的Logistic曲线，最后大致趋向于200的规模稳定状态；而在改进Bass模型中，由于需要对技术创新知识吸收、消化和利用，造成了技

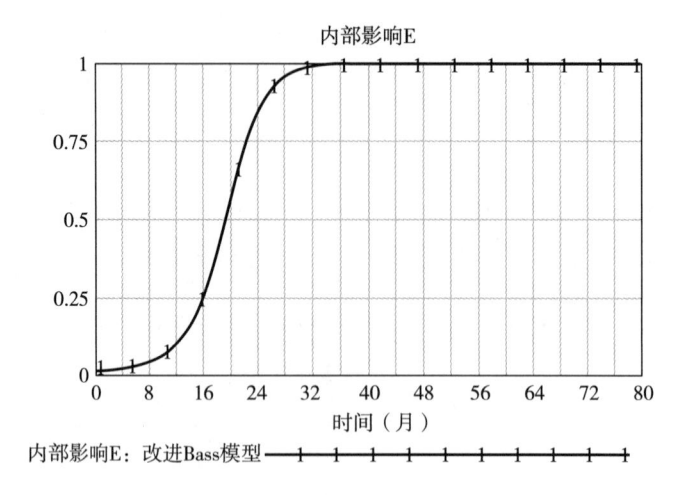

图 8-6　内部影响 E 变化趋势

术创新采用时间上的延迟性，因此改进 Bass 模型比原模型需要更长的时间达到稳定状态。同时，为了更清晰地进行稳定状态对比，改进 Bass 模型中令 O_2 = RANDOM UNIFORM (0, 0, 8)，表示现有的技术创新是比较具有竞争力的，不断吸收企业进入技术创新市场，而极少有企业退出，所以达到稳定状态时采用技术创新企业规模比原 Bass 模型大。

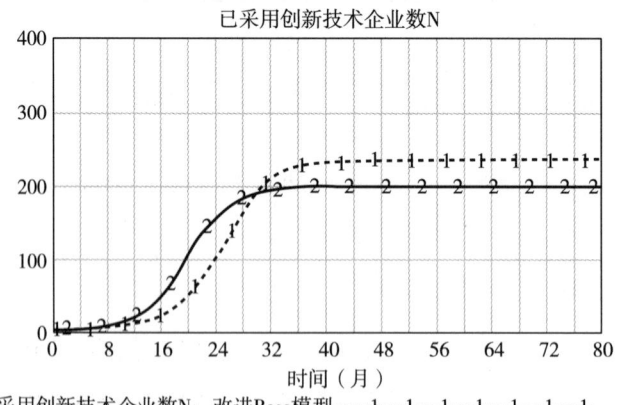

图 8-7　技术创新采用延迟效应

三 引入进入、退出机制对技术创新扩散过程的影响

在讨论进入退出机制对技术创新扩散过程影响的时候,可以分为三种情况。

(一) 固定 I_2、O_1、O_2 初始值不变,让 I_1 随机变化

固定 I_2、O_1、O_2 为初始值不变,让 I_1 随机变化的范围逐渐增大时,对创新扩散过程的影响。I_1 对潜在的创新采用企业影响比较大,当随机进入技术创新市场企业数小于由内外影响减少的潜在企业数时,如图 8-8 所示潜在创新企业数整体呈现下降趋势;当随机进入技术创新市场企业数大于由内外影响减少的潜在企业数时,如图 8-9 所示潜在创新企业数整体呈先上升后下降的趋势。I_1 对已采用技术创新企业数的影响仅仅在于随着其变化范围的增大,已采用技术创新企业数达到稳定状态的时间延迟。

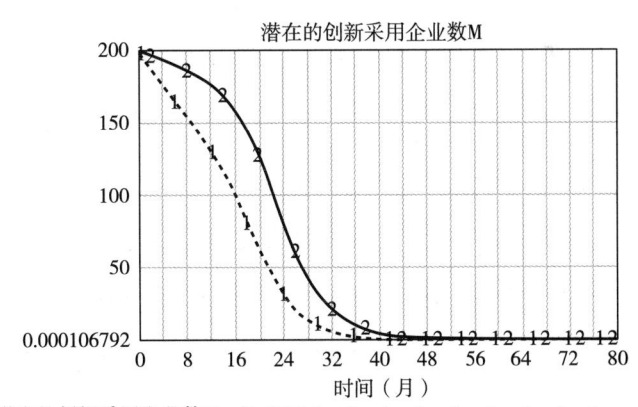

图 8-8 I_1 小于由内外影响减少的潜在企业数

潜在的创新采用企业数M

[图表:纵轴 46.09 至 10258,横轴 时间(月)0 至 120,曲线先升后降,峰值约在 54 月左右]

潜在的创新采用企业数M:I1=0.3

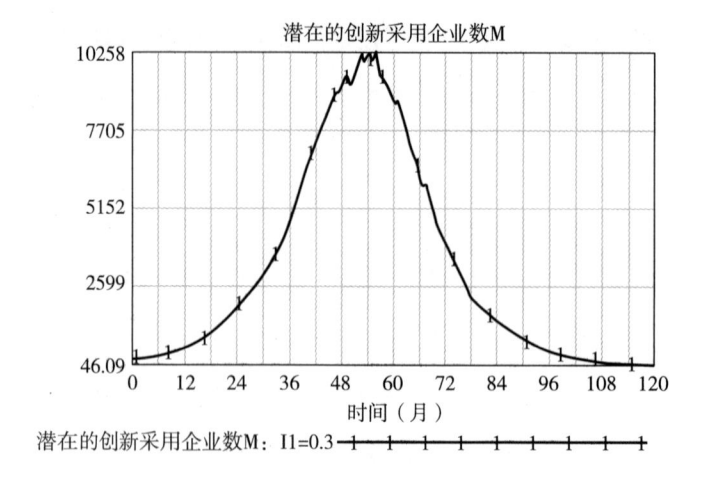

图 8-9　I_1 大于由内外影响减少的潜在企业数

(二) 固定 I_1、O_2 为初始值不变,让 I_2、O_1 随机变化

固定 I_1、O_2 为初始值不变,让 I_2、O_1 随机变化的范围变化时,对创新扩散过程的影响。在这种情况下我们考虑 I_2、O_1 的综合效应,即 $I_2 - O_1$ 逐渐增大变化范围是对创新过程的影响,所以可以固定 O_1,逐渐增大 I_2 的取值。在研究中发现,随着 $I_2 - O_1$ 的变化范围增大,各个时间点的等待创新企业数和采用技术创新速度相应增大;已采用技术创新企业数达到稳定状态时的规模也相应增大。

(三) 固定 I_1、I_2、O_1 初始值不变,让 O_2 随机变化

固定 I_1、I_2、O_1 为初始值不变,让 O_2 随机变化的范围逐渐增大时,影响最大的是已采用技术创新的企业数。当采用技术创新企业数达到稳定状态后,随着 O_2 变化范围的越大,意味着该技术在新出现的技术创新中竞争力越弱,企业为了维持自身的竞争力,会选择采用其他更具竞争力的技术。

四 仿真结果小结

（一）改进模型中假设条件的修正

在对技术创新扩散特征的研究中，针对 Bass 模型研究技术创新扩散过程中假设条件的局限性，在改进模型中从以下几个方面进行了修正：①技术创新扩散过程分为两阶段两过程，各个阶段之间存在延迟效应。②引入企业随机进入退出技术创新市场，假定市场潜力在一定范围内波动。③引入企业随机进入和退出等待创新行列，假定技术创新扩散的非独立性。④引入知识存量，考虑其对技术创新采用速度的影响。

（二）仿真结果

通过系统动力学建模仿真，得到以下结果：①技术创新扩散过程的延迟效应推迟了采用技术创新企业数达到稳定状态的时间；显性和隐性知识的整合利用程度对技术创新采用速度和已采用技术创新企业数正相关。②引入企业随机进入和退出技术创新扩散过程，均对采用技术创新企业达到稳定状态规模产生影响；当企业随机进入技术创新市场概率变化范围小于其阈值时，潜在技术创新数呈下降趋势；大于其阈值时，潜在技术创新企业数先升后降；引入企业随机进入和退出等待创新行列，随着进入等待行列企业概率增大，等待创新企业数和技术创新采用速度相应增大。

虽然本书在原 Bass 模型上做了一些改进，但是仍然存在很多不足，比如将其他技术创新作为外生变量考虑，而没有考虑将两种相关技术创新作为一个系统来研究。今后的研究中，将进一步着力于模型的现实化，以扩展其实用范围。

第九章 次级阶段多元技术创新扩散模型研究

第一节 引言

一般而言,技术创新扩散并非独立发生的,它往往与其他相关的技术创新扩散相互影响。比较常见的例子就是计算机硬件的扩散和软件的扩散之间高度相关性,这里一项技术创新的扩散(硬件或软件)对另一项技术创新扩散(软件或硬件)是有利的,这两项技术创新扩散之间存在互补性。因此,对这样一种现象进行研究时,就必须以多个技术创新扩散的共同效果作为分析对象,这就是多元技术创新扩散[①]。

随着创新扩散研究的深入,扩散模型的研究日益成为关注的焦点。1969 年 Bass 结合 Fourt 和 Woodlock 与 Mansfield 两种模型,认为创新产品的潜在采用者会受到大众媒体(外部影响)和口头传播(内

---

① 王小芳:《企业间创新采用的多阶段序贯博弈分析》,《财经问题研究》2016 年第 7 期。

部影响）的双重影响，其中受大众传媒影响的潜在采用者称为创新者，受口头传播影响的潜在采用者称为模仿者。鉴于此，Bass 在对耐用品市场扩散研究的基础上，提出了综合外部影响和内部影响的模型——Bass 模型[①]。

之后，许多学者对 Bass 模型进行拓展，放宽限制条件假设，分别从扩散模式受营销策略的影响、有重复购买和创新扩散非独立性等方面构建改进模型。

Bass 模型中提出了创新扩散独立性的限制条件，虽然后来的研究者放宽了这个假设条件，但模型大多是单独讨论竞争性或互补性的技术创新扩散，并没有一个统一的模型来包含多元技术创新之间的互补性、替代性和竞争性关系。

本书所做的工作就是从放宽 Bass 模型的创新扩散非独立性假设条件入手，在原有的创新需求、模仿需求基础上，引入渗透需求，构建包含多元技术创新之间的互补性、替代性和竞争性关系的统一模型——MTID 模型（Multi-Technology Innovation Diffusion Model），并用 Matlab 进行模拟仿真实验。

第二节　MTID 模型

一　模型的构建

基于扩散过程中相关技术创新的关联程度，技术创新扩散问题可以分为替代性技术创新扩散、竞争性技术创新扩散和互补性技术创新

[①] Bass F. M., "A New Product Growth Model for Consumer Durables", *Management Science*, No. 15, 1969.

扩散（见表9-1）。

表9-1　　　　　　　多元技术创新扩散类型①

		j 对 i 的作用	
		正向作用	负向作用
i 对 j 的作用	正向作用	互补性技术创新扩散	替代性技术创新扩散
	负向作用	替代性技术创新扩散	竞争性技术创新扩散

为了构建模型，我们仍要坚持Bass模型中的部分假设：

（1）市场潜力随时间推移保持不变；（2）产品性能随时间推移保持不变；（3）扩散过程分为采用和不采用两个阶段；（4）没有供给约束。

由此，我们可以得到多元技术创新扩散的机理图（见图9-1）。

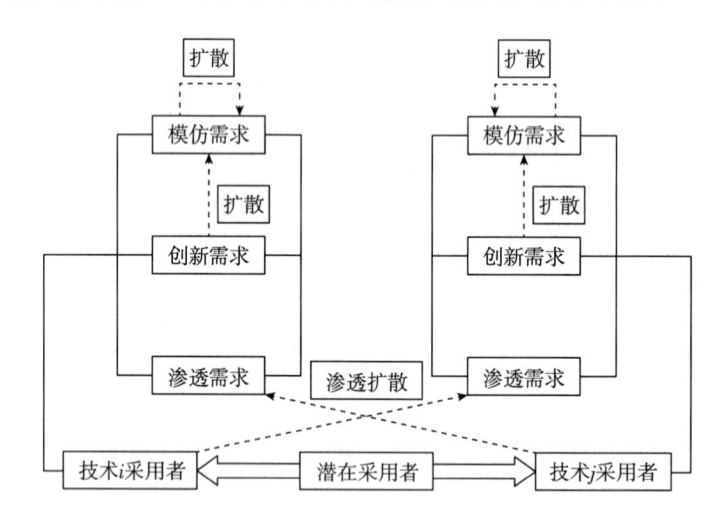

图9-1　多元技术创新扩散机理

---

① 马蕾等：《基于Markov的技术创新扩散理论及仿真分析研究》，《科学学与科学技术管理》2012年第2期。

第九章 次级阶段多元技术创新扩散模型研究

这样我们可以用一个包含创新需求、模仿需求和渗透需求方程组，来构建可以表示互补性、替代性和竞争性关系的 MTID 模型：

$$\frac{dN_i}{dt} = \mu_i \frac{N_i}{N} [\lambda_i (\bar{N} - N_i) + \sum_{j=1, j \neq i}^{n} \sigma_j N_j] \quad (i = 1, \cdots, n) \quad (9-1)$$

结合图 9-1 和式（9-1）分析，技术创新采用者速度的变动取决于两个因素：一是技术创新采用者的规模，用比例 $\frac{N_i}{N}$ 表示；二是技术创新采用成功的程度，由 μ_i、$\lambda_i(\bar{N} - N_i)$ 和 $\sum_{j=1, j \neq i}^{n} \sigma_j N_j$ 三部分构成。

在技术创新采用成功的程度中，μ_i 为创新系数，表示创新程度，仅受外部影响；$\lambda_i(\bar{N} - N_i)$ 表示模仿需求部分，仅受内部影响，$\bar{N} - N_i$ 表示潜在的模仿创新者，λ_i 称为模仿系数即模仿成功的比率；$\sum_{j=1, j \neq i}^{n} \sigma_j N_j$ 表示渗透需求部分，受另外的技术创新的影响，σ_j 为渗透系数，$\sigma_j > 0$ 表示 j 对 i 有正向作用影响，$\sigma_j < 0$ 表示 j 对 i 有负向作用影响，$\sigma_j = 0$ 表示 j 对 i 无影响，即 i 和 j 是相互独立的。

令 $\frac{N_i}{N} = x_i$，式（9-1）又可以表示为：

$$\frac{dx_i}{dt} = \mu_i x_i [\lambda_i (1 - x_i) + \sum_{j=1, j \neq i}^{n} \sigma_j x_j] (i = 1, \cdots, n) \quad (9-2)$$

为了方便分析，我们以二元技术创新扩散为例进行分析。

二 二元技术创新扩散

如果是二元技术创新扩散，MTID 模型则可简化为：

$$\begin{cases} \dfrac{dx_1}{dt} = \mu_1 x_1 [\lambda_1 (1 - x_1) + \sigma_2 x_2] \\ \dfrac{dx_2}{dt} = \mu_2 x_2 [\lambda_2 (1 - x_2) + \sigma_1 x_1] \end{cases} \quad (9-3)$$

当 $\sigma_1 = 0$，$\sigma_2 = 0$ 时，这两项技术创新扩散之间便是相互独立的关系；当 $\sigma_1 > 0$，$\sigma_2 > 0$ 时，这两项技术创新扩散之间便是互补性关系；当 $\sigma_1 < 0$，$\sigma_2 < 0$ 时，这两项技术创新扩散之间便是竞争性关系；当 $\sigma_1 > 0$，$\sigma_2 < 0$ 或 $\sigma_1 < 0$，$\sigma_2 > 0$ 时，这两项技术创新扩散之间便是替补性关系。

三 仿真实验

不失一般性，我们取 $\mu_1 = \mu_2 = \lambda_1 = \lambda_2 = 1$。

当 $\sigma_1 = 0$，$\sigma_2 = 0$ 时，$(x_1, x_2) = (1.0000, 1.0000)$，表示式（9-3）中两项技术创新扩散是相互独立的，从长远来看，它们会分别占据各自的市场，两者的演化图如图9-2所示。

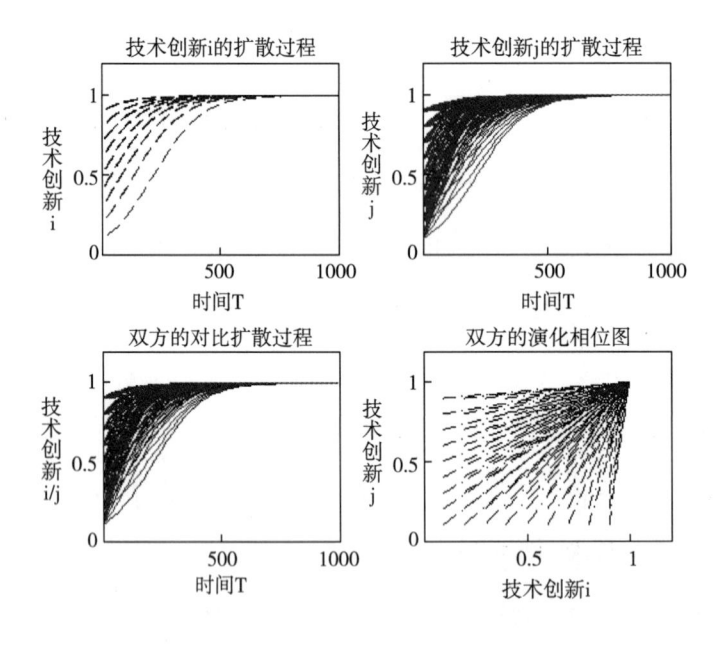

图9-2 独立性多元技术创新扩散

当 $\sigma_1 > 0$，$\sigma_2 > 0$，取 $\sigma_1 = 0.5$，$\sigma_2 = 0.5$ 时，$(x_1, x_2) =$

(1.9995，1.9995)，式（9-3）中两项技术创新扩散是互补性的，由于互补性技术创新有利于对方功能的发挥和升级，有利于扩展技术创新的使用范围或者说适用的采用者。从长远来看，互补性的技术创新必将拥有更大的扩散范围，两者的演化图如图9-3所示。

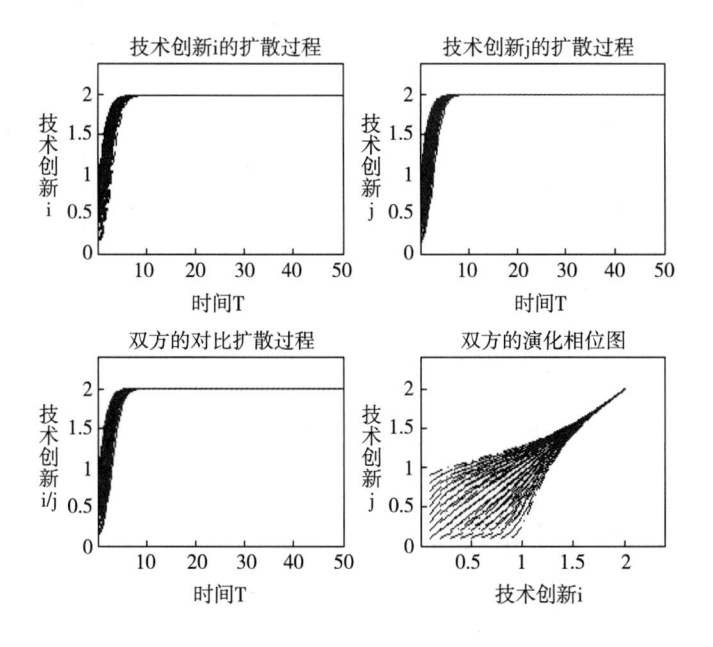

图9-3 互补性多元技术创新扩散

当 $\sigma_1 < 0$，$\sigma_2 < 0$，取 $\sigma_1 = -0.5$，$\sigma_2 = -0.5$ 时，$(x_1, x_2) = $ (0.6669，0.6669)，式（9-3）中两项技术创新扩散是竞争性的，由于竞争性技术创新之间会相互抢占市场或资源，它们之间是一种此消彼长的关系，采用此技术创新方案就有可能不采用另一种技术创新方案，或者会出现一部分重复采用。从长远来看，竞争性的技术创新市场的扩大必将以另一技术创新采用为代价，两者的演化图如图9-4所示。

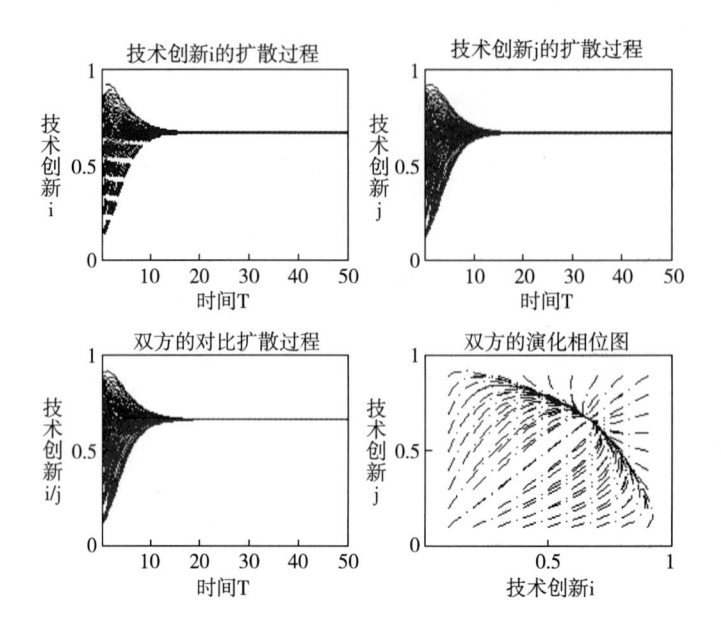

图 9-4　竞争性多元技术创新扩散

当 $\sigma_1 > 0$，$\sigma_2 < 0$，取 $\sigma_1 = 0.5$，$\sigma_2 = -0.5$ 时，$(x_1, x_2) = (0.4000, 1.1999)$ 以及当 $\sigma_1 < 0$，$\sigma_2 > 0$，取 $\sigma_1 = -0.5$，$\sigma_2 = 0.5$ 时，$(x_1, x_2) = (1.1999, 0.4000)$，式(9-3)中两项技术创新扩散是替代性的，替代性技术创新是具有某种优势的技术创新对市场内另一种技术创新的升级换代，比较直观的例子就是移动电话对座机的替代。具有优势的技术创新除拥有新的市场外，还会抢占无优势的技术创新的一部分市场份额，两者的演化过程如图 9-5 所示。

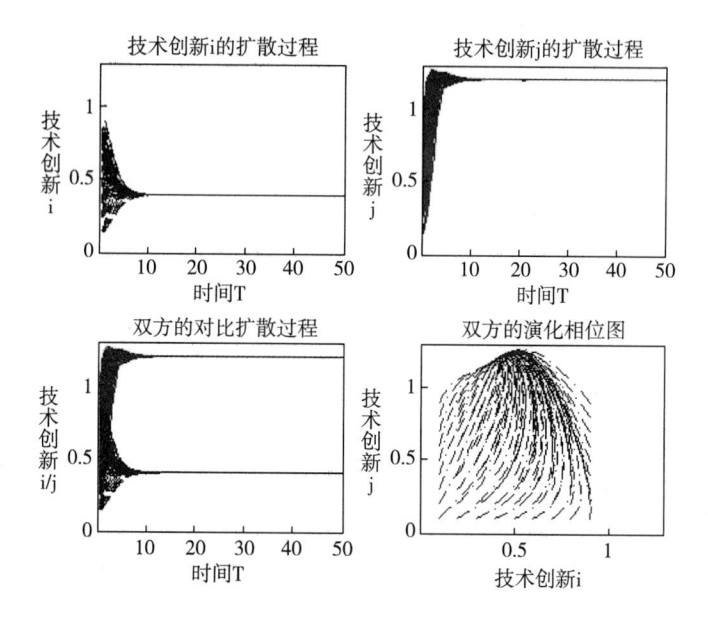

图 9-5　替代性多元技术创新扩散

第三节　MTID 模型的参数估计

一　模型离散化

把式（9-2）进行离散化处理，有：

$$\frac{x_i(t+1)-x_i(t)}{dt} = \mu_i\lambda_i x_i(t) - \mu_i\lambda_i x_i^2(t) + \mu_i\sum_{j=1,j\neq i}^{n}\sigma_j x_i(t)x_j(t)$$

取 $dt=1$，同时注意 $x_i(t) = \dfrac{N_i(t)}{\overline{N}}$，则上式变为：

$$\frac{N_i(t+1)-N_i(t)}{\overline{N}} = \mu_i\lambda_i\frac{N_i(t)}{\overline{N}} - \mu_i\lambda_i\left(\frac{N_i(t)}{\overline{N}}\right)^2 + \mu_i\sum_{j=1,j\neq i}^{n}\sigma_j\frac{N_i(t)}{\overline{N}}\frac{N_j(t)}{\overline{N}}$$

即：

$$N_i(t+1) = (1+\mu_i\lambda_i)N_i(t) - \frac{\mu_i\lambda_i}{\overline{N}}N_i^2(t) + \mu_i\sum_{j=1,j\neq i}^{n}\sigma_j\frac{N_j(t)}{\overline{N}}N_i(t)$$

(9-4)

需要估计的参数为 μ_i, λ_i, σ_i, $\overline{N}$ ($i=1, \cdots, n$)。

二 参数估计

为了分析的方便，我们同样以二元技术创新扩散为例进行参数估计，式 (9-4) 变为：

$$\begin{cases} N_1(t+1) = (1+\mu_1\lambda_1)N_1(t) - \frac{\mu_1\lambda_1}{\overline{N}}N_1^2(t) + \frac{\mu_1\sigma_2}{\overline{N}}N_1(t)N_2(t) \\ N_2(t+1) = (1+\mu_2\lambda_2)N_2(t) - \frac{\mu_2\lambda_2}{\overline{N}}N_2^2(t) + \frac{\mu_2\sigma_1}{\overline{N}}N_1(t)N_2(t) \end{cases}$$

(9-5)

与上面对应进行参数替换，得到：

$$\begin{cases} N_1(t+1) = s_1N_1(t) + s_2N_1^2(t) + s_3N_1(t)N_2(t) \\ N_2(t+1) = t_1N_2(t) + t_2N_2^2(t) + t_3N_1(t)N_2(t) \end{cases} \quad (9-6)$$

对于式 (9-6)，我们可以通过 Eviews 软件进行回归分析，得到 s_i, t_i ($i=1, 2, 3$) 的估计值，进一步对应式 (9-5) 可以得到 u_i, λ_i, σ_i, $\overline{N}$ ($i=1, 2$) 的估计值。

第四节 结语

虽然 MTID 模型是一个包含多元技术创新之间的互补性、替代性和竞争性关系的统一模型，但它仅仅放宽了 Bass 模型中创新扩散非独立性的假设条件，具有一定的局限性。未来的工作会尝试放宽 Bass 模型中的其他限制条件，以扩大 MTID 模型的应用范围。

在扩散模型的参数估计中，大体有数据充足时和数据不充足时的两大类参数估计方法。目前，由于大量统计学以及计算机技术应用到这个领域，许多的优化算法收到了很好的效果。PSO 算法是近年来发展起来的一种新的进化算法，属于进化算法的一种，但是它比遗传算法规则更为简单，在大多数情况下，可能更快地收敛于最优解。本书的后续工作将尝试引入 PSO 算法进行 MTID 模型的参数估计，以克服数据不充足时参数估计的困难。

第十章 基于 Markov 过程的技术创新扩散模型

第一节 引言

技术创新扩散对一个企业、一个国家和地区产生巨大的作用与影响。它不仅可以给技术采纳企业节省研发时间、提高科研经费的边际效益，而且可以促进国家与地区产业结构的调整与升级，缩小国家与地区之间区域经济发展差距，促进整个社会科技进步与人们生活水平的提高。正如美国经济学家舒尔茨[1]所说："创新技术离开了扩散，就不可能对经济产生影响"。鉴于此，对技术创新扩散模型的研究有着重大的意义。

1969 年，Bass 从市场的总体反应出发，以采用者总数为扩散过程的描述变量，建立起著名的 Bass 模型。该模型在"S"形模型的基础

---

[1] Scholtz T. W.:《人力资本投资》，商务印书馆 1990 年版，第 58 页。

上，增加了对大众传媒的研究，推动了市场营销领域技术扩散研究的[①]。之后大批学者在此基础上做了不少改进建立了大量的"S"形基本扩散模型。但是对大部分的扩散模型研究都是确定型的，而有关扩散本质现象的创新扩散随机理论却比较少见。基于此，本书在国内外相关文献的基础上，介绍技术创新扩散的不确定性来源，构建了基于 Markov 链的 Bass 模型，并与传统的 Bass 模型比较，旨在探寻影响创新技术扩散的本质规律。

第二节 技术创新扩散的不确定性来源

无论是技术创新还是技术创新扩散，都存在不确定性。技术创新扩散的不确定性主要来自技术市场的不确定性、技术创新成果产生收益分配的不确定性和技术创新与扩散制度环境的不确定性。

一 市场的不确定性

衡量技术创新成功的标志是创新成果成功商业化。创新技术扩散是在商业化过程中实现。技术创新的目的是满足市场需要、服务社会。无论是无形的纯技术还是包含创新技术的有形产品，必须经得起市场的检验。作为创新技术的供给者，自认为所提供的创新技术有价值、有市场。然而，作为创新技术潜在采纳者未必认同供给者的观点。一方面，新的技术或产品的出现，潜在采纳者不清楚其真实信息不敢贸然采纳；另一方面，技术更新换代很快，该技术或产品的技术与经济寿命究竟多长也是一个未知数。所以，市场的不确定性直接影

[①] F. M. Bass, "A New Product Growth Model for Consumer Durables", *Management Science*, No. 15, 1969.

响到创新技术的扩散。事实上，任何一项创新技术刚刚问世，创新者和潜在采用者对于该技术能否为市场所接受没有充分的把握，也难以确定创新技术对现有市场结构和经济发展产生多大的影响。

二 收益分配的不确定性

由于消费者对新的创新技术不甚了解以及未来市场发展趋势，所以在技术创新扩散刚刚起步时，大家都处于观望状态。当第一个"吃螃蟹"的企业采用创新技术后，同行的其他企业往往跟风采用该创新技术，甚至有些企业直接模仿与改进该创新技术。创新技术固然为采纳企业创新收益，但"蛋糕"就那么大，由众多采纳该创新技术的企业来分配。创新技术究竟能够产生多大的收益，取决于该技术属性（如技术的创新程度、技术的适用性、技术的技术寿命与经济寿命等）和市场结构等因素。因此，潜在采纳企业采纳创新技术最终能够获得多大收益，存在高度的不确定性。

三 制度环境的不确定性

技术创新与扩散离不开所在的环境，包括自然环境与社会环境。而社会环境中政治、社会、经济、技术、人文等组成要素都与制度有关，即政府政策、法规等构成的一种制度是社会环境的重要组成因素。创新技术扩散的时间、空间和规模，并不完全由创新技术本身属性决定，很大程度上由其所处制度环境所决定。例如，在知识产权得不到保护的环境中，创新技术技术扩散很快的一个原因是盗版，导致"山寨"产品市场泛滥，创新者的利益受到严重损害进而影响创新的积极性；又如，垄断与贸易保护主义严重影响某些创新技术的扩散。

这些不确定因素的存在，毫无疑问让技术创新扩散充满了不确定性。这些不确定性在一定程度上影响创新技术正常扩散，同时对创新技术的扩散也具有积极的一面。在投资过程中，风险与收益是一对孪生姐妹。风险最本质特征就是不确定性。不确定性越大也就是风险越大,而风险越大收益越大,采用创新技术所蕴藏的商机就越多。可以说这些不确定性正是企业采用创新技术的动力之一。正是由于这样那样不确定性的存在,使潜在采用者能够通过采用技术创新获得高额利润,吸引众多的企业不断地做出技术创新采用决策,从而促进创新技术的扩散。

第三节 创新技术的随机扩散模型

在传统的 Bass 模型及其扩展形式中,采用数量只是个时间的确定性变量,事实上由于不确定性因素存在于技术创新扩散中的各个方面,对于任一个时间 t,创新技术的采用数量 $X(t)$ 应该是个随机变量,即 $\{X(t); t \geq 0\}$ 应为一个随机过程。在技术创新扩散过程中充满着控制、反馈、反复,并且从一个时刻 t 到下一个时刻的状态变化只与这个时刻的状态有关,这与马尔柯夫链的过渡状态有着相似之处,因此可将这一随机过程定义为马尔柯夫过程。由于时间是连续的而群体数目是离散的,可建立一个时间连续状态离散的马尔柯夫过程来研究。

一 模型假设

一项创新技术出现后,会出现早期采用者,他们成为技术创新扩散源,在与潜在的创新技术采用者交流过程中,影响他们的决策,不断产生新的采用者。因此,本书用纯生马尔柯夫过程来描述这一状态,其假设为:

(1)产品是同质,创新扩散的方式主要是广告宣传和技术创新源与潜在创新技术采用者的交流与接触。

(2) 企业总数为 m，$X(t)$ 为 t 时刻的累积采纳者数量，它是一个随机变量。借鉴官建成①的思路假设下一个采纳者采纳创新的间隔时间服从均值为 $1/\lambda_n$ 的负指数分布，其中：$\lambda_n = \mu(m-n) + \frac{q}{m}n(m-n)$，$\mu$，$q$，$m$ 意义与 Bass 模型相同。则该扩散过程描述如下：

$$P\{X(t+\Delta t)=j \mid X(t)=n\} = \begin{cases} \lambda_n \Delta t + o(\Delta t) & j = n+1 \\ o(\Delta t) & j > n+1 \\ 0 & j < n \end{cases} \quad (10-1)$$

(3) 初始技术采用者数至少为 1，比如创新源。

二 模型构建

$p_n(t)$，$n = 0, 1, \cdots, m$，表示 t 时刻有 n 个采用者的概率，则由福克—普朗克方程得：

$$\frac{dp_0(t)}{dt} = -\mu m p_0(t) \quad (10-2)$$

$$\frac{dp_n(t)}{dt} = \{\mu[m-(n-1)] + \frac{q}{m}[m-(n-1)](n-1)\}$$
$$p_{n-1}(t) - [\mu(m-n) + \frac{q}{m}(m-n)n]p_n(t) \quad (10-3)$$

令

$$x(t) = E[X(t)] = \sum_{n=0}^{m} n p_n(t) = \sum_{n=1}^{m} n p_n(t) \quad (10-4)$$

则有：

$$\frac{dx(t)}{dt} = \frac{d}{dt}[\sum_{n=1}^{m} n p_n(t)]$$
$$= \sum_{n=1}^{m} n \frac{dp_n(t)}{dt}$$

---

① 官建成：《产品创新扩散中的随机现象》，《中国管理科学》1994 年第 3 期。

$$= \sum_{n=1}^{m} \{\mu n[m-(n-1)] + \frac{q}{m}[m-(n-1)]n(n-1)\}$$

$$p_{n-1}(t) - [\mu n(m-n) + \frac{q}{m}(m-n)n^2]p_n(t) \quad (10-5)$$

其中,

$$\sum_{n=1}^{m} \{\mu n[m-(n-1)] + \frac{q}{m}[m-(n-1)]n(n-1)\}p_{n-1}(t)$$

$$= \mu m p_0(t) + \sum_{n=2}^{m} \{\mu n[m-(n-1)] + \frac{q}{m}[m-(n-1)]$$

$$n(n-1)\}p_{n-1}(t) = \mu m p_0(t) + \sum_{n=1}^{m} [\mu(n+1)(m-n) + \frac{q}{m}(m-n)$$

$$(n+1)n]p_n(t) \quad (10-6)$$

所以

$$\frac{dx(t)}{dt} = \mu m p_0(t) + \sum_{n=1}^{m} [\mu(m-n) + \frac{q}{m}(m-n)n]p_n(t)$$

$$= \mu m \sum_{n=0}^{m} p_n(t) - \sum_{n=1}^{m} \mu n p_n(t) + \sum_{n=1}^{m} q n p_n(t) - \sum_{n=1}^{m} \frac{q}{m}n^2 p_n(t)$$

$$= \mu m - \mu x(t) + q x(t) - \frac{q}{m}\{D[X(t)] + x(t)^2\} \quad (10-7)$$

其中,$D[X(t)]$ 表示随机变量 $X(t)$ 的方差,显然,当 $D[X(t)]=0$,即 $X(t)$ 为确定变量时,该模型退化为 Bass 模型,并且当 $q=0$,$\mu \neq 0$ 时,该方程退化为 Fourt-Woodlock 模型,当 $q \neq 0$,$\mu=0$ 该模型退化为 Mansfield 模型,所以,基本扩散模型只是随机扩散模型的一个特例。

第四节 随机扩散模型与传统 Bass 模型的比较

$D[X(t)]$ 是一个随时间变化的变量,但为求简化,本书假设其为一常量，令总企业数 $m=200$；创新速率 $\mu=0.2$，模仿速率 $q=0.005$，方差 $D(X)$ 分别取 200、400、600，取时间 $t=100$ 个月。利用 Matlab 软件模拟得到传统 Bass 模型与随机扩散模型的扩散轨迹如图 10-1 所示。

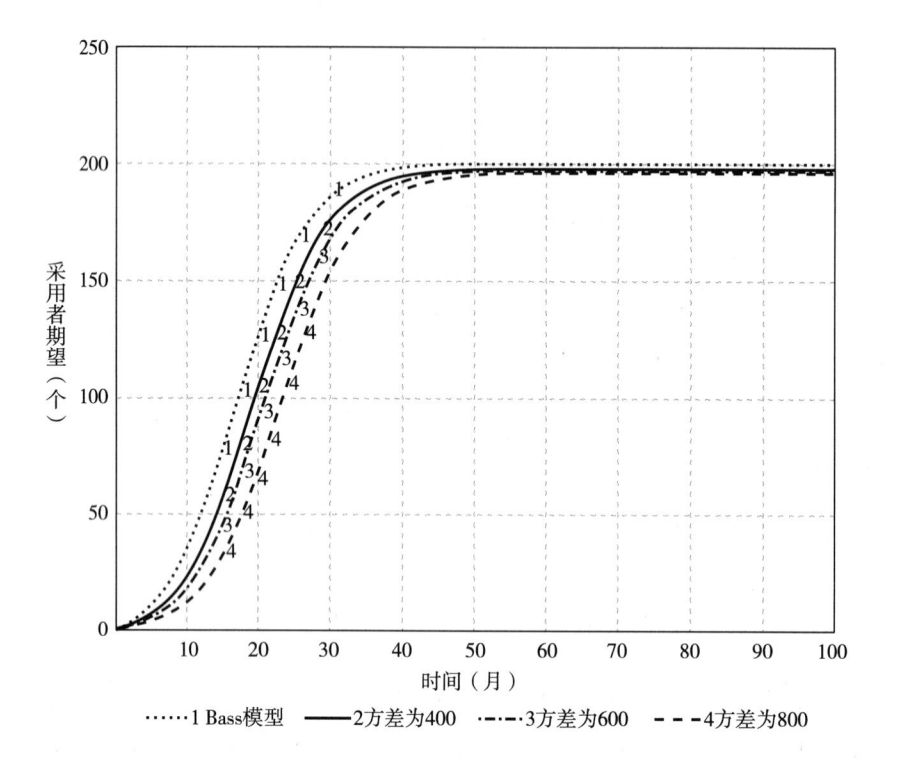

……1 Bass模型 ——2方差为400 —·—·3方差为600 ― ― ―4方差为800

图 10-1 随机扩散模型与 Bass 模型比较

从图 10-1 中可以看到，随机扩散模型的扩散轨迹在形态上与传统 Bass 模型相似，已采用技术创新企业规模呈现"S"形，随着时间的推移最终达到稳定状态。但是由于 $D(X)$ 的存在，其扩散速度会比传统的扩散速度要慢一些，并且随着 $D(X)$ 的增大其扩散速度变慢，而且最后稳定状态时并不是所有的企业都采用了创新技术，这一点与传统的 Bass 模型显著不同。$D(X)$ 是方差,在这里指的是采用的结果与期望值的离散程度,它越大表示技术创新源与潜在创新技术采纳者的交流越不能有效地促进技术创新扩散,有部分技术创新扩散源在采用技术后由于各种原因对潜在采纳者起到了阻碍的作用。

第五节 结论与展望

一 研究结论

随着经济的发展,技术创新扩散系统充满着越来越多的随机因素,传统的扩散模型在实际应用当中已显疲惫,因为其没有考虑扩散过程中采用者的决策行为、采纳时间方面存在的随机特性。本书针对这一问题构建了基于 Markov 链的技术创新随机扩散模型,发现传统的 Bass 模型只是随机扩散模型的一个特例,并将其与传统模型进行比较。比较的结果表明:随着时间的推移,采纳新技术的企业的期望值 $E[X(t)]$ 与传统 Bass 模型一样,呈现"S"形扩散轨迹,并且当方差为 0 时,最终所有企业都会采用,即这一技术为整个社会所共享。但当方差不为 0 时,其扩散速度会比传统扩散模型慢,并且方差越大其扩散速度越慢,最终也有一些企业没有采用创新技术,这是因为当方差很大时,代表内部影响的口头交流有些是失败的,即有些采用者对扩散起到了阻碍作用,所以企业生产出满足消费者偏好的产品或技术仍然是决定扩散速度的本质所在。

二 研究展望

本书的研究仅考虑了技术创新中的模仿速率与创新速率和采用者数量几个因素。进一步可拓展的研究方向是:

(1) 随机技术创新扩散过程中的 $D[X(t)]$ 是个随时间变化的

函数，并不是常量，要想更真实地模拟其扩散轨迹，需要合理地估计其随扩散过程的变化。

（2）技术创新扩散过程中的随机因素很多。需要将其他因素融入此模型中，以探究影响技术创新扩散过程不确定性的因素，从而确定采用新技术的最佳时机，这样有利于更好地推进新技术的扩散。

（3）本书构建了基于 Markov 链的修正 Bass 散模型，然后并没有得到期望的精确解析解，在定量化方面还不够深入，即在该模型解法和应用上还有待更深层次的挖掘。

第十一章　基于 BP 神经网络的技术创新扩散模型研究

第一节　引言

技术创新扩散理论作为技术创新的重要组成部分，可以预测产品的扩散趋势，很早就引起了市场营销学者和管理学者的关注。自1969年 Bass 模型①问世以来，国内外学者在此基础上展开研究，提出了许多技术创新扩散模型，为估计模型参数也提出了多种理论方法，很多技术扩散模型被广泛地应用于多个领域，促进企业创新技术与产品快速扩散，同时也检验了扩散模型的理论的正确性与实际的实用性。

Bass 模型及扩展模型是所有技术创新扩散模型的基础和最重要的组成部分，绝大部分学者都是以 Bass 模型为基础展开研究，最终建立各种各样用于实证的应用模型。对其参数的估计分为数据充足时与数

---

① F. M. Bass, "A new product growth model for consumer durables", *Management Science*, No. 15, 1969.

据不充足时两种情况，普通最小二乘法是当模型数据充足时最常用的一种参数估计方法，但是它不能直接算出系数的标准差，为了克服这种估计方法的不足，1982 年，Schmittlein 和 Mahajan 率先提出用极大似然估计法（Maximum – likelihood Estimation，MLE）直接估计 Bass 模型的微分式方程，该方法不但减少了时间间隔上的偏差而且提供了模型参数估计的标准差。1993 年，Helson 等在研究技术创新跨国扩散问题中使用 LSR（Latent Structure Regression）方法估计 Bass 模型参数。以上方法的系数是固定的，而扩散过程的系数应该是随着时间而变化的，因此许多学者提出了时变系数估计方法，Bretschneir 和 Mahajan 提出适应性滤波（Adoptive Filter，AF），Sultan、Farley 和 Lehmann 提出亚分析（Meta – Analysis，AS）以及 Lenk 和 Rao 提出递阶贝叶斯法则（Hierarchicl Bayesian，HB）等。这些方法在数据充足时都能取得较好的估计结果，而在数据不充足时，这些方法却失灵了。Mahajan 和 Sharma（1986）提出了用管理判断估计扩散参数的代数估计程序，但是这种判断方法具有太多的主观意识，Bass 也对这方法提出质疑。随着计算机的发展，逐渐出现了各种神经网络估计方法，如官建成、Rajkumar 提出采用遗传算法进行参数估计，并与其他参数估计方法进行了比较，取得了更好的效果。杨敬辉在其研究中应用遗传算法对 Bass 模型的参数进行了估计，也取得了较好的效果。董景荣用蚁群算法估计了重复买多代创新扩散模型，发现了在数据不充足的情况下，蚁群算法比极大似然估计方法以及非线性最小二乘法的估计效果都要好。

上述的估计都是对单一主体的扩散轨迹的估计，其估计对象是一元 Bass 模型或其扩展模型。事实上产品的扩散并不是独立进行的，还受其他产品的影响，如固定电话与移动电话的扩散显然是相互影响

第十一章 基于 BP 神经网络的技术创新扩散模型研究

的，移动电话对固定电话具有替代借用，将它们分开估计预测显然是不对的。因此，本书根据杨国忠的二元 Bass 扩散模型对固定电话与移动电话的用户进行估计。

第二节 Bass 扩散模型及参数估计设计

一 Bass 扩散模型

杨国忠（2011）构建了包含创新需求、模仿需求和渗透需求的 MTID 模型：

$$\frac{dN_i(t)}{dt} = [p_i + \frac{q_i}{\overline{N}}N_i(t)][\overline{N} - N_i(t) + \sum_{j=1, j \neq i}^{n} \sigma_j N_j(t)] \quad (11-1)$$

其中：$i = 1, \cdots, n$；$N_i(t)$ 为到 t 时刻为止累积采用技术创新 i 的人数；$\overline{N}$ 为市场潜量，即采用者上限；$dN_i(t)/dt$ 为 t 时刻采纳创新 i 的人数；p_i 为外部影响系数（$p_i > 0$），可以理解为外部影响的单位效应；q_i 为内部影响系数（$q_i > 0$），反映了采用者和未采用者之间的相互作用强度，σ_j 表示采用创新 j 的人对采用创新 i 的人的影响；$[\overline{N} - N_i(t) + \sum_{j=1, j \neq i}^{n} \sigma_j N_j(t)]$ 表示技术创新采用者规模；$[p_i + \frac{q_i}{\overline{N}} N_i(t)]$ 表示技术创新采用成功的程度，它们的乘积决定了技术创新扩散的速度变动。

令 $\frac{N_i(t)}{\overline{N}} = x_i(t)$，式（11-1）可以表示为：

$$\frac{dx_i(t)}{dt} = [p_i + q_i x_i(t)][1 - x_i(t) + \sum_{j=1, j \neq i}^{n} \sigma_j x_j(t)] \quad (11-2)$$

其中，$i = 1, \cdots, n$；x_i 表示技术创新 i 的普及率。

二 参数估计设计

一般情况下，得到的数据都是离散化的，因此要求对式（11-1）进行离散化处理有：

$$\frac{x_i(t+\Delta t) - x_i(t)}{\Delta t} = [p_i + q_i x_i(t)][1 - x_i(t) + \sum_{j=1, j \neq i}^{n} \sigma_j x_j(t)]$$

（11-3）

其中，$i = 1, \cdots, n$。考虑到时间变量取值时，一般以自变量刻度相差为1时取因变量的值，故设自变量之间差值 $\Delta t = 1$，则上式变为：

$$x_i(t+1) - x_i(t) = [p_i + q_i x_i(t)][1 - x_i(t) + \sum_{j=1, j \neq i}^{n} \sigma_j x_j(t)]$$

（11-4）

即：

$$x_i(t+1) = p_i + (q_i - p_i + 1)x_i(t) - q_i x_i^2(t) + p_i \sum_{j=1, j \neq i}^{n} \sigma_j x_j(t) + q_i \sum_{j=1, j \neq i}^{n} \sigma_j x_j(t) x_i(t)$$

（11-5）

本书只估计固定电话用户数与移动电话用户数，因此只取 $i = 1, 2$，即：

$$\begin{cases} x_1(t+1) = p_1 + (q_1 - p_1 + 1)x_1(t) - q_1 x_1^2(t) + p_1 \sigma_2 x_2(t) + \\ \qquad\qquad q_1 \sigma_2 x_2(t) x_1(t) \\ x_2(t+1) = p_2 + (q_2 - p_2 + 1)x_2(t) - q_2 x_2^2(t) + p_2 \sigma_1 x_1(t) + \\ \qquad\qquad q_2 \sigma_1 x_2(t) x_1(t) \end{cases}$$

（11-6）

其中，p_1，p_2，q_1，q_2，σ_1，σ_2 为需要估计的参数。

第三节 BP 神经网络方法与设计

BP 神经网络（Back Propagation Neural Network）由 Rumelhart 和 McCelland 等科学家小组于 1986 年提出，根据误差逆传播算法训练建立的多层前馈网络，其全称为反向传播模型。BP 神经网络由包括输入层、隐含层、输出层在内的若干层神经元组成一个多层感知器结构。

相比于传统估计模型参数的方法与工具，BP 神经网络具有自身优势与特点[①]：①分布式存储知识和信息；②大规模并行处理数据；③自主学习性；④联想记忆；⑤知识与信息处理的自适应性、动态性与容错性。

对于函数逼近、模式分类以及非线性建模，BP 神经网络估计相关参数具有较好的效果，在这些方面应用相当广泛。由于技术创新扩散具有不确定性和非线性等特征，正好迎合这些特征的 BP 神经网络方法可以用来估计技术创新扩散模型。

BP 神经网络模型计算比较复杂，计算工作量较大。目前，虽然没有专门的 BP 神经网络模型计算软件，但 Matlab 软件中提供了一个现成的神经网络工具箱，几乎完整地概括了现有神经网络的新成果。很多研究人员直接采用其中的 BP 神经网络模型研究技术创新扩散中诸如环境评价、预测产品扩散轨迹等问题。

一 BP 神经网络模型结构的确立

本书所建立的 BP 神经网络模型结构包括输入层、输出层和一个

[①] 胡宝明、刘秀新、王丽丽：《基于神经网络的技术创新扩散建模探讨》，《科学学与科学技术管理》2002 年第 8 期。

隐含层，各层的神经元数如下。

（一）输入层

根据技术创新扩散的微分方程组，将自变量作为输入层的神经元数，在本书建立的 BP 神经网络模型中神经元数为 5。

（二）隐含层

隐含层神经元数的选取十分重要，它关系到整个 BP 神经网络的精确度和学习效率。然而，目前没有相关理论与方法确定隐含层神经元的数量。如果选择太少的隐含层神经元，则会产生两个问题并影响最后的估计效果：第一，网络的非线性映射功能和容错性较差；第二，收敛速度变慢且难以收敛。如果选择过多的隐含层神经元，则因网络的拓扑结构复杂导致迭代学习时计算量大、学习时间增加影响学习效率。一般经验的做法是，根据模型评价能力初步确定隐含层神经元的数量，经多次运算并比较实验数据与经过辨识得到的模型计算值之间的误差平方和后，选取最佳隐含层神经元数量。在本书建立的 BP 神经网络模型中神经元数隐含层神经元数量确定为 10。

（三）输出层

本书建立的 BP 神经网络模型的输出层为固定电话和移动电话用户覆盖率这两个变量。

因此，BP 神经网络的拓扑结构确定为 5 - 10 - 2。

二　样本数据的采集

本书的数据为 1987—2012 年固定电话和移动电话的普及率（见表 11 - 1）：

表 11-1　　1987—2012 年固定电话和移动电话的普及率

年份	固定电话普及率	移动电话普及率	年份	固定电话普及率	移动电话普及率
1987	0.003575	0.000001	2000	0.11427	0.06727
1988	0.004258	0.000003	2001	0.141324	0.113471
1989	0.00504	0.000009	2002	0.166771	0.160374
1990	0.005992	0.000016	2003	0.203322	0.208898
1991	0.007296	0.000041	2004	0.239834	0.257581
1992	0.009788	0.000151	2005	0.268014	0.300887
1993	0.014624	0.000538	2006	0.279796	0.350771
1994	0.022775	0.001308	2007	0.276727	0.414206
1995	0.033607	0.002996	2008	0.256291	0.482847
1996	0.044895	0.005599	2009	0.235051	0.559947
1997	0.056873	0.010704	2010	0.219732	0.641179
1998	0.070071	0.019127	2011	0.213245	0.732083
1999	0.086429	0.03442	2012	0.207000	0.826000

资料来源：工信部及联合国 Encyclopedia of the Nations 网站。

三　BP 神经网络的建立及初始化

Matlab 的神经网络工具箱提供了建立神经网络的专用函数 Newff（·）和初始化函数 init 函数。在运用专用函数 Newff（·）建立网络时，软件系统对网络权值矩阵和阈值向量自动进行初始化。当然，研究人员也可以运用初始化函数 init 函数，根据实际问题的特殊需求，可以通过 init 函数及设置相关网络参数，并赋初始值。值得注意的是，初始化值对 BP 算法的收敛性和训练速度有一定的影响，好的初始值能够缩短计算时间。

四　BP 神经网络的训练

BP 神经网络的基本特征是学习特性。通过调节网络权值和阈值来实现神经网络的学习与训练，学习与训练过程反复迭代直至收敛。在初始化之后，网络的权值和阈值将会按照 BP 算法，沿着网络误差变化的负梯度方向进行调节，最终使网络误差达到极小值或最小值，即在这一点误差梯度为零。

在 BP 网络训练前，必须对网络训练的一些重要参数进行设置，主要包括 goal（目标函数误差）、lr（学习速度）、show（显示轮回数）、epochs（最大训练轮回数）等。把一些基本参数设置完毕后，即可进行网络学习与训练。正如其他方法估计模型参数需要样本数据一样，BP 神经网络训练需要一定数量的训练样本，这些训练样本由输入矢量和目标矢量组成。BP 神经网络通过学习和训练，不断地计算实际输出与目标输出的误差并判断误差是否满足精度要求。如果误差不超过事先给定的值，则结束网络训练。否则，继续网络训练。继续训练过程中，网络通过反向传播误差、计算误差梯度与调节网络权值和阈值，使网络的输出值逐渐接近目标值，直到误差不超过事先给定的值为止。

五 BP 神经网络的仿真及结果评价

利用 Matlab 软件中提供的神经网络工具箱，将网络输入数据仿真函数 sim 函数进行数值计算，得出相应的网络输出数值即为 BP 神经网络的仿真过程。当输入数据为矩阵数据，则为多点仿真；如果输入数据为向量，则为单点仿真。因为 BP 神经网络具有不同于其他估计参数方法的优势与特点，BP 神经网络通过仿真估计相关参数具有较好的效果。

第四节 估计结果与分析

基于上述二元技术创新扩散模型的建立和 BP 网络设计，本书以 1987—2012 年的固定电话和移动电话覆盖率对模型进行验证。以

1987—2007 年的数据进行样本学习，2008—2012 年的样本进行测试。

（1）如前所述，该 BP 神经网络的拓扑结构为 5 - 10 - 2。

（2）取 1988—2012 年的固定电话和移动电话用户覆盖率作为输出值，取 1987—2012 年的固定电话和移动电话用户覆盖率以及它们各自的平方，还有它们的乘积作为输入值。

（3）网络初始化，同时设定参数 lr = 0.1、epochs = 1000、goal = 0.0004。

（4）分别预测 2008—2012 年的固定电话和移动电话用户覆盖率，结果如表 11 - 2 所示。

表 11 - 2　　2008—2012 年的固定电话和移动电话用户覆盖率

年份	固定用户真值	固定用户预测值	误差（％）	移动用户真值	移动用户预测值	误差（％）
2008	0.2563	0.2307	- 9.9711	0.4828	0.4986	3.2709
2009	0.2351	0.2230	- 5.1456	0.5599	0.5618	0.3290
2010	0.2197	0.2266	3.1358	0.6412	0.6646	3.6518
2011	0.2132	0.2042	- 4.2471	0.7321	0.7090	- 3.1569
2012	0.2070	0.1996	- 3.5926	0.8260	0.8741	5.8178

由表 11 - 2 可知，每年的误差基本在 5% 以内，可见用 BP 神经网络方法来预测多元技术创新扩散模型的有效性。

第五节　结语

本书在二元技术创新扩散的基础上，利用 BP 神经网络对固定电话和移动电话用户覆盖率进行预测，结果表明误差较小，方法有效。

从而为多元技术创新扩散模型用于预测产品的扩散轨迹提供了方法基础。但是本书没有对多元技术创新扩散进行验证，这是以后的一个研究方向。

第十二章 基于实物期权的技术创新扩散中企业采纳决策分析

第一节 引言

技术创新是提高社会生产力和综合国力的原动力。技术创新扩散对于促进地区产业结构的调整、缩小地区之间经济发展差距以及推动社会全面进步等，发挥了重要的作用。正如美国经济学家舒尔茨所说："创新技术离开了扩散，就不可能对经济产生影响。"因此，技术创新扩散的研究具有重要的理论与现实意义。

Bass（1969）从市场的总体反映出发，以采用者总数为扩散过程的描述变量，建立了著名的 Bass 模型。Bass 模型及其扩散模型最开始是宏观预测模型。学者们在此基础上，结合各种理论与方法逐步发展众多的微观决策模型。段茂盛等（2001）基于微观决策理论，建立了确定性与不确定性两种情况下单个潜在用户创新采纳决策模型。Steffens P. R.（2003）建立并测试一种传统耐用商品多单位采纳模型。Hu B. M. 等（2004）基于企业随机采购行为，建立一个替代技术创新扩散的随机演化模型。莫云清等（2004）运用社会网络分析方法建立了适用于单个潜在用户创新决策概率模型和创新扩散模型。胡知能、徐玖平（2005）应用动态分析方法建立了一个新产品多阶段创扩散模型。夏晖、曾勇（2005）运用实物期权方法对多代新技术的最优投资策略和扩散进行了研究。Carayannis E. G. 等（2006）通过检验影响采用和实施公钥基础设施的因素，提出了一种安全技术的采用和实施模型。黄玮强、庄新田（2007）通过虚拟潜在采纳个体的决策过程，研究了创新潜在采纳主体行为、扩散网络结构与性质对创新微观采纳和宏观扩散的影响。Emmanouilides Christos J. 等（2007）假定在空间层次结构下的随机高斯定律下代理相互作用，建立了一个产品选择模型。张京伟等（2010）探讨了基于 Bass 扩散模型的新技术采用最优时机问题。卢铭凯、史本山（2011）运用二叉树和实物期权理论与方法，构建了离散时间状态下新产品实物期权定价模型，并由此推导出潜在采用者采用创新技术的最佳时机。黄海洋、陈继祥（2012）建立了大学技术创新扩散的演化博弈模型，分析了创新技术采纳成本与政府补贴对潜在采纳企业采纳创新技术决策的影响。Gao Tao 等（2012）对制造商采用昂贵的不连续创新的价值和风险感知的反补贴效应进行了研究。Risselada Hans 等（2014）分析了社会影响和直接营销对采用一种新的高科技产品的动态影响。王展昭等（2015）基于系统动力学方法构建了一个技术创新扩散决策模型。黄玮强等（2015）考虑潜在采纳者所处局域关系网络对创新技术采纳决策的影响，建立了一个无标度创新扩散模型。Stummer Christian 等（2015）研究基于代理的市场竞争中重复购买的创新扩散问题。Montazemi Ali Reza 等（2015）采用两阶段随机效应的回顾分析结构方程建模方法研究网上银行采纳的影响因素。徐莹莹、綦良群（2016）将无标度网络视为扩散载体,使用复杂网络演化博弈方法,研究了企业集群低碳技术创新扩散。马永红等(2016)将网络结构和采纳者偏好作为核心参数,构建基于采纳者决策过程的创新扩散系统动力学模型。Anand Adarsh等(2016)应用基于距离的方法,建立了一个能够计算最佳属性值的优化决策模型。

综上所述,研究技术创新扩散决策模型较多,但是学者们提出的技术创新扩散决策模型都没有考虑创新技术预期收益的跳跃性。事实上,技术创新扩散过程充满着各种不确定性,如扩散环境、市场需求等,这些不确定性导致创新技术预期收益的跳跃性变化。基于此,本书在国内外相关文献的基础上,假设企业采用创新技术的收益服从带跳几何布朗运动,构造出企业的最优采用时机决策模型,探讨企业采用创新技术的选择时机以及各关键参数对其的影响。

第二节 创新技术采纳决策模型

一 模型的假设条件

在技术创新扩散过程中,创新技术的收益是不确定的,并且往往带有跳跃性。因此,本书假设企业采用创新技术的固定成本为 I,其收益由产品市场需求函数与不确定随机变量决定,即 $R(t) = (p-c)D(Q)Y(t) - I$。其中,$R(t)$ 为企业采用创新技术获得的收益;$D(Q)$ 表示企业采用创新技术后其产品的市场需求状况,为简化分析,假设这一需求为常数 D;$Y(t)$ 表示市场与环境的不确定性对产品需求的冲击,假设其服从带跳的几何布朗运动:

$$dY(t) = uY(t)dt + \sigma Y(t)dz + (J-1)Y(t)dq \qquad (12-1)$$

其中,$uY(t)dt + \sigma Y(t)dz$ 描述的是需求受到市场随机冲击但没有发生跳跃情况下所服从的连续扩散过程，u 是漂移项，σ 是变动率，dz 是维纳增量。$(J-1)Y(t)dq$ 是对跳跃过程的描述，其中 dq 为泊松过程，定义为 $dq = \begin{cases} 0, & \text{概率 } 1-\lambda dt \\ 1, & \text{概率 } \lambda dt \end{cases}$，即在一个很小的时间间隔 dt 里，q 发生一个跳跃的概率为 λdt，$J-1$ 为跳跃的幅度。

二　模型的构建

为简化起见，用 Y 代替 $Y(t)$。假设无风险利率为 r、企业在 T 时刻开始采用创新技术，则在面临着市场不确定性和政策不确定性的情况下，t 时刻企业的价值为：

$$W(Y_t) = \max_T E_t\left\{\int_T^\infty [Y(\tau)D(Q)e^{-r(\tau-t)} - Ie^{-r(T-t)}]d\tau\right\} \quad (12-2)$$

在 T 时刻其价值记为：

$$V(Y_T) = E_T\left\{\int_T^\infty [Y(\tau)D(Q)e^{-r(\tau-T)} - I]d\tau\right\} = \frac{Y(T)D}{r-u-(J-1)\lambda} - I \quad (12-3)$$

$V(Y_T)$ 又为转换期权价值。$W(Y)$ 满足偏微分方程[①]：

$$\frac{\partial W}{\partial Y}Yu + \frac{\partial W}{\partial t} + \frac{1}{2}\frac{\partial^2 W}{\partial Y^2}Y^2\sigma^2 - rW + \lambda E[W(JY,t) - W(Y,t)] - \lambda\frac{\partial W}{\partial Y}YE(J-1) = 0 \quad (12-4)$$

假定获取现金的时间是固定的，因此 $\frac{\partial W}{\partial t} = 0$，且受政策影响的跳跃幅度是固定的常数，从而上述方程可以简化为：

$$\frac{\partial W}{\partial Y}Yu + \frac{1}{2}\frac{\partial^2 W}{\partial Y^2}Y^2\sigma^2 - rW + \lambda[W(JY) - W(Y)] - \lambda\frac{\partial W}{\partial Y}Y(J-1) = 0 \quad (12-5)$$

---

① Merton R. C., "Option Pricing when Underlying Stock Returns Discontinuous", *Journal of Financial Economic*, Vol. 3, No. 1, 1976.

第十二章 基于实物期权的技术创新扩散中企业采纳决策分析

式（12-5）因为包含 $W(JY)$ 这一项，一般没有解析解。为此，我们采用泰勒级数展开，用 $W(Y)$ 近似代替 $W(JY)$。一般情况下，可以假设投资价值 $W(Y)$ 在其定义域上是二阶连续可导的，进行如下展开：

$$W(JY) = W[(J-1)Y+Y] = W(Y) + \frac{\partial W}{\partial Y}(J-1)Y + \cdots + \frac{\partial^n W}{\partial Y^n n!}(J-1)^n Y^n + R_n(Y) \quad (12-6)$$

其中，$R_n(Y)$ 是拉格朗日余项，为了计算方便，这里只取 $W(JY)$ 的二阶展开，即：

$$W(JY) = W(Y) + \frac{\partial W}{\partial Y}(J-1)Y + \frac{\partial^2 W}{\partial Y^2 2}(J-1)^2 Y^2 \quad (12-7)$$

于是得到投资价值常微分方程如下：

$$\frac{\partial W}{\partial Y}Yu + \frac{1}{2}\frac{\partial^2 W}{\partial Y^2}Y^2\sigma^2 - rW + \lambda\frac{\partial^2 W}{2\partial Y^2}Y^2(J-1)^2 = 0 \quad (12-8)$$

这是一个齐次欧拉方程，其解是 $AX^{\beta_1} + BX^{\beta_2}$，其中 β_1 和 β_2 是特征方程

$$W = \left[\frac{1}{2}\sigma^2 + \frac{\lambda(J-1)^2}{2}\right]\beta(\beta-1) + u\beta - r = 0 \quad (12-9)$$

的两个根，于是有：

$$\begin{cases} \beta_1 = \frac{1}{2} - \frac{u}{\sigma^2 + \lambda(J-1)^2} + \sqrt{\left(\frac{u}{\sigma^2 + \lambda(J-1)^2} - \frac{1}{2}\right)^2 + \frac{2r}{\sigma^2 + \lambda(J-1)^2}} \\ \beta_2 = \frac{1}{2} - \frac{u}{\sigma^2 + \lambda(J-1)^2} - \sqrt{\left(\frac{u}{\sigma^2 + \lambda(J-1)^2} - \frac{1}{2}\right)^2 + \frac{2r}{\sigma^2 + \lambda(J-1)^2}} \end{cases}$$

$$(12-10)$$

为确定期权被实施，假设 $r > u$ 于是有 $\beta_1 > 1$ 和 $\beta_2 < 0$。由初始条件 $W(0) = 0$，知 $\beta_2 < 0$，没有意义，所以 $W(Y) = AY^{\beta_1}$。由匹配条件 $W[Y^*] = V[Y^*]$，和平滑粘贴条件 $W_Y[Y^*] = V_Y[Y^*]$ 得：

$$\begin{cases} AY^{*\beta_1} = \dfrac{Y^*D}{r-u-(J-1)\lambda} - I \\ A\beta_1 Y^{\beta_1-1} = \dfrac{D}{r-u-(J-1)\lambda} \end{cases} \quad (12-11)$$

从而得到：

$$\begin{cases} Y^* = \dfrac{I\beta_1[r-u-(J-1)\lambda]}{D(\beta_1-1)} \\ A = \dfrac{I}{\beta_1-1}(Y^*)^{-\beta_1} \end{cases} \quad (12-12)$$

于是企业投资该创新技术的价值为：

$$W(Y) = \begin{cases} \dfrac{I}{\beta_1-1}\left(\dfrac{Y}{Y^*}\right)^{\beta_1} & Y \leq Y^* \\ \dfrac{YD}{r-u-(J-1)\lambda} - I & Y > Y^* \end{cases} \quad (12-13)$$

Y^* 为企业最优投资阈值，当需求波动小于阈值 Y^* 时，企业应等待而不采用创新技术；否则，立即采用创新技术。

第三节 模型分析

一 基本关系分析

对式 (12-10) 中 $W(\beta(\sigma),\sigma)$ 全微分得 $\dfrac{\partial W}{\partial \beta}\dfrac{\partial \beta}{\partial \sigma} + \dfrac{\partial W}{\partial \sigma} = 0$，对于 $\beta_1 > 1$ 来说：

$\dfrac{\partial W}{\partial \sigma} = \sigma\beta_1(\beta_1-1) > 0$，$\dfrac{\partial W}{\partial \beta_1} = \sqrt{\{u-[\sigma^2+\lambda(J-1)^2]/2\}^2 + 2r[\sigma^2+\lambda(J-1)^2]} >$

0，从而 $\dfrac{\partial \beta_1}{\partial \sigma} < 0$。类似地，可以得到：$\dfrac{\partial \beta_1}{\partial u} < 0$，$\dfrac{\partial \beta_1}{\partial r} < 0$，$\dfrac{\partial \beta_1}{\partial \lambda} < 0$。当 $J <$

1 时，即当环境不利于扩散时，$\dfrac{\partial \beta_1}{\partial J} < 0$。所以，市场不确定性的增加、

收益预期增长率的增大和跳跃强度的增加都将导致 β_1 的减少；无风险利率的增加与跳跃概率的增加都将导致 β_1 的增加。

二 比较静态分析

对于一个微分方程，当解析方法无法判断时，人们常常运用数值仿真方法来进行分析。因此，下面利用上述基本关系式对各变量作关于 σ、u、r、λ、J、I、D 的比较静态分析。

（一）对 Y^* 的分析

由式（12-10）$\ln Y^* = \ln[r - u - (J-1)\lambda] + \ln\beta_1 + \ln I - \ln(\beta_1 - 1) - \ln D$ 容易得出：$\frac{\partial \ln Y^*}{\partial \sigma} = \frac{\partial \ln Y^*}{\partial \beta_1} \frac{\partial \beta_1}{\partial \sigma} = -\frac{\frac{\partial \beta_1}{\partial \sigma}}{(\beta_1 - 1)\beta_1} > 0$，$\frac{\partial \ln Y^*}{\partial I} = \frac{1}{I} > 0$，$\frac{\partial \ln Y^*}{\partial D} = -\frac{1}{D} < 0$。

由于 $\frac{\partial \ln Y^*}{\partial u}$、$\frac{\partial \ln Y^*}{\partial r}$、$\frac{\partial \ln Y^*}{\partial J}$、$\frac{\partial \ln Y^*}{\partial \lambda}$ 的解析式很难判断它们正负号，需用数值仿真方法判断其对 Y^* 的影响，取 $\sigma = 0.2$、$\mu = 0.05$、$D = 20$、$J = 0.8$、$\lambda = 0.15$、$r = 0.1$、$I = 1$，结果如图12-1至图12-4所示。从图12-1可看出 $\frac{\partial Y^*}{\partial u} > 0$，即预期收益率的增加能增加投资阈值。从图12-2中可看出 $\frac{\partial Y^*}{\partial r} > 0$，即市场利率增加也能增加投资阈值。从图12-3可看出 $\frac{\partial Y^*}{\partial J} > 0$，即跳跃强度减小会减少投资阈值。从图12-4可看出 $\frac{\partial Y^*}{\partial \lambda} < 0$，即泊松强度越大则投资阈值越小。

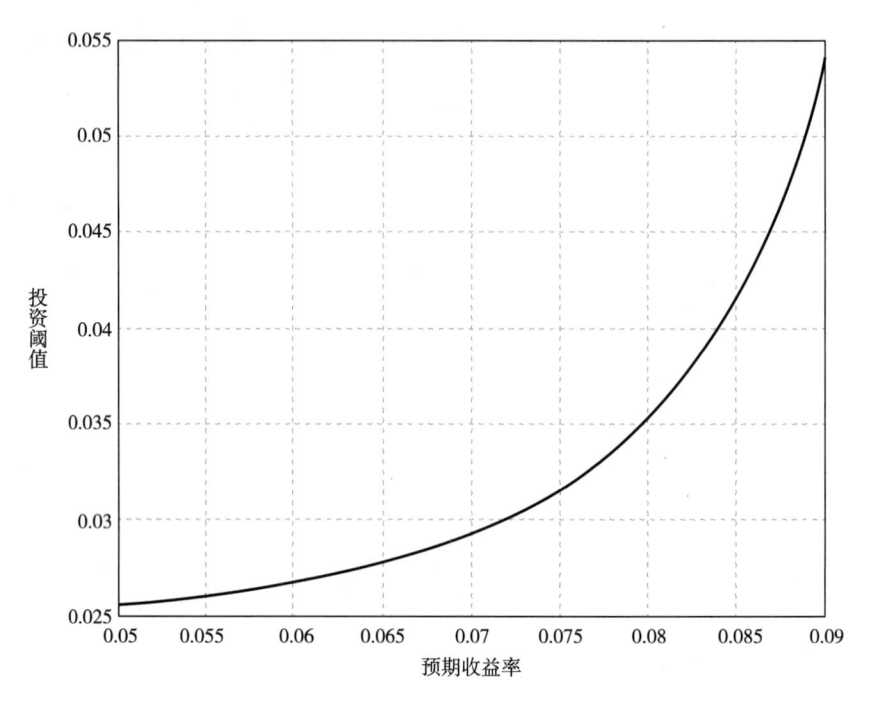

图 12－1　预期收益率对投资阈值的影响

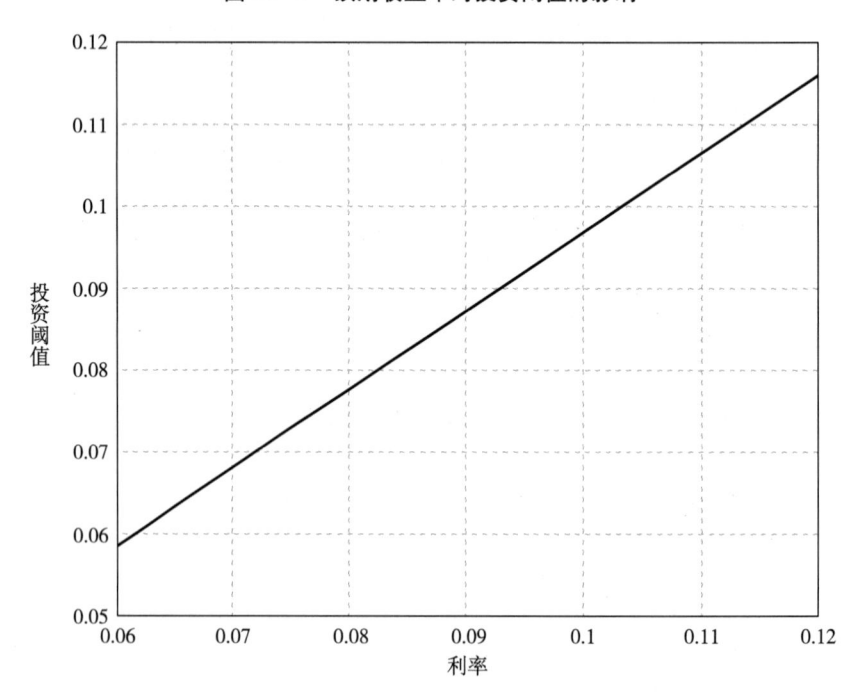

图 12－2　利率对投资阈值的影响

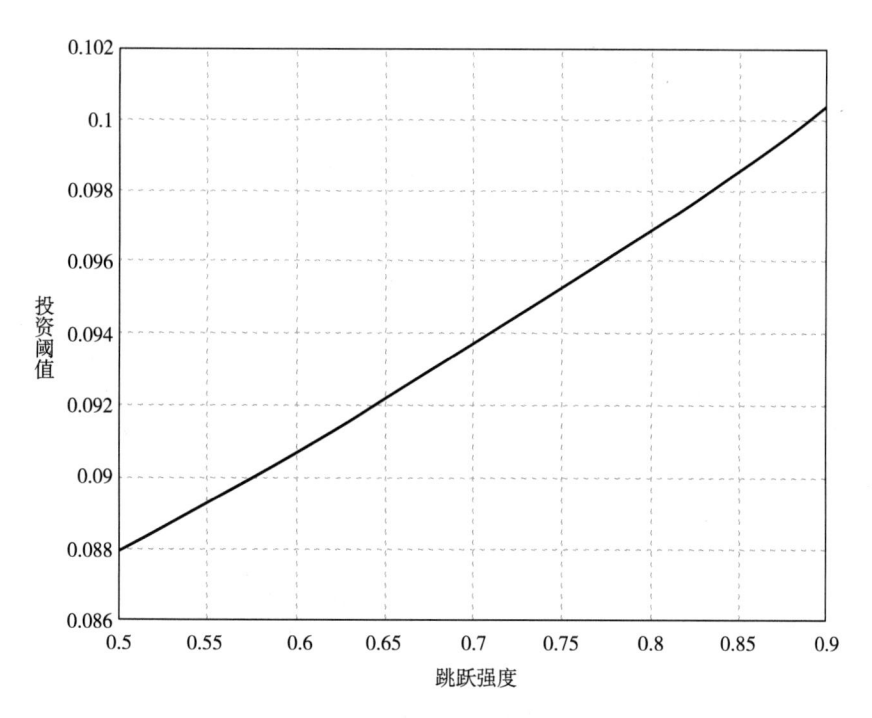

图 12-3　跳跃强度对投资阈值的影响

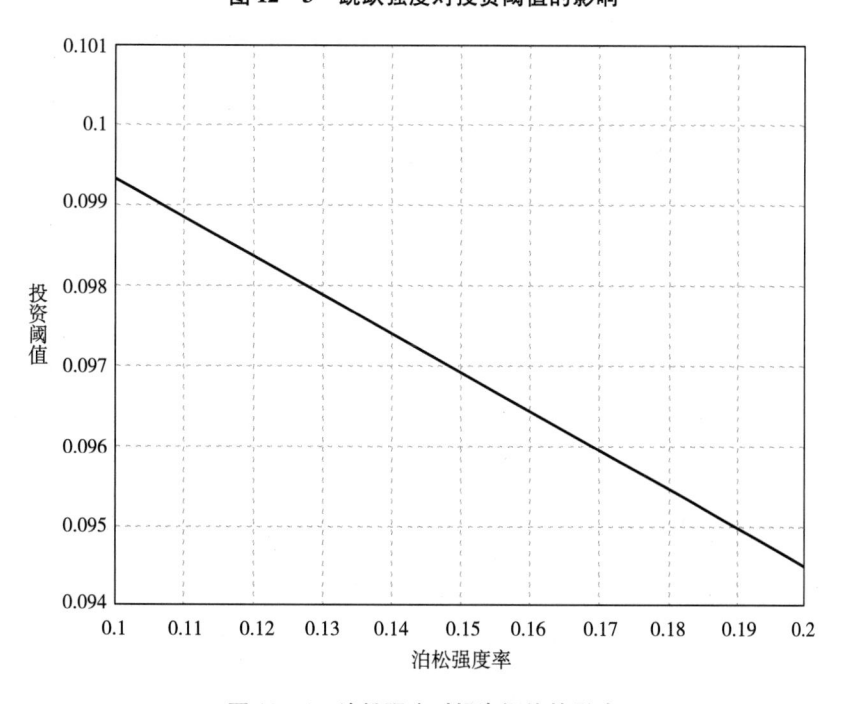

图 12-4　泊松强度对投资阈值的影响

（二） 对 W 的分析

用类似的解析与数值模拟方法，容易得出：

$$\frac{\partial \ln W}{\partial \sigma} > 0, \quad \frac{\partial \ln W}{\partial u} > 0, \quad \frac{\partial \ln W}{\partial r} < 0, \quad \frac{\partial \ln W}{\partial J} < 0,$$

$$\frac{\partial \ln W}{\partial \lambda} > 0, \quad \frac{\partial \ln W}{\partial I} < 0, \quad \frac{\partial \ln W}{\partial \delta} < 0, \quad \frac{\partial \ln W}{\partial D} > 0$$

即波动率、预期收益率及刚性需求的增加都提升了创新技术采纳的价值，其他参数的增加减小了创新技术采纳的价值。

三　分析结果与经济含义

（一）分析结果

上述所有的分析结果总结如表 12 - 1 所示。

表 12 - 1　　　　　　各参数对变量的影响

变量 参数	σ	μ	r	J	λ	I	δ	D
Y^*	+	+	+	+	-	+	+	-
W	+	+	-	-	+	-	-	+

（二）经济含义

不确定性的增加导致投资阈值和企业价值都增加了，这与运用实物期权方法得到的研究结论一致。当市场不确定时，企业往往会选择看清形势再作决策，在市场基本需求不变的情况下，可以增加企业的价值。预期收益率的增加也使投资阈值和企业价值增加了。因为若预期收益率增加，企业会选择更高收益时再来投资，从而企业价值也增加了。利率的增加会增加投资阈值，减小企业价值。因为利率增加会增加资金成本，从而抑制投资。跳跃强度的减小，会使投资阈值减小，而企业价值增大，即当市场因剧烈变动使现有市场需求变小时，企业会增加投资，因为这些剧烈变动并不持久等，等到影响因素消失后需求将会迅速反弹至正常水平，届时将有利可图，从而增加企业价值。泊松跳跃强度越大，即环境剧烈变动的概率越大，企业也会倾向于迟早采用。因为这样能增加企业的价值。投资成本的增加，采纳时间的增加，和正常需求的减小都使投资阈值增加和采纳价值减小，这与常识相一致。

第四节　结论

本书在传统的实物期权基础上引入泊松跳跃过程来描述扩散过程中的市场需求、政策以及环境的不确定性对技术创新扩散的冲击影响。根据所建立的模型分析了企业采用创新技术的最优时机以及各关键参数对其的影响。通过分析发现：

（1）当创新技术的市场需求小于企业最优投资阈值时，企业应等待而不采用创新技术。否则，立即采用创新技术。

（2）市场不确定性增大会降低创新技术的扩散速度，即当不确定行业的新技术是否受市场欢迎时，企业往往会选择现有技术而不去模仿领先企业的技术。

（3）预期收益率的增加将会使技术创新扩散速度变快，此时的企业纷纷仿效技术领先企业，从而加速了领先技术普遍化，促使领先企业进行新的一轮创新，而决定预期收益率的就是市场对该产品的认可程度，即产品需求。

（4）市场利率的增加会使技术扩散速度变慢，因为利率增加一方面使企业更愿意将部分现金存入银行收获利息；另一方面使未来现金流现值减少，没有投资的意愿。

（5）市场环境的剧烈变动对技术创新扩散的影响是有利的。

第十三章　多元技术创新扩散的系统动力学模型及仿真

第一节　引言

自熊彼特提出技术创新理论以来，技术创新扩散的研究已将近百年。法国社会家塔尔德在 1904 年首次提出了"'S'形传播理论"，他认为传播过程中模仿者比率的曲线呈现"S"形。而传播论的代表人物 Rogers 认为，扩散是创新在一定时间内，通过某种渠道，在社会系统成员中进行传播的过程。学习论学者 Lindsey 认为，生产、技术的使用是一项社会活动，所以学习曲线不仅存在于个人学习之中，也存在于团队组织中、合作中和产业中。替代论学者 Sahal 认为，扩散过程实际就是新技术替代老技术的过程。而最先将博弈论方法应用于新技术扩散研究的是 Reinganum，他认为垄断博弈均衡会导致潜在采用者采用新产品的时间不同，从而可得到一条关于时间的扩散曲线。但直至 20 世纪 60 年代 Bass 模型提出后，技术创新扩散模型的研究才日渐活跃。Bass 结合了 Fourt 和 Woodlock[①] 与 Mansfield[②] 两种模型，认为创新产品的潜在采用者会受到大众媒体（外部影响）和口头传播（内部影响）的双重影响，其中受大众传媒影响的潜在采用者称为创新者，受口头传播影响的潜在采用者称为模仿者。鉴于此，在对耐用品市场扩散研究的基础上，Bass 提出了综合外部影响和内部影响的模型——Bass 模型[③]。

之后，许多学者对 Bass 模型进行拓展，放宽限制条件假设。Robinson 和 Lakhani 将营销决策变量加入模型中，认为内部影响系数是营销决策变量的函数。Mahajan 和 Peterson 将外部影响系数和内部影响系数都表示为价格的函数。Dodson 和 Muller 把广告效应引入基本"S"形扩散模型，将潜在用户数 M 作为广告支出的函数。Olson 和 Choi 将 Bass 模型中的采用者用采用量代替。杨国忠研究了二元技术创新与扩散的稳定性。李恒毅综合考虑外部作用和网络规模等多个影响扩散因素，构建一个创新网络技术扩散动态演化模型。张磊等基于离散选择并结合元胞自动机建立了一个混合创新扩散模型。

但是这些都无法适应实际尤其是产业集群技术扩散研究的需要，产业集群技术扩散过程中含多阶段扩散以及集群间的相互影响，因此，本书建立多元技术创新扩散的系统动力学模型，力图使改进的模型综合考虑创新技术扩散市场间的非独立性、扩散过程中潜在采用—等待采用—已采用三阶段扩散过程中时间延迟性，以此来研究企业间

[①] Fourt L. A., Woodlock J. W., "Early Prediction of Rarly Success of New Grocery Products", *Journal of Marketing*, No. 25, 1960.

[②] Mansfield E., "Technical Change and the Rate of Imitation", *Econometrical*, No. 29, 1961.

[③] Bass F. M., "A New Product Growth Model for Consumer Durables", *Management Science*, No. 15, 1969.

相互渗透影响的情况。

第二节　Bass 模型及其在技术创新扩散中的局限性

一　Bass 模型

1969 年 Bass 提出了著名的 Bass 模型也称混合影响模型，其表达式可以用式（13-1）表示：

$$\frac{dN(t)}{dt} = p[\bar{N} - N(t)] + \frac{q}{\bar{N}} N(t)[\bar{N} - N(t)] \qquad (13-1)$$

其中：$N(t)$ 为到 t 时刻为止累积采用技术创新的企业数；$\bar{N}$ 为市场潜量，即采用者上限；$dN(t)/dt$ 为 t 时刻采纳创新的企业数；p 为外部影响系数（$p>0$），可以理解为外部影响的单位效应；q 为内部影响系数（$q>0$），反映了采用者 $N(t)$ 和未采用者 $\bar{N}-N(t)$ 之间的相互作用强度；$q/\bar{N}$ 可以理解为内部影响的单位效应。

经典的 Bass 模型是建立在如下一系列的假设条件基础上的：①市场潜力随时间推移保持不变；②扩散过程只有两种状态——采用和不采用；③市场营销战略不影响创新的扩散；④采用者是无差异或同质的；⑤社会系统的地域界线不随扩散过程而改变；⑥随着时间的推移产品性能保持不变；⑦创新供给没有任何约束；⑧采用者之间的相互交流对于创新扩散所起的作用恒定；⑨一种创新的扩散独立于其他创新的扩散。

二　Bass 模型在技术创新扩散中的局限性

Bass 模型的条件使其在实际应用中存在以下不足：①技术创新扩散并不是独立发生的，它往往与其他相关的技术创新扩散相联系，互相渗透；②Bass 模型中假设市场潜力随时间推移保持不变，现实中应考虑其他相关技术创新的渗透影响,即市场潜力在一定范围内波动;③既然 Bass 模型中市场潜力不是恒定的,则采用者(包括同一技术创新的采用者与不同技术创新之间的采用者)之间的相互交流对于创新扩散所起的作用也不能保持恒定;④技术创新在扩散过程中被简单地分为采用和不采用两阶段,而实际上在对技术创新知识消化、吸收和利用的同时,整个扩散过程应该分为潜在采用—等待采用—采用三阶段,并且这三个阶段在时间上是延续并具有时滞性;⑤企业技术创新采用成功的关键在于技术创新过程中创新知识的流转和利用,Bass 模型中对此并未做出分析,而实际上创新知识的吸收、消化和利用伴随着整个技术创新过程,并对技术创新过程起着决定性的作用。

第三节 多元技术创新扩散的系统动力学模型

一 多元技术创新扩散的微分方程推导

根据前文所述的 Bass 模型局限性,我们放宽 Bass 模型的假设⑨,考虑技术创新之间的相互影响,其他假设保持不变,从而推导多元技术创新微分方程如下:

假设 t 时刻技术创新 i 被企业采用的概率是技术创新 i 以前采用企业数和与之相关的技术创新 j 以前采用数的线性函数,即:

$$P_i(t) = p_i + \frac{q_i}{\overline{N}_i} \times N_i(t) + \sum_{j=1, j \neq i}^{n} \frac{k_{ji}}{\overline{N}_j} \times N_j(t) \qquad (13-2)$$

其中 p_i, q_i, $\overline{N}_i$, $\overline{N}_j$ 与 Bass 模型的意义相同,而 k_{ji} 为渗透系数,表示其他创新 j 对创新 i 的渗透影响,并且假设 $|k_{ji}| < |q_i| < |p_i|$,

$\sum_{j=1,j\neq i}^{n} k_{ji} + q_i + p_i < 1$。$N_i(t)$ 和 $N_j(t)$ 为 t 时刻为止累积采用技术创新 i 和 j 的企业数。

设 $f_i(t)$ 为 t 时刻的技术创新 i 被采用的可能性，$F_i(t) = \int_0^t f(s)ds$ 为 t 时刻以前的所有潜在采用可能性，则有：

$$\frac{f_i(t)}{1-F_i(t)} = P_i(t) = p_i + \frac{q_i}{N_i}N_i(t) + \sum_{j=1,j\neq i}^{n} \frac{k_{ji}}{N_j}N_j(t) \qquad (13-3)$$

设 $n_i(t)$ 为 t 时刻的技术创新 i 新增加的采用数，则有：

$$N_i(t) = \int_0^t n_i(s)ds = \int_0^t \bar{N}_i f_i(s)ds = \bar{N}_i F_i(t) \qquad (13-4)$$

$$\frac{dN_i(t)}{dt} = n_i(t) = \bar{N}_i f_i(t) = \bar{N}_i P_i(t)(1-F_i(t)) \qquad (13-5)$$

由式（13-2）至式（13-5）综合整理可得：

$$\frac{dN_i(t)}{dt} = p_i[\bar{N}_i - N_i(t)] + \frac{q_i}{N_i}N_i(t)[\bar{N}_i - N_i(t)] + \sum_{j=1,j\neq i}^{n} \frac{k_{ji}}{N_j}N_j(t)[\bar{N}_i - N_i(t)] \qquad (13-6)$$

式（13-6）即为多元技术创新扩散满足的微分方程，式中右端第一部分为创新者；第二部分为模仿者；第三部分为渗透者，t 时刻采用创新技术 i 的增加人数为这三部分之和。本书旨在讨论两种技术创新扩散间的相互渗透影响，所以只考虑 $i = 1, 2$ 的情况。

在多元技术创新模型中可以分为独立型技术创新模型、互补型技术创新模型、替代型技术创新模型与竞争型技术创新模型，分类方法可参考杨国忠提出的分法[①]，此处不再详述。

---

① 杨国忠、柴茂：《基于改进 Bass 模型的多元技术创新扩散研究》，《经济数学》2011 年第 28 期。

二 系统动力学模型

(一) 系统动力学模型的数学表达式

根据 Bass 模型的条件及其在实际应用中存在的不足②③④⑤,我们建立多元技术创新扩散的系统动力学模型。

在这里我们将在前文提出的假设的基础上继续修改 Bass 中的两个假设:①市场潜力随时间改变而改变;②扩散过程分为三阶段,即潜在采用—等待采用—已采用。其他假设仍保持不变。

下面我们根据陈国宏等①的修正 Bass 模型系统动力学思想建立本书的系统动力学模型的数学表达式。

1. 潜在采用阶段

在这个阶段,技术创新 1 和技术创新 2 的潜在采用数 $M_1(t)$ 和 $M_2(t)$ 在 t 时刻的变化率为渗透者的加入或离去减去创新者的离去和模仿者的离去,可用式 (13-7) 和式 (13-8) 表示其规律:

$$\frac{dM_1(t)}{dt} = -p_1 M_1(t) - q_1 \frac{N_1(t)}{M_1(t) + N_1(t)} M_1(t) + k_{21} \frac{N_2(t)}{M_2(t) + N_2(t)} M_1(t) \qquad (13-7)$$

$$\frac{dM_2(t)}{dt} = -p_2 M_2(t) - q_2 \frac{N_2(t)}{M_2(t) + N_2(t)} M_2(t) + k_{12} \frac{N_1(t)}{M_1(t) + N_1(t)} M_2(t) \qquad (13-8)$$

2. 等待采用阶段

在这个阶段,技术创新 1 和技术创新 2 的等待采用数 $W_1(t)$ 和 $W_2(t)$ 在 t 时刻的变化率为新加入的模仿者和创新者的人数之和减去已采用数,其规律可用式 (13-9) 和式 (13-10) 表示:

---

① 陈国宏、王丽丽等:《基于 Bass 修正模型的产业集群技术创新扩散研究》,《中国管理科学》2010 年第 5 期。

$$\frac{dW_1(t)}{dt} = p_1 M_1(t) + q_1 \frac{N_1(t)}{M_1(t) + N_1(t)} M_1(t) - s_1 \times W_1(t)$$

$$(13-9)$$

$$\frac{dW_2(t)}{dt} = p_2 M_2(t) + q_2 \frac{N_2(t)}{M_2(t) + N_2(t)} M_2(t) - s_2 \times W_2(t)$$

$$(13-10)$$

3. 已采用阶段

显然,在这个阶段,技术创新 1 和技术创新 2 的采用数 $N_1(t)$ 和 $N_2(t)$ 在 t 时刻的增加率服从式(13-11)和式(13-12)所示的规律:

$$\frac{dN_1(t)}{dt} = s_1 \times W_1(t) \tag{13-11}$$

$$\frac{dN_2(t)}{dt} = s_2 \times W_2(t) \tag{13-12}$$

其中 s_1 和 s_2 可理解为技术创新 1 和技术创新 2 采用速度(下详述)。其他变量的含义与前面假定的相同。

(二)系统动力学模型流图

根据系统动力学模型数学表达式建立系统动力学流图 13-1。

对于图 13-1 中的系统动力学流程的数学关系式描写如下:

$M_i(t) = INTEG(-q_i - p_i + k_i, 200); p_i = P_i \times M_i(t); P = 0.05;$

$q_i(t) = IE_i(t) \times M_i(t) \times Q_i; IE_i(t) = \frac{N_i(t)}{N_i(t) + M_i(t)};$

$k_i(t) = OE_i(t) \times M_i(t) \times K_i;$

$W_i(t) = INTEG\{Delay[p_i + q_i - s_i(t)0,1],0\}; s_i(t) = W_i(t) \times [Ek_i(t) + Tk_i(t)];$

$Ek_i = Alpha_i \times P_i \times ek_i; ek_i = 0.4; Alpha_i = 0.5;$

$Tk_i(t) = Belta_i \times IE_i(t) \times tk_i; tk_i = 0.6; Belta_i = 0.5; N_i(t) = INTEG$
$[Delay(s_i, 1), 0]$

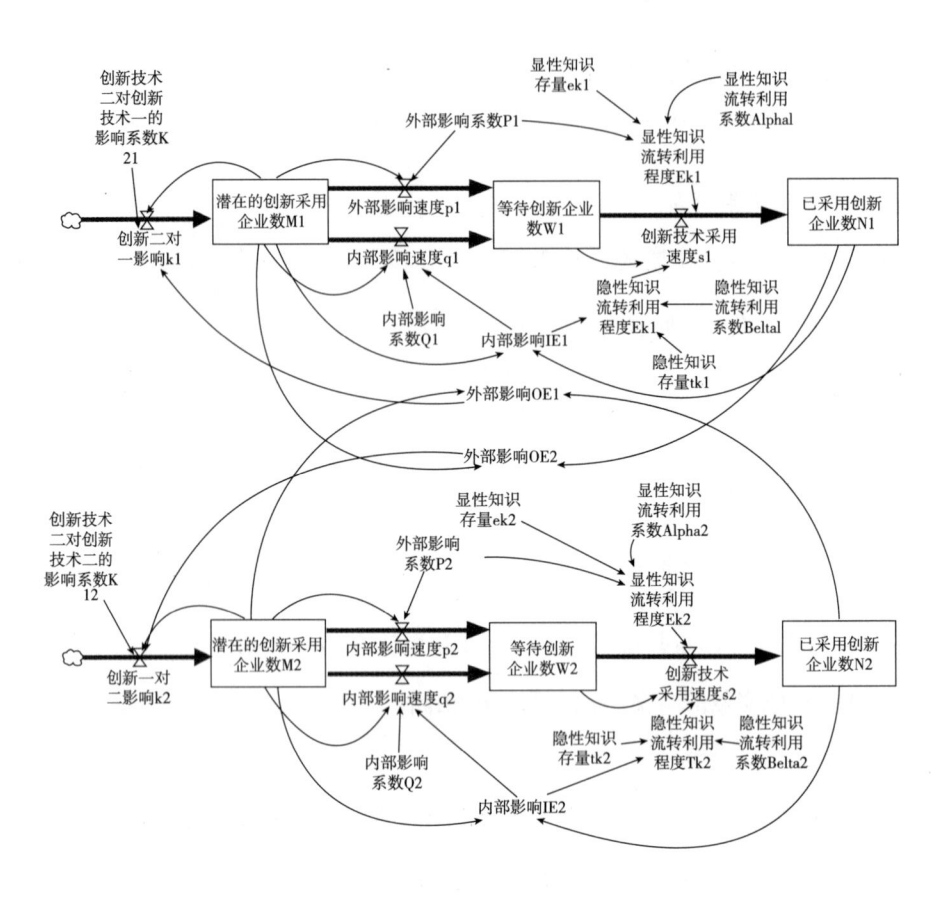

图 13-1 多元技术创新扩散的系统动力学流程

以上的 $i = 1, 2$；还有 $OE_1(t) = \dfrac{N_2}{N_2(t) + M_2(t)}$; $OE_2(t) = \dfrac{N_1}{N_1(t) + M_1(t)}$。

（三）系统动力学模型说明

图 13-1 中的外部影响速度 p_i 由潜在的技术创新采用规模 M_i 与

外部影响系数 P_i 共同决定，其中 P_i 可以理解为市场中该类技术创新共享显性知识的单位效应；内部影响速度 q_i 由该类技术创新市场内部交流与内部交流成功率共同决定，其中内部交流由已采用技术创新企业与潜在的技术创新采用企业交互频率 $N_i(t) \times M_i(t)$ 表示，用 $Q_i / [M_i(t) + N_i(t)]$ 表示内部交流成功率。外部渗透影响速度 k_{ji} 由技术创新 i 与 j 的外部交流与外部交流成功率共同决定，其中外部交流由已采用技术创新 j 的企业对技术创新 i 的潜在采用企业交互频率 $N_j(t) \times M_i(t)$ 表示，用 $K_{ji} / [M_j(t) + N_j(t)]$ 表示外部交流成功率。考虑到等待创新企业自身未能充分掌握创新知识和信息以及对创新采用的不确定性，本书忽略等待创新企业对潜在创新企业的影响。

技术创新采用速度 s_i 由企业所能利用显性知识和隐性知识共同决定。从知识积累的角度看，技术创新的实质是现有知识库的整合、激活、创新和利用。显性知识的激活、流转和利用相对容易，隐性知识的激活、流转和利用相对困难。在隐性知识对创新采用速度的影响中，隐性知识可以分为企业的内部隐性知识和企业的外部隐性知识。本书中分别用隐性知识存量来表示企业内部隐性知识，用外部影响系数来表示外部隐性知识的影响，这样可以得到隐性知识流转利用程度：

$$Tk_i = Belta_i \times \frac{N_i(t)}{N_i(t) + M_i(t)} \times tk_i$$

其中 $\dfrac{N_i(t)}{N_i(t) + M_i(t)}$ 表示已采用技术创新企业的隐性知识的单位效应，$Belta_i$ 表示隐性知识成功流转利用程度。

第四节　仿真结果分析

一　独立型的技术创新扩散分析

令 $K_{12}=K_{21}=0$，即表示两个技术创新扩散市场之间没有影响，此时相当于只将原 Bass 模型修改为三阶段模型，由于两技术创新市场的扩散图都一样，取技术创新市场 1 作研究。从图 13-2 中可以看出：①两创新主体的潜在技术创新采用企业规模数呈下降趋势，最终为 0。②等待技术创新的企业呈现类似于正态分布图，先升后降。结合图 13-4 可以清楚地得到等待技术创新的这种规律分布的原因：创新扩散过程由潜在创新企业向等待创新企业转化过程中受外部和内部两种因素影响，其中外部影响对等待创新企业数的影响是递减的，内部影响对等待创新企业数的影响是先升后降的。因此，结合两种影响因素，等待技术创新企业数与内部影响速度开头类似，但比其坡度稍缓。③已采用技术创新企业规模呈现"S"形，随着时间的推移最终达到稳定状态，并且由于采用的延迟效应使最终的采用数超过了潜在的企业数。已采用技术创新企业规模由技术创新采用速度决定，而技术创新采用速度由等待企事业对获取的显性知识和隐性知识的整合利用决定。显性知识的利用程度取决于自身的显性知识及不可控的外部影响，图 13-5 中可以看到其对技术创新采用速度影响是恒定的；而隐性知识的利用程度取决于隐性知识存量和内部交流的影响，知识存量为常数，内部交流影响由 $N_i(t)/[N_i(t)+M_i(t)]$（已采用技术创新企业的隐性知识的单位效应）表示，内部影响变化趋势如图 13-3 所示，呈现"S"形并最终趋向于 1。

第十三章 多元技术创新扩散的系统动力学模型及仿真

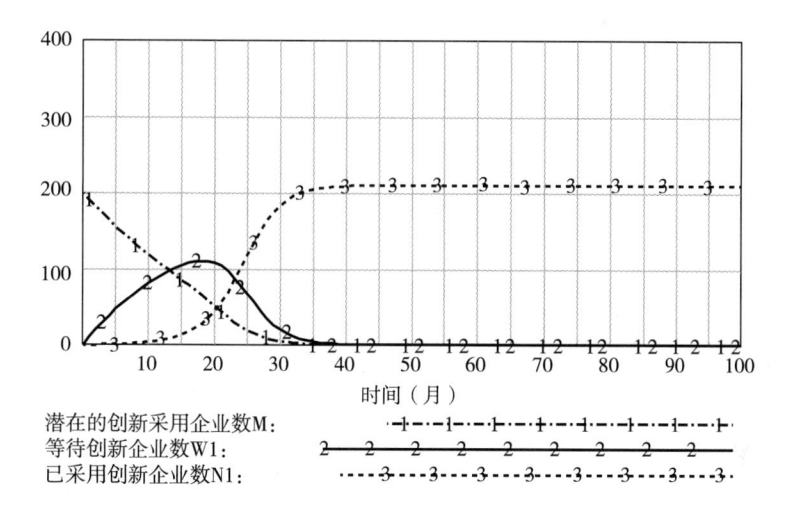

潜在的创新采用企业数M：
等待创新企业数W1：
已采用创新企业数N1：

图 13-2 独立型技术创新扩散各阶段企业数

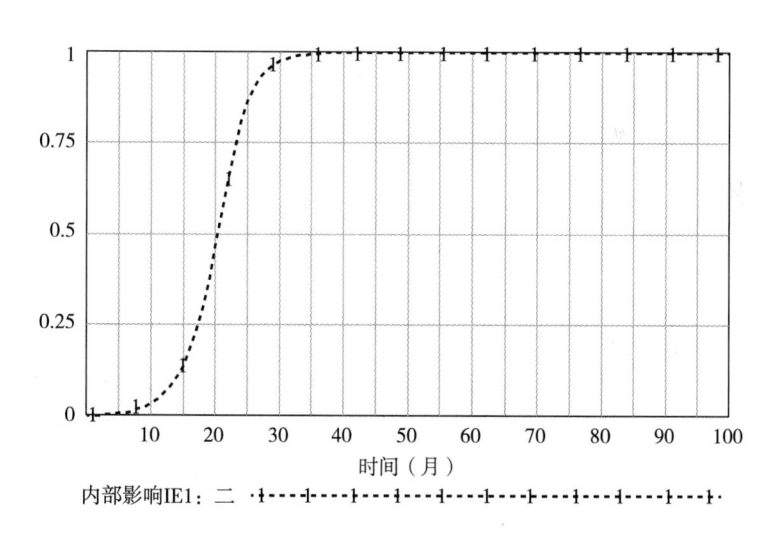

内部影响IE1：二

图 13-3 独立型技术创新扩散过程的内部影响

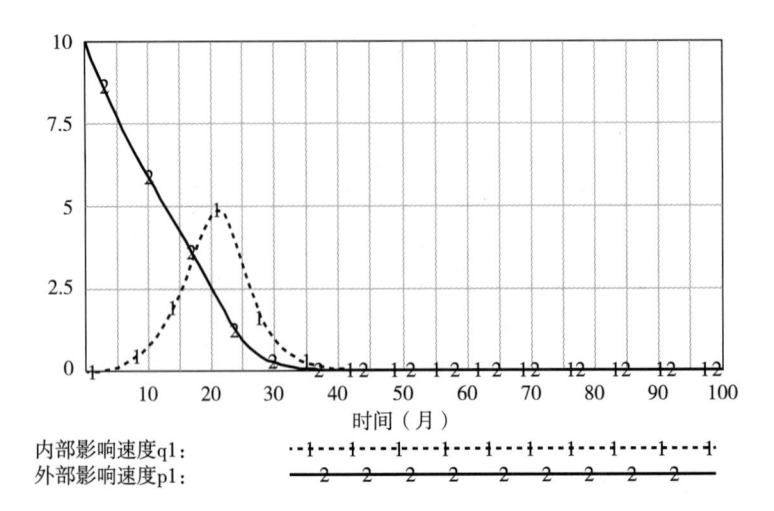

图 13-4　独立型技术创新扩散过程的影响速度

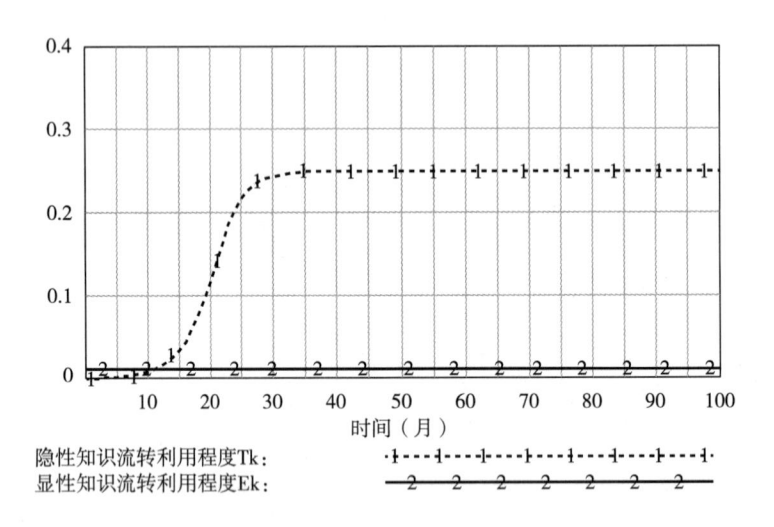

图 13-5　隐性和显性知识流转利用程度

二　替代型的技术创新扩散分析

令 $K_{12} = 0.1$，$K_{21} = -0.1$，表示技术创新市场 2 对技术创新 1 市

· 228 ·

第十三章 多元技术创新扩散的系统动力学模型及仿真

场是阻碍作用,而技术创新 1 市场对技术创新 2 市场是促进作用。从图 13-6 和图 13-7 中可以看出:

各种曲线的形态与独立型表现成相似的特征,但最终的收敛结果却大不相同,技术创新市场 1 最终达到平衡时并不能达到而是略小于它的潜在企业数量。而技术创新市场 2 却能大大地超过了它的潜在水平。同样的比率技术创新市场 2 增大的效果却比技术创新市场 1 减小的效果大了许多,那是因为技术创新 2 能够抢一部分技术创新 1 的使用者而这部分使用者却不会放弃技术创新 1,也就是说他们同时使用两种产品。替代性技术创新是具有某种优势的技术创新对市场内另一种技术创新的升级换代,比较直观的例子就是移动电话对座机的替代。具有优势的技术创新除了拥有新的市场外,还会抢占无优势的技术创新的一部分市场份额。

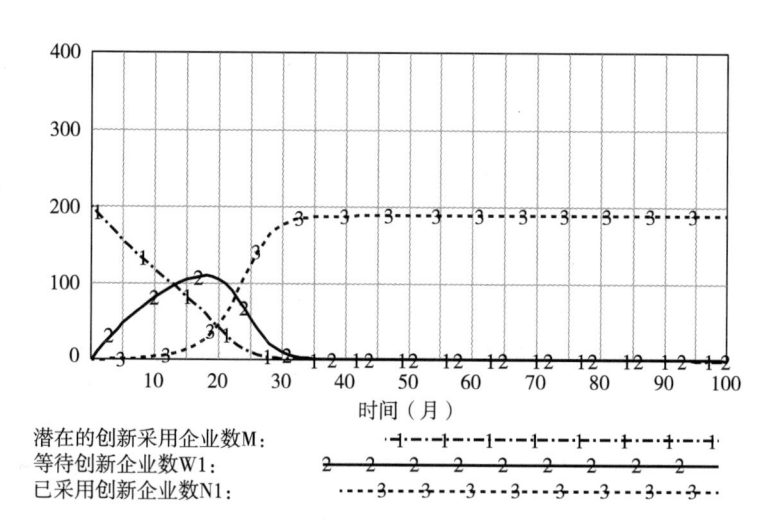

图 13-6 替代型技术创新 1 扩散各阶段企业数

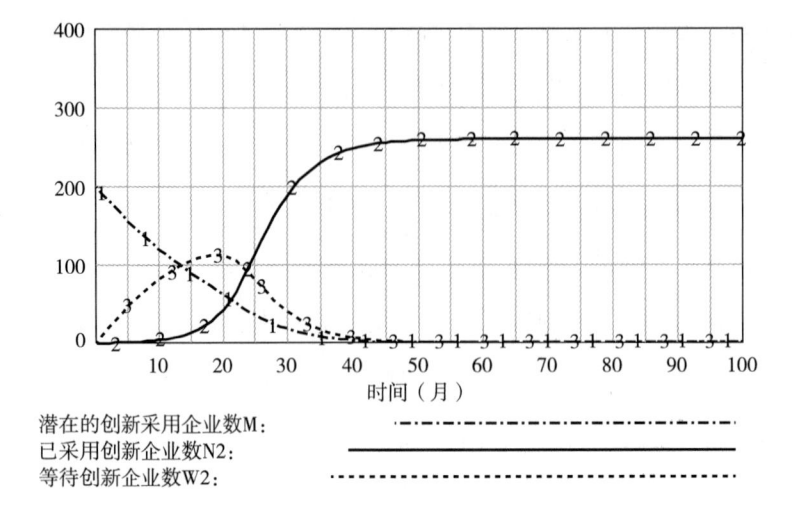

[图表]

潜在的创新采用企业数M:
已采用创新企业数N2:
等待创新企业数W2:

图 13-7 替代型技术创新 2 扩散各阶段企业数

三 竞争型的技术创新扩散分析

令 $K_{12} = -0.1$，$K_{21} = -0.1$，表示技术创新市场 2 对技术创新市场 1 是阻碍作用，技术创新市场 1 对技术创新市场 2 也是阻碍作用，从图 13-8 和图 13-9 可以看到：

最后两市场达到平衡时都小于其潜在的创新企业数，这是因为在假设渗透系数不变的情况下，竞争性技术创新之间会相互抢占市场或资源，它们之间是一种此消彼长的关系，采用此技术创新方案就有可能不采用另一种技术创新方案，或者会出现一部分重复采用，但从长远来看，竞争性的技术创新市场的扩大必将以另一技术创新采用为代价。现实中的渗透系数往往是关于价格的函数，在竞争的后期商家往往会通过降价来争取潜在的客户，这也在一定程度上解释了价格战的成因。

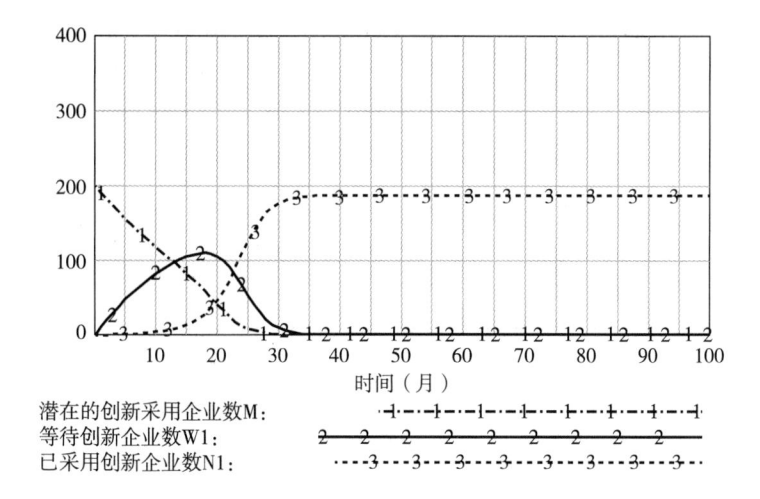

图 13-8 竞争型技术创新 1 各阶段企业数

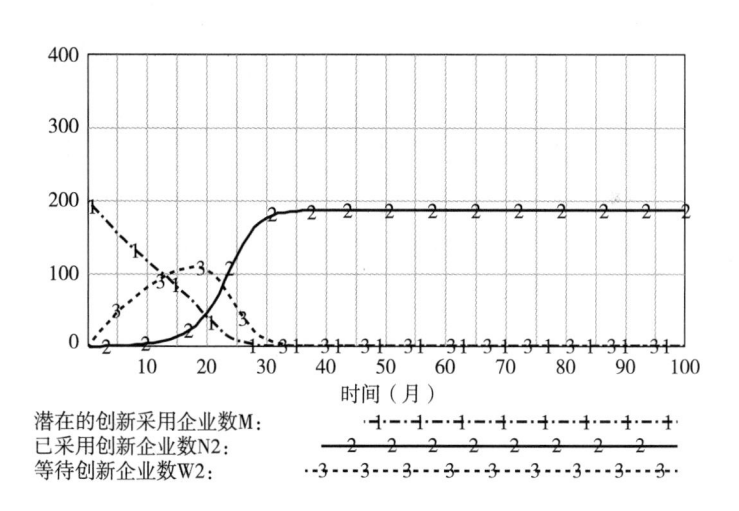

图 13-9 竞争型技术创新 2 各阶段企业数

四 互补型的技术创新扩散分析

令 $K_{12}=0.1$，$K_{21}=0.1$，表示技术创新 2 市场对技术创新 1 市场是促进作用，技术创新 1 市场对技术创新 2 市场也是促进作用，从图 13-10 与图 13-11 可以看出：

两技术创新市场达到平衡时,都能超过其最大潜在采用数,这是因为在互补型技术创新扩散中当企业采用其中一项创新技术时同时采用另一项技术创新往往能更好地发挥该技术的功能,因此从长远来看,互补性的技术创新必将拥有更大的扩散范围。因此在高新区的开发过程中,不妨让更多的互补型技术放在一起以利于它们的发展。

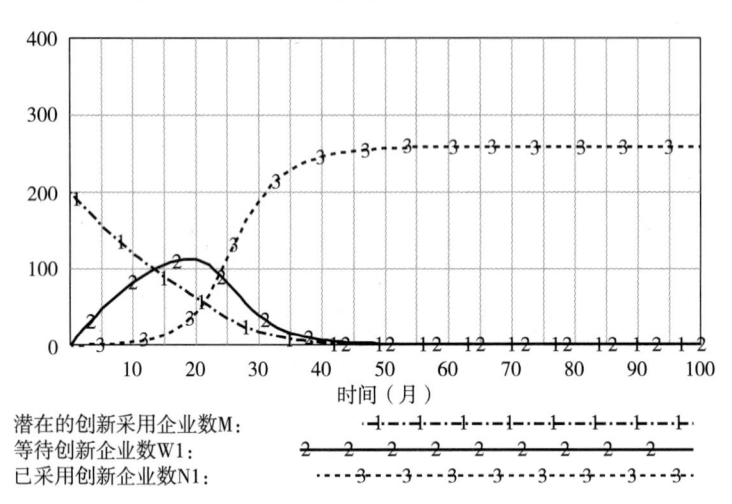

图 13-10 互补型技术创新 1 扩散过程各阶段企业数

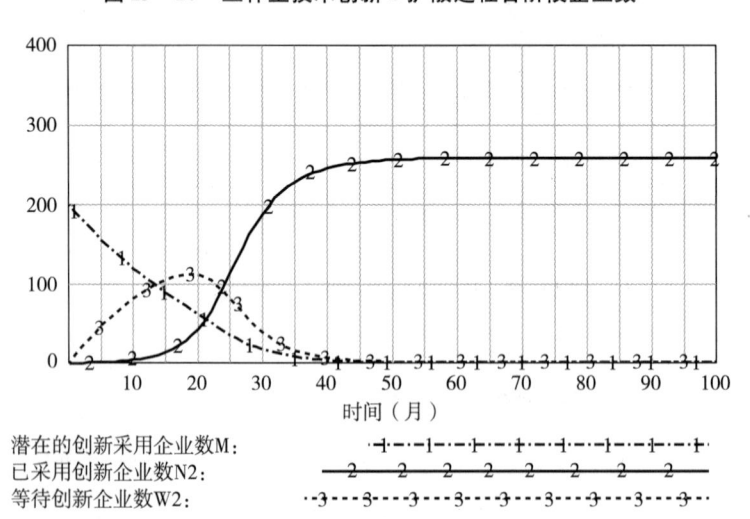

图 13-11 互补型技术创新 2 扩散过程各阶段企业数

第十三章 多元技术创新扩散的系统动力学模型及仿真

第五节 结语

本书提出了多元技术创新扩散的系统动力学模型，该模型是通过其他创新技术的采用者与其技术创新的潜在者相互交流的影响而建立起来的；并分析了独立型、竞争型、互补型和替代型技术创新市场的最终平衡情况，通过分析发现：①在独立型扩散过程中，扩散过程的延迟效应使最后的采用数有可能超过其最大潜在数；显性和隐性知识的整合利用程度对技术创新采用速度和已采用技术创新企业数正相关。②在非独立型扩散过程中，当其他创新技术对其影响是促进作用时能使其最终采用者大大超过其潜在的采用者；反之则使其最终采用者小于其潜在采用者，但减少的作用小于增加的作用，那是因为当一项技术的潜在采用者被另一项技术吸引采用时他必会增加另一项技术采用数，但他却不一定会放弃该技术。③在实际中，一项技术为了不被另一项技术替代，或者不在竞争中陷入价格战，或者利用互补型企业的优势，必须继续创新，所以在高新区的开发过程中，一定要注意区内创新企业的多元化性，以增加企业的活力。

虽然本书在原 Bass 模型上做了一些改进，但是仍然存在很大不足，比如外部影响系数，内部影响系数，渗透系数往往是广告，价格等的函数，而本书却假设为不变，因此本书的后续工作将综合考虑其系数的变化，以便更加真实地模拟其扩散过程。

第十四章 高新技术企业多元技术创新扩散路径

第一节 引言

自1988年建立了我国第一个高新技术产业开发区（以下简称"高新区"）——北京中关村科技园区，至今全国共有145家国家级高新区。高新区直接带动了我国整个高新技术产业和各地区经济的快速发展，而技术创新是高新区发展动力的源泉。实践证明，国家产业结构的升级，地区经济效益的提高，企业、区域以及国家综合竞争实力的增强，离不开技术创新及其扩散，高新区技术创新与扩散已成为提升科学技术水平及区域经济竞争力的一个关键因素。根据《中国科技统计年鉴（2014）》，2013年全国高新区共有71180家高新技术企业，其中拥有高新技术企业最多的有15455家（北京中关村科技园），最少的也有14家（榆林高新区）。不同高新技术企业必然拥有各自的高新技术，非高新技术企业也可能拥有不同的创新技术。在高新区的大家庭内，多元创新主体势必包含多种技术，即使是同一企业并非只有唯一的创新技术。在高新区技术创新扩散过程中,既有各个创新主体发起也有中介机构参与;既有有形的产品销售也有无形的技术扩散;既有企业创新技术的主动扩散也有隐性知识与技术的被动溢出;既有从外界吸收技术也有从内部扩散创新。因此,多元技术创新扩散是高新区技术创新扩散的一个典型特征。

理论与实践证明,创新扩散的作用比创新本身更加重要,创新对经济的影响是通过创新扩散来实现的[①]。技术创新扩散促进了区域产业集群技术水平和产业结构的提升[②]。高新区的技术创新扩散不仅促进本身的创新与发展,而且通过扩散与辐射带动周边乃至整个地区的技术进步与经济发展。长沙高新区是湖南高新区发展的标杆,是推动长沙乃至湖南技术发展和经济增长的"火车头"。本书以长沙高新区为研究对象,基于技术流向的视角,探讨其多元技术创新扩散的路径。

第二节 国内外研究现状

国内外关于创新扩散路径的研究,学者们主要在知识扩散路径和技术扩散路径两个方面展开研究。

一 知识扩散路径

游静(2008)以多个主体参与的信息系统集成项目为研究对象,对各主体之间知识扩散的路径进行了研究。杨菊萍、贾生华(2009)

---

① Blaut J. M., "Diffusionism: A Uniformitarian Critique", *Annals of the Association of American Geographers*, No.1, 1987.
② 沈青:《区域产业集群与企业技术创新的协同互动思考》,《科学管理研究》2005年第3期。

研究发现龙头企业知识扩散的路径与吸收其知识的企业的吸收能力应当匹配。苏长青（2011）以高新技术产业集群为例，研究知识溢出的扩散路径、动态冲突与激励政策的选择。于海东（2014）运用遗传算法建立了一个社会网络下的知识扩散路径优化模型。缪根红等（2014）实证研究知识扩散路径与员工创新绩效的关系，认为知识扩散的路径要与员工的知识吸收能力相匹配。

二 技术扩散路径

Greve Henrich R. 和 Seidel Marc – David L.（2015）认为，创新成功来自创新质量的差异——早期的机会事件和随后依赖的扩散路径。栾贵勤等（2011）分析了各种技术扩散的路径并结合我国低碳技术发展的现实情况，建立了一个低碳技术扩散的四轮驱动模型。张红芳、郭立宏（2005）建立了一个经济增长与创新相互决定的反馈激励模型，从市场化的角度解释陕西省技术创新扩散的路径。周丹、郭万山（2010）以辽宁装备制造业为对象，研究非均衡条件下多元技术扩散的路径。张海洋（2006）基于技术扩散行为主体的视角研究外资技术扩散的制约因素、促进外资技术扩散和加快湖北高新技术产业发展的路径。李平（2006）探讨了国际技术扩散的路径以及各种可能的方式。伍江（2012）构建了一个以 Spengler 纵向一体化模型为基础的技术圈定模型，研究产品内分工背景下不同国家之间技术扩散的条件。王永强、朱玉春（2009）以农业技术为研究生对象，对其技术扩散路径中的障碍因素进行分析。夏维力、孙晓菲（2006）从微观角度研究了高新技术企业的产业创新路径。荣鹏飞、葛玉辉（2014）研究了科技型企业技术创新路径的选择策略，提出通过技术转让、技术扩散和技术创造实现新产品开发。Gulati Girish J. 和 Yates David J.（2012）在研究宽带技术扩散时提出根据一个国家的技术发展水平，需要不同的策略，以及广泛的可用性和使用宽带的路径。

综上所述，研究创新扩散路径的文献并不多，而对高新区技术创新扩散路径的研究文献尚未发现。

第三节　长沙高新区多元技术创新扩散现状

长沙高新区创建于1988年10月，是国务院首批27个国家级高新区之一。经过多年发展，长沙高新区综合经济实力在全国145个国家级高新区中排名第14位，综合创新能力名列第9位，在中部13个国家级高新区中综合经济实力名列第2位，7次被评为全国先进高新区。自2009年以来，长沙高新区先后获批9个国家级创新型科技园区之一，3个国家级科技与金融结合试点高新区之一，15个国家级科技服务体系试点园区之一和湖南省首个国家海外高层次人才创新创业基地。2014年年底，以长沙高新区为龙头的长株潭国家自主创新示范区正式获批，标志着长沙高新区进入国家级高新区的"第一方阵"。长沙高新区目前已成为长株潭两型社会和长沙创新型城市建设核心区。

2013年，长沙高新区入园企业共6000多家，其中高新技术企业846家。全年总产值32071632万元，其中技术性收入1624637万元（见表14-1）。从表14-1可以看出，高新区高新技术企业数、年总产值连续8年增长；出口额除2009年外7年连续增长。但技术性收入波动频繁且幅度比较大，2009年最少。技术性收入占总产值的比例依次为3.91%、2.44%、0.98%、0.51%、2.59%、1.51%、3.25%和5.07%。该比例说明，长沙高新区技术创新扩散主要是通过产品扩散，纯技术扩散所占比例相当低。在复杂的市场激烈竞争环境下，为了高新区及其企业的发展，应解放思想、拓展技术创新扩散渠道，进一步加强创新技术的扩散。

表 14-1　　2006—2013 年长沙高新区技术创新扩散情况

年份	2006	2007	2008	2009	2010	2011	2012	2013
企业数（个）	701	703	716	720	725	810	825	846
总产值（万元）	6900152	8905325	11121065	13622994	16877948	23789151	27161263	32071632
技术性收入（万元）	269980	217102	108813	69298	436758	359287	881736	1624637
出口额（万美元）	64895	86194	118505	87047	64482	93904	133344	246990

资料来源：2007—2014 年《中国科技统计年鉴》。

第四节　长沙高新区多元技术创新扩散主要路径

长沙高新区目前多元技术创新扩散的主要途径包括园区内企业自主创新扩散、高校与科研院所的创新扩散以及人员流动导致的技术创新扩散等。

一　园区内企业的自主扩散

技术扩散既可以是无形的技术，也可以是有形的产品。对于前者，因担心助长了竞争对手，企业总有所保留；对于后者，因为创新产品的销售能够带来利润，企业乐于扩散。所以企业会通过网站、电视、广播、报纸杂志等大众传媒和公益活动等各种渠道和形式向外推广其创新产品。随着产品的销售，附加在产品上的技术随之扩散，这是企业技术扩散的最主要路径。

企业自主扩散是高新区技术创新扩散最主要途径，其结构如图 14－1 所示。第一，企业在研发过程中，在搜集市场需求信息开展研发的同时，有部分其他企业的相关技术会被引进，有部分隐性知识被吸收，同时包含某些技术的原材料、半成品或产品零部件被企业或其分、子公司采购。第二，企业研发部门研发成功的技术流入本企业的生产部门及其分、子公司。第三，园区内企业生产部门与园区外分、子公司所生产的产品或零部件相互流通，技术自然相互扩散。第四，园区内企业与其分、子公司生产或组装的产品进入市场，创新技术随之扩散到目标市场。

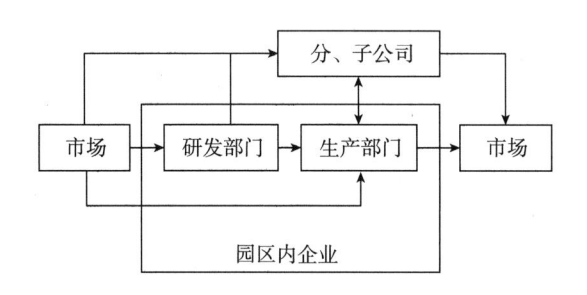

图 14－1　企业技术创新自主扩散途径

二　高校与科研院所的创新扩散

任何一个高新区，周边都有多所高校或科研院所。长沙高新区内汇集了湖南大学、中南大学、湖南师范大学、湖南农业大学等高校和长沙矿冶研究院、湖南有色金属研究院、湖南化工研究院等科研院所。在高新区，科研机构的技术扩散有其独特的路径（见图 14－2）。首先，产学研合作。众所周知，高校和科研院所有着强大的科研队伍以及科研能力。这些科研机构和科研人员与园区内企业有着各种形式的联系与服务。其中最常见的是他们和园区内的企业进行产学研合作。随着合作的开展,高校与科研院所的创新技术随之扩散到园区的合作企业,这些企业生产的产品成功推向市场后,相应的创新技术随之扩散到市场。其次,企业经营。高校和科研院所所在的单位或个人,在园区内成立自己的企业,将自己的研发技术及其产品商业化后扩散到市场。在长沙高新区最为成功的有博云新材、隆平高科、山河智能等高新技术上市公司以及光琇高新等非上市高新技术企业。当然,园区内的自己企业与园区外的他人企业之间可能属于同一产业链的上下端或者需要对方的产品作为自己研发产品的零部件而存在产品流动,或者二者之间进行某种形式的合作,技术创新扩散在相互之间进行。

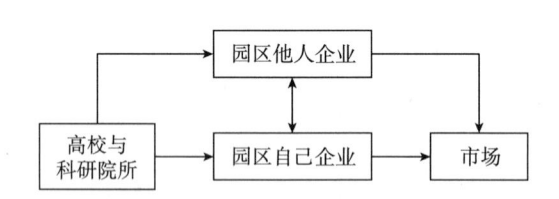

图 14-2　高校与科研院所扩散途径

三　人员流动导致的技术创新扩散

无论是技术的研发,还是产品的设计与生产,都离不开人的操作。虽然各个企业对于技术管理严格实行保密制度;对于关键的人员实行股权激励等优厚待遇以保留在企业继续努力工作。但是由于个人利益与企业利益的冲突或者个人职业规划的需要等原因,部分研发或生产岗位核心人员的离职,自然将无形的技术或者隐性的知识带走,从而使创新技术扩散到园区内外其他企业。首先,因企业技术骨干离职导致技术创新扩散。这里有两种比较典型的情形:其一,到园区外另起炉灶；其二，任职新的企业。企业技术骨干离职使园区内企业的创新技术很快流入市场。其次，普通员工的流动导致技术创新扩散。虽然普通员工对技术扩散影响没有核心人员影响那么大，但也会引起创新技术的扩散。最后，口头传播扩散。因为园区内企业高度集中，不同企业工作人员间各种形式的接触与交往不可避免。这种正常的人员交流以口头传播的方式进一步促进创新技术的扩散。这些技术创新扩散的途径，从企业的角度讲是不利的，也是难以避免的；但从整个园区乃至整个地区的技术与经济发展来看，是有利的，有利于地区技术的进步与经济的增长。

第五节 长沙高新区多元技术创新扩散新路径

长沙高新区为了进一步创造技术创新带来的经济效益和社会效应，在技术创新扩散过程中应转变思想。企业对于创新技术总是爱不释手。然而当今技术更新换代非常快，技术寿命非常短。笔者认为，在产品扩散的同时伴随适当的技术转让，不仅可以快速回收技术创新成本，还可以促进企业进一步技术创新。具体做法就是，类似于小岛清的边际产业转移理论，企业应在销售产品的同时，将相对落后的技术转移出去，并进一步开发新技术以升级换代，从而带动企业乃至整个产业链的发展。如今，人际关系和网络在知识转移与技术扩散中具有重要作用，供给方的因素显著影响扩散路径[①]。高新区在继续优化现有的创新扩散路径外，还可以探索一下通过建立或整合各种创新平

---

① Baptista Rui, "Geographical Clusters and Innovation Diffusion", *Technological Forecasting and Social Change*, No.1, 2011.

台实现多元技术创新扩散的新路径。

一 通过高新区创新扩散网络综合平台扩散

高新区作为一个小的区域系统,技术创新是其生命所在。正因为如此,高新区管委会及其区内企业,都高度重视技术创新同时取得了显著成绩。但是,各级机构对于技术创新扩散重视程度不够。正如前文所述,技术创新扩散有利于技术创新。作为高科技技术创新的高新区应该在一手抓技术创新的同时,另一手抓技术创新扩散。众所周知,技术创新扩散通过大众传媒与口头传播。在注意力经济时代,形形色色的广告随处可见。长沙高新区自然也开展包括网络宣传在内的各种广告与宣传,比如有自己的门户网站。然而,从现有的网站包含的栏目及内容看,主要介绍相关政策、新闻等,对技术创新扩散似乎意义不大。例如,高新区现有6000多家企业,高新技术企业也846家,但长沙高新区科技服务与产业发展网仅有23家高新区企业网站链接。为了促进整个高新区技术创新及扩散,作为高新区管理者的管委会,应充分协调政府、园区内所有企业、高校、科研院所、中介机构,发挥它们各自的优势并调动其积极性,建立一个高新区技术创新扩散网络综合平台。这个平台依托高新区门户网站,包含六大板块:创新需求信息平台、创新资源共享平台、创新主体交流平台、创新成果展示平台、政府政策支持平台以及中介机构服务平台。

(一) 创新需求信息平台

企业技术创新无论是原始创新、集成创新还是引进吸收后再创新,或多或少都需要外部企业相关技术。企业一方面自己寻找相关技术与合作伙伴,另一方面通过创新需求信息平台向外发布本企业创新需求,有利于外部技术的及时吸引进入。因为任何企业创新成功后,自然也想利润最大化,推销自己的产品及技术。技术供给企业不必一家一家上网查询,在一个高新区综合信息平台就可以查询多家企业的需求,这对需求双方都是有益的。

(二)创新资源共享平台

企业在进行创新过程中,需要人力资源、相关科研资料等。建立创新资源共享这个平台,可以整合整个高新区的各类技术人才数据库,尤其是高校、科研院所相关研究人员数据库。购置科技论文数据库,方便相关研究人员及时了解相关研究领域的前沿动态,也让溢出的隐性知识流扩散到高新区内。

(三)创新主体交流平台

知识外溢对企业创新产生积极影响,企业在科技园的位置影响创新扩散与研发合作的效果[1]。在高新区技术创新的主体是多元的,包括企业、高校、科研院所等。为此建立一个类似"人大经济论坛"之类的交流平台,供创新主体之间的交流与讨论。为了方便科研人员就某一具体问题讨论,可以分成不同行业或领域板块,如长沙高新区分六大重点产业加其他等七大板块。内部科研人员的具体问题的交流,使隐性知识与技术在高新区内相互扩散。当然,随着时间推移,可能吸引外部人员参与讨论与交流。

(四)创新成果展示平台

创新成果展示平台展示整个高新区企业的创新成果,是一个成果数据库在网上的对外展示。它是一个活广告,不仅用事实与数据说明高新区的整体实力,而且有利于高新区多元技术对内与对外的扩散。同时,它是一张光荣榜,对园区内的所有企业是一种鼓励与鞭策,促

---

[1] Montoro - Sanchez A., Ortiz - de - Urbina - Criado M., Mora - Valentin E. M., "Effects of Knowledge Spillovers on Innovation and Collaboration in Science and Technology Parks", *Journal of Knowledge Management*, No. 6, 2011.

使这些企业不断创新。

（五）政府政策支持平台

国家与地方政府对于高新区及其企业的技术创新与扩散有诸多优惠政策，各高新区管委会为了本区的发展也制定了一些激励机制与措施。长沙高新区在现有的激励机制与措施基础上，还可以建立诸如多任务锦标激励机制[①]，在知识产权战略的平台之上建立相适应的技术创新扩散机制[②]，加大促进企业技术创新扩散的力度，同时规范各种路径的扩散行为。因此，在这个平台上，及时公布国家、湖南省、长沙市相关的政策与法规以及长沙高新区管委会技术创新扩散的激励措施等，引导企业进行技术创新与扩散。

（六）中介机构服务平台

管委会在整个技术创新扩散过程中起到推拉作用。其中推是指推动高新区创新成果在高新区内的扩散以及向园区外扩散。所谓拉是指帮助高新区吸收各种隐性知识、相关技术，促使园区内企业技术创新成功。技术创新扩散很多时候离不开中介机构，或者通过中介服务，能够很快实现预期目标。因为它们专业从事技术创新扩散中介服务，熟悉业务流程、相关政策与法规以及供需双方需求。当然，这种中介服务机构既包括高新区管辖的，也包括园区外的。管委会审核资质加强管理，企业和中介机构双向自主选择，充分发挥中介机构的服务作用。

二 通过园区内产业集聚扩散平台扩散

长沙高新区经过几十年的发展，园区内集聚6000多家企业并形

[①] 汪行、郑垂勇、刘卫国：《高新区企业技术创新扩散的多任务锦标激励机制》，《江南大学学报》（自然科学版）2012年第5期。

[②] 申韬、王慧娟、岳桂宁：《基于知识产权战略的企业技术创新扩散机制——以广西地区为例》，《科技管理研究》2010年第22期。

成多个产业群,其中节能环保产业、新能源产业、生物医药产业、新材料产业、电子信息产业、先进装备制造产业为六大重点产业。每个产业内有多个企业形成的企业群体。例如,先进装备制造产业已经形成了以中联重科、威胜集团、金杯电工、日立电器、中冶长天、安淳高新、湘电水泵、金岭机床、有色重机、长沙机床厂等企业为核心的企业群体,在此基础上形成了以工程机械产业为特色的产业集群,涵盖新能源与环保设备、高压输送电设备、精密机床、大型水泵设备等高端装备与设备行业;电子信息产业聚集了威胜集团、湘邮科技、长城信息、拓维信息、Cisco、Motorola、Nokia、富士康、三辰卡通等软件研发、电子信息产品制造和动漫原创制作的龙头骨干企业和世界500强企业;新材料产业形成了硬质合金材料、先进电池材料和复合材料三大特色优势产业。区内汇集了湖南大学、中南大学、湖南有色金属研究院、湖南化工研究院、湖南科技开发院和长沙矿冶研究院等新材料科研单位,并建立了诸如粉末冶金国家重点实验室、粉末冶金国家工程中心、储能材料国家工程中心、教育部电池材料工程中心等研发结构;生物医药产业集聚九芝堂、三诺生物、双鹤医药、康尔佳、隆平高科、光琇高新、大邦生物、惠霖生命等众多实力雄厚的企业并形成了生物医药产业集群;新能源产业聚集了科力远、科霸动力电池、红太阳光电、潇湘神光和神州光电等重点企业;节能环保产业依托威胜节能、恒宇节能、远能电力、中联环卫、佳宇环保、凯天环保、安淳高新等规模企业,逐步建立起环保技术、节能装备生产研发基地。

从上述重点产业聚集的企业来看,都具有扎实的科研实力和创新能力。企业的技术创新扩散促进各自整个产业的延伸。技术创新扩散的生命力来源于创新技术的溢出与创新技术的吸收两个方面。知识密集型产业技术创新主要获取方式由自主创新逐步转向外部获取,而产业技术创新势与部门技术溢出能力相关[1]。高新区管委会在激励企业自发自主技术创新扩散的同时,考虑到高新区产业集群具有显著的独立性[2],可以充分整合资源、协调关系,为园区这些产业建立各自的产业集聚扩散平台。高新区借助这些平台促进园区内产业的技术创新扩散。一方面,管委会组织的各种形式的合作与交流,如组织同一产业的内部研讨会、外部产品与技术博览会、推介会等。产业内企业根据各自需求,主动模仿、引进吸收相关专业技术同时将自己创新技术适时扩散。另一方面,企业借助这种平台相互交流与合作,使创新技术在相应的园区产业内进一步扩散。此外,专业的产业聚集扩散平台作为一个整体,和园区外的企业和市场进行信息发布,进一步促进创新扩散的加速。产业内企业在自主创新的同时,可能通过合作创新或者引进技术进行集成创新,这样技术从市场扩散到园区内产业平台中的企业。这些企业技术创新后通过产品销售或技术转移,使创新扩散到市场。

三 借助园区联盟对接扩散平台扩散

在激烈的市场竞争环境中,企业孤军奋战很难屹立于不败之地。为此,企业各种战略联盟与互惠合作等层出不穷。处于成长期的高新技术企业可以采用战略联盟式技术扩散模式[3]。长沙高新区为了进一步发展,建立园区之间战略联盟与互惠合作,实现技术对接扩散行之有效。

---

[1] 孙冰、赵健:《知识密集型产业技术创新扩散演化研究——基于网络结构演化分析的视角》,《情报杂志》2013 年第 1 期。

[2] 郭丕斌、周喜君、王其文:《高新区创新系统的层次性特征研究》,《中国软科学》2011 年第 5 期。

[3] 尹艳琼:《高新技术企业技术创新扩散模式研究》,《知识经济》2014 年第 13 期。

第十四章 高新技术企业多元技术创新扩散路径

首先,长沙高新区自身是一区多园的架构。由于产业布局的设计,不同园区的产业不尽相同。对于企业而言,所应用的技术包括专业技术和具有共性的通用技术,其来源要么自己创新要么外部吸收。基于自身科研实力和研发成本的考虑,有相当部分企业选择模仿与引进吸收。同一园区产业群内的专业技术扩散主要通过企业以及上述产业集聚平台进行。在本高新区内的通用技术是可以在各个园区之间互通的。因此内部的园区—园区的共性技术扩散便可以进行,从经济的角度看,内部交易可以让交易成本大为降低。

其次,湖南高新区较多,合作空间巨大。目前,湖南省有五个国家级高新区和二个省级高新区,其他地州市还有很多各种级别的高新区,长沙高新区是湖南高新区的"领头羊"。每个高新区都非常希望引进先进技术。当然,长沙高新区内的企业一方面可以直接在各级高新区内设立相应的分、子公司;另一方面和当地企业合作,包括业务外包、合作经营、技术转移、技术咨询、技术培训等技术服务活动。高新区鼓励园区企业这种技术扩散外,如果长沙高新区与湖南其他高新区之间建立区—区技术创新扩散战略联盟或者互惠合作关系,类似于欧盟作为一个整体,在强有力的整体实力基础上与外部开展合作,势必能够获得更多的优惠,从而惠及园区内所有企业。这样,园区企业技术扩散将园区产业链外延,促进自身发展的同时带动地区经济发展与技术进步。

第六节 结语

技术创新如果不扩散,不能给创新者带来效益,更不能带动产业集群和区域经济的发展。技术在产业群内企业的扩散能促进吸收企业的技术创新；创新企业通过产品销售、业务外包或合作经营以及技术转移，便产生了技术扩散。随着一个产业集群的崛起，逐步带动了该产业链前向和后向的延伸，最终带动了整个国家和地区经济的发展和技术的进步。长沙高新区作为长沙高新技术创新的"火车头"，经过几十年的发展，已经取得丰硕成果。实践证明，其技术创新扩散不仅能够促进高新区自身技术创新，而且能够带动长沙与湖南地区经济发展以及技术进步。长沙高新区管委会应通过政策支持、激励机制等措施，协助相关企业进行创新技术的扩散。在优化现有的扩散路径的基础上，管委会应整体规划、整合资源，设计网络扩散综合平台、园区产业集聚扩散平台以及园区联盟对接扩散平台，借助这些平台加强高新区创新技术扩散。

参考文献

曹霞、金清：《企业自主创新模式选择的影响因素分析》，《商业经济》2008 年第 8 期。

陈国宏、王丽丽等：《基于 Bass 修正模型的产业集群技术创新扩散研究》，《中国管理科学》2010 年第 5 期。

陈劲：《集成创新的理论模式》，《中国软科学》2004 年第 12 期。

陈雅兰、李必强、韩龙士：《原始性创新的界定与识别》，《发展研究》2004 年第 7 期。

邓聚龙：《灰色系统理论教程》，华中理工大学出版社 1990 年版。

董景荣、吴燕燕、陈宇科：《基于蚁群算法的重复购买多代创新扩散模型及其实证研究》，《中国管理科学》2010 年第 11 期。

段茂盛、张希良、顾树华：《基于微观决策理论的创新扩散模型》，《系统工程理论与实践》2018 年第 6 期。

樊帆、李华栋：《国家"双创"背景下航天企业自主创新模式的研究》，《航天工业管理》2018 年第 1 期。

傅家骥：《技术创新学》，清华大学出版社 1998 年版。

高原：《高新技术企业的自主创新模式研究》，《商场现代化》2015 年第 16 期。

官建成:《产品创新扩散中的随机现象》,《中国管理科学》1994 年第 3 期。

郭丕斌、周喜君、王其文:《高新区创新系统的层次性特征研究》,《中国软科学》2011 年第 5 期。

胡宝明、刘秀新、王丽丽:《基于神经网络的技术创新扩散建模探讨》,《科学学与科学技术管理》2002 年第 8 期。

胡知能、徐玖平:《创新产品扩散的多阶段动态模型》,《系统工程理论与实践》2005 年第 4 期。

黄海洋、陈继祥:《大学技术创新扩散与企业创新采纳的博弈分析》,《科学管理研究》2012 年第 6 期。

黄润生、黄浩:《混沌及其应用》,武汉大学出版社 2009 年版。

黄玮强、姚爽、庄新田、辛未:《基于无标度网络的创新扩散模型研究》,《东北大学学报》(自然科学版)2015 年第 8 期。

黄玮强、庄新田:《基于随机网络的创新扩散研究》,《管理学报》2007 年第 5 期。

江泽民:《论科学技术》,中央文献出版社 2001 年版。

李春玲:《企业自主创新模式的选择》,《统计与决策》2014 年第 13 期。

李刚、陈昌柏:《企业自主创新模式选择》,《科技与经济》2006 年第 1 期。

李恒毅:《基于系统动力学模型的创新网络技术扩散模拟仿真研究》,《系统工程》2014 年第 3 期。

李平:《国际技术扩散的路径和方式》,《世界经济》2006 年第 9 期。

连蕾:《从技术模仿到技术集成创新再到技术自主创新研究》,《科学管理研究》2016年第3期。

刘友金：《中小企业集群式创新》，中国经济出版社2004年版。

卢铭凯、史本山：《新技术运用的最优时机决策模型》，《统计与决策》2011年第5期。

陆晓春、李栋、孙昭：《企业集成创新的动因及框架体系研究》，《科学管理研究》2006年第3期。

栾贵勤、杨怡、张永坤、孙成龙：《我国低碳技术扩散路径研究》，《资源开发与市场》2011年第11期。

马家喜、金新元：《一种以企业为主导的"产学研"集成创新模式——基于合作关系与控制权视角的建模分析》，《科学学研究》2014年第1期。

马蕾、罗建强、黄克己：《基于Markov的技术创新扩散理论及仿真分析研究》，《科学学与科学技术管理》2012年第2期。

马永红、王展昭、李欢、周文：《网络结构、采纳者偏好与创新扩散——基于采纳者决策过程的创新扩散系统动力学模型仿真分析》，《运筹与管理》2016年第3期。

毛荐其：《技术创新中的隐性知识及其流转》，《山东工商学院学报》2006年第12期。

缪根红、薛利、陈万明、万青：《知识扩散路径与员工创新绩效关系的实证研究——考虑知识吸收能力与主动遗忘能力的调节作用》，《研究与发展管理》2014年第3期。

莫云清、吴添祖、吴婵君：《基于社会网络的创新扩散研究》，《软科学》2004年第3期。

荣鹏飞、葛玉辉：《产业变革中科技型企业技术创新路径选择研究》，《科技进步与对策》2014年第8期。

申韬、王慧娟、岳桂宁：《基于知识产权战略的企业技术创新扩散机制——以广西地区为例》，《科技管理研究》2010年第22期。

沈青：《区域产业集群与企业技术创新的协同互动思考》，《科学管理研究》2005年第3期。

苏长青：《知识溢出的扩散路径、创新机理、动态冲突与政策选择——以高新技术产业集群为例》，《郑州大学学报》（哲学社会科学版）2011年第5期。

孙冰、赵健：《知识密集型产业技术创新扩散演化研究——基于网络结构演化分析的视角》，《情报杂志》2013年第1期。

唐振鹏：《基于期权博弈理论的企业技术创新投资研究》，博士学位论文，武汉理工大学，2003年。

万君康、梅志敏、彭华涛：《企业技术创新模式选择的博弈分析》，《科技管理研究》2003年第4期。

汪碧瀛：《高新技术企业技术创新模式选择模型》，《西安电子科技大学学报》（社会科学版）2005年第1期。

汪行、郑垂勇、刘卫国：《高新区企业技术创新扩散的多任务锦标激励机制》，《江南大学学报》（自然科学版）2012年第5期。

王承云、杜德斌：《日本的科技自主创新模式及其经验》，《科技导报》2006年第4期。

王立军：《浙江民营企业自主创新的模式与特点》，《政策瞭望》2006年第8期。

王璐：《企业自主创新的影响因素及其差异分析》，《企业研究》2012年第20期。

王淼、胡本强、蒋宗峰：《我国新型工业化进程中企业自主创新的模式与策略》，《经济纵横》2005年第10期。

王小芳：《企业间创新采用的多阶段序贯博弈分析》，《财经问题研究》2006年第7期。

王永强、朱玉春：《农业技术扩散过程中的障碍因素分析》，《中国科技论坛》2009年第1期。

王展昭、马永红、张帆：《基于系统动力学方法的技术创新扩散模型构建及仿真研究》，《科技进步与对策》2015年第19期。

伍江：《产品内分工、技术扩散与我国技术进步的路径——基于Spengler模型的拓展分析》，《发展研究》2012年第7期。

西奥多·舒尔茨：《人力资本投资》，商务印书馆1990年版。

西宝、杨廷双：《企业集成创新：概念、方法与流程》，《中国软科学》2003年第6期。

夏晖、曾勇：《多代新技术的最优投资策略和扩散研究——一种实物期权方法》，《管理工程学报》2005年第3期。

夏维力、孙晓菲：《高新技术企业的产业创新路径研究》，《中国软科学》2006年第11期。

谢识予：《经济博弈论》，复旦大学出版社2008年版。

徐磊：《企业网络视角下的横向产业集群技术创新扩散过程分析》，《科技进步与对策》2009年第5期。

徐莹莹、綦良群：《基于复杂网络演化博弈的企业集群低碳技术创新扩散研究》，《中国人口·资源与环境》2016年第8期。

杨国忠、柴茂：《基于改进Bass模型的多元技术创新扩散研究》，《经济数学》2011年第28期。

杨国忠、刘聪敏、柴茂：《多元技术创新扩散的系统动力学模型及仿真》，《经济数学》2012年第2期。

杨国忠、刘聪敏：《基于系统动力学的二元技术创新扩散研究》，《软科学》2012年第8期。

杨国忠、刘再明:《一类带跳的线性回归模型》,《湖南大学学报》(自然科学版)2005年第3期。

杨国忠、马醉陶、柴茂:《基于改进Bass模型的系统动力学模型与仿真》,《统计与决策》2013年第13期。

杨国忠、许超、刘聪敏、柴茂:《有限理性条件下技术创新扩散的演化博弈分析》,《工业技术经济》2012年第4期。

杨国忠、游达明:《论促进企业自主创新的有效措施》,《技术经济》2006年第11期。

杨国忠:《企业自主技术创新模式选择与投资决策研究》,博士学位论文,中南大学,2007年。

杨国忠:《论国家级高新区多元技术创新扩散路径——以长沙高新区为例》,《科技管理研究》2016年第14期。

杨国忠:《基于垄断竞争的企业自主创新模式选择》,《科技进步与对策》2007年第8期。

杨敬辉:《Bass模型及其两种扩展型的应用研究》,博士学位论文,大连理工大学,2005年。

杨菊萍、贾生华:《知识扩散路径、吸收能力与区域中小企业创新——基于浙江省3个传统制造业集群的实证分析》,《科研管理》2009年第5期。

杨忠泰:《我国高新技术产业自主创新模式的选择》,《科技管理研究》2012年第2期。

姚志坚:《技术跨越的理论与实证》,科学出版社2005年版。

尹艳琼:《高新技术企业技术创新扩散模式研究》,《知识经济》2014年第13期。

尹元元：《外商直接投资环境技术效应实证研究——基于自主创新和技术外溢视角》，《软科学》2018年第5期。

游静：《面向多主体信息系统集成的知识扩散路径优化研究》，博士学位论文，重庆大学，2008年。

于海东：《社会网络中的知识扩散路径优化设计》，《情报科学》2014年第7期。

张海、陈国宏、李美娟：《技术创新扩散的博弈》，《工业技术经济》2005年第8期。

张海洋：《论以外资技术扩散发展湖北高新技术产业路径》，《湖北大学学报》（哲学社会科学版）2006年第2期。

张红芳、郭立宏：《创新外溢、创新激励与经济增长——兼论陕西省技术创新扩散路径》，《人文杂志》2005年第6期。

张京伟、崔文田、林军、许晓晴：《基于Bass扩散模型的新技术采用最优时机问题》，《系统工程》2010年第11期。

张磊、史春秀、高伟：《基于离散选择的技术扩散元胞自动机模型》，《北京理工大学学报》（社会科学版）2014年第1期。

张颖、段维平：《技术创新扩散环境的BP神经网研究》，《科技进步与对策》2007年第11期。

赵维双、刘涛：《基于技术创新扩散环境的Bass模型研究》，《经济问题》2008年第12期。

中国工程机械工业协会：《工程机械行业"十一五"发展思路》，《工程机械与维修》2006年第5期。

周丹、郭万山：《非均衡条件下技术扩散路径的理论辩争与现实选择——基于辽宁装备制造业的经验性分析》，《经济与管理》2010年第2期。

周圣强：《企业创新策略选择自主研发和技术引进》，《技术经济与管理研究》2017 年第 3 期。

A. H. Rubenstein, "Research and Development Issues in Developing Countries", *Management and Innovation*, North – Holland Publishing Co., 1980, pp. 55 – 59.

A. Segal. et al. (eds), *Learning by Doing: Science and Technology in the Developing World*, Colorado: Westview Press, 1986, pp. 121 – 135.

Anand Adarsh, Agarwal Mohini, Aggrawal Deepti, "Unified Approach for Modeling Innovation Adoption and Optimal Model Selection for the Diffusion Process", *Journal of Advances in Management Research*, Vol. 13, No. 2, 2016.

Avinash K. Dixit, Robert S. Pindyck, *Investment under Uncertainty*, New Jersey: Princeton University Press, 1994, pp. 338 – 346.

Baptista Rui, "Geographical Clusters and Innovation Diffusion", *Technological Forecasting and Social Change*, No. 1, 2011.

Baptista Rui, "Geographical Clusters and Innovation Diffusion", *Technological Forecasting and Social Change*, Vol. 66, No. 1, 2011.

Bass F M., "A New Product Growth Model for Consumer Durables", *Management Science*, No. 15, 1969.

Blaut J. M., "Diffusionism: A Uniformitarian Critique", *Annals of the Association of American Geographers*, No. 1, 1987.

Carayannis E. G., Turner E., "Innovation Diffusion and Technology Acceptance: The Case of PKI Technology", *Technovation*, Vol. 26, No. 7, 2006.

Dodson J. A., Muller E., "Models of New Product Diffusion through Advertising and Word – of – muoth", *Management Science*, Vol. 24, No. 15, 2017.

E Mansfield, "Technical Change and the Rate of Imitation", *Econometrical*, No. 29, 1961.

Emmanouilides Christos J., Davies Richard B., "Modeling and Estimation of Social Interaction Effects in New Product Diffusion", *European Journal of Operational Research*, Vol. 177, No. 2, 2007.

Fourt L. A., Woodlock J. W., "Early Pediction of Erly Sccess of Nw Gocery Poducts", *Journal of Marketing*, No. 25, 1960.

Gao Tao (Tony), Leichter Gordon, Wei Yinghong, "Countervailing Effects of Value and Risk Perceptions in Manufacturers' Adoption of Expensive, Discontinuous Innovations", *Industrial Marketing Management*, Vol. 41, No. 4, 2012.

Gerben van der Panne, Cees van Beers and Alfred Kleinknecht, "Success and Failure of Innovation: A Literature Review", *International Journal of Innovation Management*, Vol. 17, No. 3, 2003.

Greve Henrich R., Seidel Marc – David L., "The Thin Red line between Success and Failure: Path Dependence in the Diffusion of Innovative Production Technologies", *Strategic Management Journal*, Vol. 36, No. 4, 2015.

Gulati Girish J., Yates David J., "Different Paths to Universal Access: The Impact of Policy and Regulation on Broadband Diffusion in the Developed and Developing Worlds", *Telecommunications Policy*, Vol. 36, No. 9, 2012.

Hu B. M., Wang L. L., Yu X. K., "Stochastic Diffusion Models for Substitutable Technological Innovations", *International Journal of Technology Management*, Vol. 28, No. 7, 2004.

John C. Hull, *Fundamentals of Futures and Options Markets*, 清华大学出版社 2001 年版。

Klibanoff P., Morduch J., "Decentralization, Externalities, and Efficiency", *The Review of Economic Studies*, Vol. 6, No. 2, 1995.

Lee. J. et al., "Technology Development Process: A Model for Developing Country with a Global", *R&D Management*, 1988, No. 3.

Lindsey C. W., "Transfer of Technology to the Asean Region by US Transnational Corporation", *Economic Bulletin*, 1986, 3: 225 – 247.

Mahajan V., Peterson R. A., "Innovation Diffusion in a Dynamic Potential Adapter Population", *Management Science*, 2018, (24): 1589 – 1597.

Mansfield E., "Technical change and the rate of imitation", *Econometrical*, No. 29, 1961.

Merton R. C., "Option Pricing when Underlying Stock Returns Discontinuous", *Journal of Financial Economic*, 2018, 3 (1 – 2): 125 – 144.

Merton R. C., "Option Pricing when Underlying Stock Returns Discontinuous", *Journal of Financial Economic*, Vol. 3, No. 1, 1976.

Montazemi Ali Reza, Qahri – Saremi Hanied, "Factors Affecting Adoption of Online Banking: A Meta – analytic Structural Equation Modeling Study", *Information and Management*, 2015, 52 (2): 210 – 226.

Montoro – Sanchez A., Ortiz – de – Urbina – Criado M., Mora – Valentin E. M., "Effects of Knowledge Spillovers on Innovation and Collaboration in Science and Technology Parks", *Journal of Knowledge Management*, 2011, 15 (6): 948 –970.

Nafziger. W. E., *The Economics of Developing Countries*, Wdswarth Press, 1984, 229 –234.

Olson J., Choi S., "A Product Diffusion Model Incorporating Repeat Purchases", *Technological Forecasting and Social Change*, No. 27, 2015.

P. Romer, "Increasing Return and Long Run Growth", *Journal of Political Economy*, No. 5, 1986.

P. Romer, "Endogenous Technological Change", *Journal of Political Economy*, Vol. 94, No. 5, 1986.

Reinganum J. F., "Market Structure and the Diffusion of New Technology", *Bell Journal of Economics*, No. 12, 1991.

Reinganum J. F., "On the Diffusion of New Technology: A Game Theoretic Approach", *Review of Economic Studies*, No. 8, 1981.

Risselada Hans, Verhoef Peter C., Bijmolt Tammo H. A., " Dynamic Effects of Social Influence and Direct Marketing on the Adoption of High –Technology Products", *Journal of Marketing*, Vol. 78, No. 2, 2014.

Robinson B., Lakhani R. A., "Dynamic Pricing Models for New Product Planning", *Management Science*, No. 10, 2005.

Rogers E. M., *Diffusion of Innovations*, New York: Free Press, 2017.

Sahal D., "Technology Guideposets and Innovation avenues", *Research Policy*, No. 14, 1985.

Steffens P. R., "A Model of Multiple – unit Ownership as a Diffusion

Process", *Technological Forecasting and Social Change*, Vol. 70, No. 9, 2003.

Stummer Christian, Kiesling Elmar, Guenther Markus, "Innovation Diffusion of Repeat Purchase Products in a Competitive Market: An Agent-based Simulation Approach", *European Journal of Operational Research*, Vol. 245, No. 1, 2015.

Trigeorgis, L., *Real Options: Managerial Flexibility and Strategy in Resource Allocation*, Cambridge: MIT Press, 1996, pp. 256–262.

W. E. Nafziger, *Economics of Developing Countries (The 3rd Edition)*, Englewood: Prentice Hall Press, 1996.

Ziss S., "Strategic R&D with Spillovers, Collusion and Welfare", *The Journal of Industrial Economics*, No. 4, 1994.